clave

**Osho** ha sido descrito por *The Sunday Times* de Londres como «uno de los mil artífices del siglo xx» y por el *Sunday Mid-Day* (India) como una de las diez personas –junto a Gandhi, Nehru y Buda– que han cambiado el destino de la India. En una sociedad donde tantas visiones religiosas e ideológicas tradicionales parecen irremediablemente pasadas de moda, la singularidad de Osho consiste en que no nos ofrece soluciones, sino herramientas para que cada uno las encuentre por sí mismo.

# OSHO

## Aprender a amar

Traducción de
Rocío Moriones

DEBOLS!LLO

Papel certificado por el Forest Stewardship Council®

MIXTO
Papel | Apoyando la
silvicultura responsable
FSC® C117695
www.fsc.org

Penguin
Random House
Grupo Editorial

Título original: *Being in Love*

Cuarta edición en Debolsillo: marzo de 2014
Decimocuarta reimpresión: octubre de 2023

© 2008, OSHO International Foundation
www.osho.com/copyrights
© 2009, Penguin Random House Grupo Editorial, S. A. U.
Travessera de Gràcia, 47-49. 08021 Barcelona
© 2009, Rocío Moriones Alonso, por la traducción
Esta traducción se publica de acuerdo con Harmony Books,
una división de Random House, Inc.
Diseño de la cubierta: Penguin Random House Grupo Editorial / Nicolás Castellanos
Fotografía de la cubierta: © Envision / Corbis

El material de este libro ha sido seleccionado entre varias de las charlas dadas por Osho
ante una audiencia, durante un período de más de treinta años. Todos los discursos de
Osho han sido publicados íntegramente en inglés y están también disponibles en audio.
Las grabaciones originales de audio y el archivo completo de los textos se pueden
encontrar on-line en la biblioteca de la www.osho.com

**OSHO**® es una marca registrada de Osho International Foundation
www.osho.com/trademark

*Printed in Spain* – Impreso en España

ISBN: 978-84-9908-752-8
Depósito legal: B-6.643-2012

Compuesto en Anglofort, S. A.
Impreso en QP Print

P 8 8 7 5 2 C

# Índice

### III. DE LA RELACIÓN A RELACIONARSE
### EL AMOR COMO ESTADO DE SER

# Introducción

❧

## ¿QUÉ ES EL AMOR?

E S LAMENTABLE QUE TENGAMOS QUE HACERNOS ESTA PREGUNTA. Si las cosas siguieran su curso natural, todo el mundo sabría qué es el amor, pero, en realidad, nadie lo sabe, o solo en muy contadas ocasiones. El amor se ha convertido en una de las experiencias más excepcionales. Sí, se habla de él, se ruedan películas y se escriben historias sobre él, se componen canciones sobre él, y está presente en los programas de televisión, en la radio, en las revistas; hay toda una industria dedicada a proporcionarte ideas acerca de qué es el amor. Hay mucha gente involucrada en la industria de ayudar a las personas a entender qué es el amor pero, a pesar de ello, sigue siendo un fenómeno desconocido. Y debería ser uno de los más conocidos.

Es como si alguien preguntara: «¿Qué es la comida?». ¿Acaso no te sorprendería que alguien te hiciera esa pregunta? Solo tendría sentido en el caso de que a una persona se le hubiera privado de alimento desde que nació y nunca hubiera probado la comida. Eso mismo ocurre con la pregunta «¿Qué es el amor?».

El amor es el alimento del alma pero te han privado de él. Tu alma no ha recibido nada de amor, por tanto desconoces su sabor. Por ello tiene sentido esta pregunta, aunque es lamentable que así sea. El cuerpo ha recibido alimento, por eso sigue viviendo, pero el alma no ha recibido alimento así que está muerta, o todavía no ha nacido, o está siempre en su lecho de muerte.

Nacemos completamente equipados de la capacidad de amar y de ser amados. Todo niño nace lleno de amor y sabe perfectamente qué es. No hace falta explicarle lo que es. Sin embargo, el problema surge porque la madre y el padre desconocen qué es el amor. Ningún niño tiene los padres que se merece; ningún niño tiene nunca los padres que se merece; sencillamente, esos padres no existen en la Tierra. Y cuando llegue el momento en que el niño se convierta en padre, también habrá perdido la capacidad de amar.

En una ocasión me contaron que había un pequeño valle donde los niños se quedaban ciegos a los tres meses de haber nacido. Era una comunidad pequeña, primitiva, en la que había una mosca que provocaba una infección en los ojos que terminaba en ceguera, así que toda la comunidad se había quedado ciega. Todos los niños nacían con ojos completamente sanos, pero a los tres meses la mayoría de ellos se quedaban ciegos a causa de esas moscas. Así que, más tarde, en algún momento de su vida esos niños se preguntarían: «¿Qué son los ojos? ¿Qué quieres decir cuando dices la palabra "ojo"? ¿Qué es la visión? ¿Qué significa ver? ¿Qué quieres decir?». En ese caso, estas preguntas tendrían sentido. Esos niños nacieron con el sentido de la vista pero al crecer lo perdieron.

Eso es lo que le ha ocurrido al amor. Todos los niños nacen con tanto amor como se puede atesorar, con más amor del que nadie puede atesorar, rebosan amor. El niño nace como amor; el niño está hecho de un material llamado amor. Sin embargo, los padres no le pueden dar amor. Tienen sus propias carencias: sus padres nunca los amaron. Los padres solo pueden fingir. Pueden hablar del amor. Quizá digan: «Te queremos mucho», pero en sus acciones realmente no hay amor. La manera de comportarse, la manera de tratar al niño es insultante; no sienten respeto. Ningún padre respeta a su hijo. ¿Quién se plantea siquiera respetar al hijo? No se considera en absoluto que el niño sea una persona. Al niño se le considera un problema. Si está quieto, es bueno; si no chilla ni hace travesuras, es bueno; si se mantiene lejos del camino de los padres, es todavía mejor. Así deberían ser los niños. Pero no hay respeto ni amor.

Los padres no han conocido el amor. La esposa no ha amado al marido, el marido no ha amado a la esposa. Entre ellos no hay amor; al contrario, lo que hay es dominación, deseo de posesión, celos y todo tipo de venenos que destruyen el amor. Al igual que existe un tipo de veneno que puede arrebatarte la vista, el veneno del deseo de posesión y de los celos destruye el amor.

El amor es una flor frágil. Hay que protegerlo, hay que fortalecerlo, hay que regarlo; solo entonces se vuelve fuerte. Y el amor del niño es muy frágil; es normal porque él es frágil, su cuerpo es frágil. ¿Crees que si se dejara solo a un niño sería capaz de sobrevivir? Piensa en lo indefenso que es un niño; si se le deja solo es prácticamente imposible que sobreviva. Morirá, y eso es lo que le está ocurriendo al amor. Se le deja solo, desatendido.

Los padres no pueden amar, no saben qué es el amor, nunca se han dejado llevar por el amor. Piensa en tus padres; aunque recuerda, no estoy diciendo que ellos sean responsables. Son víctimas, al igual que tú eres una víctima; sus propios padres también lo fueron. ¡Y así hasta Adán y Eva e incluso hasta Dios Padre! Al parecer, ni siquiera Dios Padre fue muy respetuoso con Adán y Eva. Por eso, desde el principio ya empezó a darles órdenes: «Haz esto». «No hagas aquello.» Comenzó a hacer las mismas tonterías que hacen todos los padres. «No comáis del fruto de este árbol.» Y cuando Adán y Eva comieron aquel fruto, el Dios Padre se enfadó tanto que los expulsó del paraíso.

Esa expulsión siempre está presente; todos los padres amenazan con expulsar al hijo, con echarlo. «Como no me escuches, como no te comportes bien, te echo de casa.» Evidentemente, el niño tiene miedo.

¿Expulsado? ¿A la jungla de la vida? De modo que empieza a transigir. Poco a poco el niño se vuelve retorcido y empieza a manipular. No tiene ganas de sonreír, pero si la madre está cerca y él quiere leche, sonríe. Es política; el comienzo, el abecé de la política.

En lo más profundo, el niño comienza a odiar a los padres porque no lo respetan; en lo más profundo, comienza a sentirse frustrado porque no lo aman tal como es. Se espera que haga determinadas cosas; solo entonces lo amarán. El amor impone condiciones; tal como es, no es digno de ser amado. Primero tiene que hacerse digno, solo entonces los padres le concederán su amor. Así que para ser «digno» el niño empieza a volverse falso; pierde el sentido de su valor intrínseco. Pierde el respeto por sí mismo, y poco a poco empieza a sentirse culpable.

En muchas ocasiones el niño piensa: «¿Serán estos mis verdaderos padres? ¿Me habrán adoptado? A lo mejor me están engañando porque no parece que me quieran». En numerosas ocasiones ve la ira en sus ojos, la terrible ira en los rostros de sus padres, y por cosas tan nimias que no puede entender que puedan causar tal ira. Ve el enfado que sienten sus padres por cosas muy pequeñas; no puede creerlo, ¡es realmente injusto e injustificado! Pero tiene que rendirse, tiene que inclinarse, tiene que aceptarlo como una necesidad. Poco a poco su capacidad de amar va quedando destruida.

El amor solo crece con amor. El amor necesita un entorno de amor; esta es la idea fundamental que hay que recordar. Solo en un entorno de amor crece el amor; necesita la misma vibración a su alrededor. Si la madre ama, si el padre ama —no solo al niño, si ellos también se aman, si en el hogar hay una atmósfera en la que se respira el amor— el niño empezará a vivir como un ser amoroso, y nunca hará la pregunta: «¿Qué es el amor?». Lo sabrá desde el principio, se convertirá en sus cimientos.

Sin embargo, no es así como ocurre. Es una pena, pero hasta ahora no ha ocurrido. Los niños aprenden las costumbres de sus padres; sus peleas, sus conflictos. No tienes más que observarte a ti mismo. Si eres una mujer, fíjate; puede que estés repitiendo casi de forma idéntica el modo en que se comportaba tu madre. Obsérvate cuando estás con tu novio o con tu marido. ¿Qué es lo que haces? ¿No estás repitiendo un patrón? Si eres un hombre, fíjate. ¿Qué es lo que estás haciendo? ¿No te estás comportando justo como hacía tu padre? ¿No estás haciendo las mismas tonterías que él solía hacer? En cierta ocasión te sorprendiste —«¿Cómo puede hacer esto mi padre?»— y ahora tú estás haciendo lo mismo. La gente no hace más que repetir; son imitadores. El ser humano es un mono amaestrado. Estás repitiendo lo que hacía tu padre o tu madre, hay que detener eso. Solo entonces sabrás qué es el amor, de lo contrario seguirás estando corrompido.

Yo no puedo definir lo que es el amor porque no existe una definición del amor. Es una de esas cosas indefinibles como el nacimiento, como la muerte, como Dios, como la meditación. Es una de esas cosas indefinibles; yo no puedo definirlo. No puedo decir: «esto es amor». No puedo mostrártelo. No es un fenómeno visible. No se puede diseccionar, no se puede analizar; solo se puede experimentar, y únicamente a través de la experiencia puedes saber qué es. Sin embargo, puedo indicarte el camino para experimentarlo.

El primer paso es: libérate de tus padres. Y con ello no quiero decir que les faltes el respeto, no. Yo sería la última persona que pediría eso. Y tampoco quiero decir que debas liberarte de tus padres físicamente; me refiero a que te liberes de las voces paternales que hay en tu interior, del programa que hay en tu interior, del disco grabado en tu interior. Elimina todo eso... y te sorprenderás al ver que si te liberas de tus padres en lo más profundo de tu ser, serás libre. Por primera vez sentirás compasión por tus padres, de lo contrario, no podrás; seguirás estando resentido.

Todo el mundo está resentido con sus padres. ¿Cómo no vas a estarlo cuando te han hecho tanto daño? Pero no te han hecho daño a propósito; te deseaban todo el bien, querían a toda costa procurarte bienestar, pero ¿qué podían hacer? No por querer algo, ocurre. Las cosas no ocurren solo por desearlas. Es verdad que te deseaban lo mejor, no hay duda; todo padre quiere que su hijo disfrute de todas las alegrías de la vida. Pero ¿qué pueden hacer? Ellos mismos no han tenido ninguna alegría. Son robots y, a sabiendas o sin saberlo, consciente o inconscientemente, crearán una atmósfera en la que tarde o temprano sus hijos se convertirán en robots.

Si quieres convertirte en un ser humano y no en una máquina, libérate de tus padres. Pero tendrás que estar atento. Es una tarea difícil, ardua; no puedes hacerlo instantáneamente. Tendrás que tener mucho cuidado con tu comportamiento. Debes estar pendiente y observar en qué momento tu madre está ahí, actuando a través de ti; en ese momento tienes que detenerte, alejarte. Haz algo completamente nuevo que tu madre ni siquiera habría imaginado. Por ejemplo, si tu novio está contemplando a otra mujer con una mirada de admiración, observa cómo reaccionas. ¿Estás haciendo lo mismo que habría hecho tu madre si tu padre hubiera contemplado a otra mujer con admiración? Si haces eso no sabrás nunca qué es el amor, no harás más que repetir la historia. Será el mismo acto interpretado por distintos actores; el mismo acto rancio repetido hasta la saciedad. No seas un imitador, sal de ahí. Haz algo nuevo. Haz algo que tu madre no habría imaginado siquiera. Algo nuevo que tu padre ni siquiera habría imaginado. Tienes que llevar esta novedad a tu ser, entonces empezará a fluir el amor.

Así que la primera cosa esencial es liberarte de tus padres.

La segunda es la siguiente: la gente cree que solo podrá amar cuando encuentre una pareja digna; ¡qué estupidez! Nunca la encontrarás. La gente cree que solo amará cuando encuentre al hombre perfecto o a la mujer perfecta. ¡Qué estupidez! Nunca lo encontrarás porque no existen ni la mujer ni el hombre perfecto. Y si existieran, no se preocuparían por tu amor. No les interesaría.

Me contaron que hubo un hombre que permaneció soltero toda su vida porque estaba buscando a la mujer perfecta. Cuando tenía setenta años, alguien le preguntó:

—Llevas mucho tiempo viajando; has estado buscando desde Nueva York a Katmandú, de Katmandú a Roma, de Roma a Londres. ¿No lograste encontrar a una mujer perfecta? ¿Ni siquiera a una?

El anciano se puso muy triste y contestó:

—Sí, en una ocasión la encontré. Una vez, hace mucho tiempo, conocí a una mujer perfecta.

La otra persona insistió:

—Entonces, ¿qué pasó? ¿Por qué no os casasteis?

Con gran tristeza el anciano respondió:

—¿Qué le vamos a hacer? Ella estaba buscando a un hombre perfecto.

Recuerda: cuando dos seres son perfectos, su necesidad de amor no es igual a tu necesidad de amor. Es totalmente distinta.

Tú ni siquiera entiendes el amor que es posible en ti, de modo que no serás capaz de entender el amor de Buda, o el amor que fluye desde un Lao Tzu hacia ti; no serás capaz de entenderlo.

En primer lugar tienes que entender el amor que nace como un fenómeno natural. Ni siquiera has logrado eso. Primero tienes que entender el natural, después el trascendental. Así que lo segundo que debes recordar es que nunca busques al hombre perfecto o a la mujer perfecta. Esta también es una idea que te han inculcado; que a menos que encuentres al hombre o a la mujer perfecta, no serás feliz. De modo que continúas buscando la perfección, pero como no la encuentras, eres infeliz.

Para fluir y crecer en el amor no es necesaria la perfección. El amor no tiene nada que ver con la otra persona. La persona amorosa, sencillamente ama, al igual que la persona viva, respira, bebe, come y duerme. Exactamente del mismo modo, la persona realmente viva, la persona amorosa, ama. No dices: «No voy a respirar a menos que haya un

aire perfecto, libre de contaminación». Sigues respirando en Los Ánge-
les, sigues respirando en Bombay. Sigues respirando en todas partes,
aunque el aire esté contaminado, envenenado. ¡Sigues respirando! No
puedes permitirte no respirar por el mero hecho de que el aire no sea
como debería ser. Si tienes hambre, comes algo, lo que sea. Si te estás
muriendo de sed en el desierto, beberás cualquier cosa. No te obstina-
rás en pedir una Coca-Cola, cualquier cosa valdrá; cualquier bebida,
simplemente agua, incluso agua sucia. Hay personas que se han bebido
su propia orina. Cuando alguien se está muriendo de sed no se preocupa por lo que bebe, beberá cualquier cosa con tal de saciar la sed. Hay
personas que, en el desierto, han matado a sus camellos para beber
agua, ya que estos almacenan agua en su interior. Eso suponía un peligro, ya que entonces tendrían que caminar muchos kilómetros. Pero
tenían tanta sed que para ellas lo primero era lo primero; primero el
agua, de lo contrario morirían. Por mucho que conservaran el camello,
¿qué iban a hacer sin agua? El camello únicamente llevaría un cadáver
a la ciudad más próxima, porque sin agua morirían.

La persona viva y amorosa sencillamente ama. El amor es algo natural.

Por tanto, la segunda cosa que debes tener en cuenta es no buscar la
perfección; si lo haces, el amor no fluirá en ti. Al contrario, te volverás
poco afectuoso. Las personas que exigen la perfección son personas
muy poco afectuosas; son neuróticas. Aunque encuentren a un amante, exigen la perfección, y esa exigencia destruye el amor.

En cuanto un hombre ama a una mujer o una mujer ama a un hombre, inmediatamente entra en juego la exigencia. La mujer empieza
a exigirle al hombre que sea perfecto, solo porque la ama. ¡Como si
hubiera cometido un pecado! Ahora tiene que ser perfecto, tiene que
superar todas sus limitaciones. ¿Así de repente? ¿Solo por esta mujer?
¿Ahora ya no puede seguir siendo humano? O se convierte en un ser
sobrenatural o es un farsante, un falso, un fraude.

Naturalmente, es muy difícil convertirse en alguien sobrenatural, por eso las personas se convierten en fraudes. Empiezan a fingir, a actuar y a engañar. En nombre del amor, la gente solo engaña. Así que la segunda cosa que hay que recordar es que nunca hay que exigir la perfección. No tienes derecho a exigir nada a nadie. Si alguien te ama, siéntete agradecido, pero no le exijas nada, porque la otra persona no tiene la obligación de amarte. Si alguien te ama, es un milagro. Siéntete emocionado por ese milagro.

Pero las personas no están emocionadas. Destruirán cualquier posibilidad de amor por pequeñeces. No están muy interesadas en el amor ni en la alegría que este conlleva. Están más interesadas en otras cosas relativas a su ego.

Interésate por tu alegría. Interésate totalmente por tu alegría; interésate *únicamente* por tu alegría. Todo lo demás es no-esencial. Ama; de forma natural, al igual que respiras. Y cuando ames a una persona, no empieces a exigirle cosas, porque estarás cerrando las puertas desde el principio. No esperes nada. Si algo te llega en el camino, siéntete agradecido. Si no llega nada es porque no hace falta que llegue, no hay necesidad de que llegue. No debes esperarlo.

Sin embargo, observa a las personas, fíjate que lo dan todo por descontado. Cuando tu mujer te prepara la comida nunca se lo agradeces. No estoy diciendo que tengas que verbalizar tu agradecimiento, pero deberías demostrarlo con la mirada. En cambio, no te molestas en hacerlo, lo das por descontado; ese es su trabajo. ¿Quién te ha dicho eso?

Cuando tu marido sale a ganarse el sueldo tú nunca se lo agradeces. No sientes ninguna gratitud. «Eso es lo que tiene que hacer un hombre.» Así es como piensas. ¿Cómo va a crecer el amor? El amor necesita una atmósfera de amor. El amor necesita una atmósfera de gratitud, de agradecimiento. El amor necesita una atmósfera de no-exigencia, de no-expectación. Esta es la segunda cosa que hay que recordar.

Y la tercera cosa es: en vez de pensar en cómo recibir amor, empieza a darlo. Si das, recibirás. No existe otra manera. La gente está más interesada en cómo conseguir y recibir. Todo el mundo está interesado en recibir y parece que nadie disfruta dando. La gente da de muy mala gana; cuando dan, lo hacen para obtener algo a cambio, son como negociantes. Es una negociación. Solo quieren asegurarse de que obtienen más de lo que dan; en tal caso es un buen trato, un buen negocio. Y la otra persona está haciendo lo mismo.

El amor no es un negocio, así que deja de ser un negociante. De lo contrario desperdiciarás tu vida y el amor, y todo lo que hay de bello en él, porque lo que es bello no tiene nada que ver con los negocios. Los negocios son la cosa más horrible que hay en el mundo, aunque sea un mal necesario; pero la existencia desconoce completamente los negocios. El árbol florece, no es un negocio; las estrellas brillan, no son un negocio, y no tienes que pagar por ello ni nadie te exige nada a cambio. Un pájaro se posa en la puerta de tu casa y entona una melodía, pero no te pedirá un certificado ni ninguna muestra de agradecimiento. Una vez entonada la melodía, se irá volando feliz, sin dejar ninguna huella.

Así es como crece el amor. Da sin esperar a ver cuánto recibes. Sí, llega, y multiplicado por mil, pero lo hace de forma natural. Llega por sí solo, no hace falta exigirlo. Cuando lo exiges, no llega. Una vez que lo exiges, lo has matado. Así que da. Comienza a dar.

Al principio será difícil porque nunca te han enseñado a dar sino a recibir. Al principio tendrás que luchar con tu propia coraza. Tus músculos se han endurecido, tu corazón se ha congelado, te has vuelto frío. Al principio será difícil, pero cada paso te conducirá un paso más adelante, y poco a poco el río comenzará a fluir.

Primero libérate de tus padres. Al liberarte de tus padres te liberas de la sociedad; al liberarte de tus padres, te liberas de la civilización, de la educación, de todo, porque tus padres representan todo eso. Te conviertes en un individuo. Por primera vez en tu vida ya no formas parte de la masa, tienes una auténtica individualidad. Vives por tu cuenta. En eso consiste la madurez. Así es como debería ser la persona madura.

Una persona madura es aquella que no necesita padres. Una persona madura es aquella que no necesita a nadie a quien apegarse o en quien apoyarse. Una persona madura es aquella que es feliz con su soledad; su soledad es una canción, una celebración. Una persona madura es aquella que puede sentirse feliz consigo misma. Su soledad no es aislamiento, su alejamiento; es un retiro, es meditativo.

Un día tuviste que salir del vientre de tu madre. Si hubieras permanecido allí más de nueve meses habrías muerto; no solo tú, también habría muerto tu madre. Un día tuviste que salir del vientre de tu madre; después, llegó un día en el que tuviste que salir del entorno de tu familia, otro vientre, para ir al colegio. Después, llegó otro día en el que tuviste que salir del entorno de tu colegio, otro vientre, para ir a un mundo más vasto. Pero en lo más profundo sigues siendo un niño. ¡Sigues permaneciendo en el vientre! Hay infinidad de capas en el vientre y hay que romper ese vientre.

Esto es lo que en Oriente hemos denominado el segundo nacimiento. Una vez que logras nacer por segunda vez te liberas totalmente de las huellas paternas. Y lo bello es que solo entonces la persona siente agradecimiento hacia los padres. La paradoja es que esa es la única persona que puede perdonar a sus padres. Siente compasión por ellos y los ama, se compadece de ellos porque ellos también han sufrido mucho. No está enfadada, en absoluto. Puede que tenga lágrimas en los ojos, pero no está enfadada, y hará todo lo posible por ayudar a sus padres a dirigirse a esa plenitud de soledad, a ese grado de soledad.

En primer lugar: conviértete en un individuo. En segundo lugar: no esperes la perfección, no la requieras ni la exijas. Ama a la gente corriente. La gente corriente no tiene nada de malo. ¡La gente corriente es extraordinaria! Cada ser humano es único; respeta esa unicidad.

En tercer lugar: da, sin condiciones; entonces sabrás qué es el amor. Yo no puedo definirlo. Tan solo puedo mostrarte el camino para que lo cultives. Puedo enseñarte a plantar un rosal, a regarlo, a fertilizarlo, a protegerlo. Entonces, un día, inesperadamente, nacerá la rosa, y tu hogar se llenará con su fragancia. Así es como ocurre el amor.

# I
# EL VIAJE DEL «YO» AL «NOSOTROS»

## ENTENDER QUÉ HAY DE INNATO Y DE ADQUIRIDO EN EL AMOR

*El amor no se puede aprender, no se puede cultivar. El amor cultivado no será amor. No será una rosa auténtica, será una flor de plástico. Cuando aprendes algo, significa que proviene de fuera; no procede de un crecimiento interior. Y para que el amor sea auténtico y real debe ser fruto de tu crecimiento interior.*

*El amor no es un aprendizaje sino un crecimiento. Lo que necesitas no es aprender los caminos del amor sino desaprender los caminos del desamor. Hay que eliminar los estorbos, hay que destruir los obstáculos; entonces el amor será tu ser natural y espontáneo. Una vez que se hayan eliminado los obstáculos, que se hayan apartado las rocas del camino, comenzará a fluir. Ya está ahí; oculto detrás de muchas rocas, pero el manantial del amor ya está ahí. Es tu propio ser.*

# Más allá de la dependencia y la dominación

~

## ROMPER LA CONCHA DEL EGO

SIEMPRE ME HA SORPRENDIDO LA CANTIDAD DE PERSONAS que acuden a mí y me dicen que tienen miedo del amor. ¿Qué es el miedo al amor? Se produce porque cuando realmente amas a alguien tu ego empieza a desaparecer, a desvanecerse. Con el ego no puedes amar; el ego se convierte en una barrera, y cuando quieres saltar la barrera entre tú y la otra persona, el ego dice: «Esto significa la muerte. ¡Cuidado!».

La muerte del ego no es tu muerte; en realidad, la muerte del ego es tu posibilidad de vida. El ego no es más que una corteza muerta que te recubre; hay que romperla y eliminarla. Surge de forma natural, al igual que el viajero acumula polvo en la ropa, en el cuerpo, y tiene que lavarse para librarse del polvo. A medida que pasa el tiempo se acumula el polvo de nuestras experiencias, de nuestro conocimiento, o de la vida que hemos llevado, del pasado. Ese polvo se convierte en el ego. Se acumula y se convierte en una corteza a tu alrededor que hay que romper y eliminar. Hay que lavarse todos los días; incluso continuamente, para que esa corteza no se convierta en una prisión.

Será útil entender de dónde viene el ego, buscar sus raíces.

Cuando un bebé nace, se encuentra totalmente indefenso, particularmente en el caso del ser humano. No puede sobrevivir sin la ayuda de los demás. La mayoría de los cachorros de los animales, los pájaros, o los árboles sobreviven sin padres, pueden sobrevivir sin una sociedad, sin una familia. Incluso aunque a veces necesiten ayuda, es mínima; unos días, como máximo unos meses. Sin embargo, el niño está tan indefenso que depende de los demás durante años. Ahí es donde hay que buscar la raíz.

¿Por qué la indefensión crea el ego en el ser humano? El niño está indefenso, depende de los demás, pero la mente ignorante del niño malinterpreta esta dependencia y cree que es el centro del mundo. El niño piensa: «Cada vez que lloro mi madre acude inmediatamente; cada vez que tengo hambre, no tengo más que hacer una señal y me da el pecho. Cada vez que estoy mojado, no tengo más que llorar un poco y enseguida viene alguien a cambiarme la ropa». El niño vive como un emperador. En realidad, está totalmente indefenso y es dependiente, y sus padres, su familia y sus cuidadores le están ayudando a sobrevivir. Ellos no dependen del niño, es el niño quien depende de ellos. Sin embargo, la mente del niño interpreta esto como si él fuera el centro del universo y todo el universo existiera solo para él.

Evidentemente, al principio, el mundo del niño es muy reducido. Está formado por la madre y el padre, más alejado; ese es todo su universo. Estas personas lo aman. Y el niño se vuelve cada vez más egoísta. Se cree el centro de la existencia de los mayores y así es como se crea el ego. El ego se crea a partir de la dependencia y la indefensión.

En realidad la situación real del niño es justo la contraria a la que él cree; no existe una justificación real para crear ese ego. Pero el niño es totalmente ignorante, no es capaz de entender la complejidad de la cuestión. No puede saber que está indefenso, ¡actúa como un dictador! Así que durante toda su vida intentará seguir siendo un dictador. Se convertirá en un Napoleón, en un Alejandro Magno, en un Hitler; todos los presidentes, primeros ministros y dictadores son infantiles. Están intentando lograr lo mismo que experimentaron cuando eran pequeños; quieren ser el centro de la existencia. El mundo debe vivir y morir con ellos; el mundo es su periferia y ellos son el centro; el verdadero sentido de la vida está oculto en ellos.

Por supuesto, al niño le parece correcta esta interpretación, porque cuando la madre le mira, ve en sus ojos que él es quien da sentido a su vida. Cuando el padre llega a casa, el niño siente que él da verdadero sentido a la vida del padre. Esta situación dura tres o cuatro años; y los primeros años de vida son los más importantes. En la vida de una persona no volverá a haber otro período con ese mismo potencial.

Los psicólogos dicen que después de los primeros cuatro años el niño está prácticamente formado. Ya se ha establecido el patrón; durante el resto de su vida repetirá ese mismo patrón en cualquier situación. Hacia el séptimo año ya se han confirmado todas las actitudes del niño, ya se ha asentado su ego. Ahora se dirige al mundo, pero entonces encuentra problemas por todas partes, ¡millones de problemas! Una vez que sales del círculo de la familia, surgen los problemas porque nadie más se preocupa por ti de la misma manera que tu madre se ocupaba de ti; nadie se interesa por ti como lo hacía tu padre. Por el contrario, descubres indiferencia por todas partes, y el ego se siente herido.

Pero ya el patrón está establecido. Independientemente de que se sienta herido o no, el niño no puede cambiar ese patrón; se ha convertido en la verdadera huella digital de su ser. Jugará con otros niños e intentará dominarlos. Irá al colegio e intentará dominar, ser el primero de la clase, ser el estudiante más brillante. Puede que crea que es superior, pero entonces descubre que los demás niños piensan lo mismo. Hay conflicto, hay egos, hay lucha, hay peleas.

Esta es la historia de la vida: hay millones de egos a tu alrededor, exactamente como el tuyo, y todo el mundo está intentando controlar, maniobrar, dominar, a través de la riqueza, el poder, la política, el conocimiento, la fuerza, las mentiras, las pretensiones, la hipocresía.

Incluso en la religión y en la moralidad, todo el mundo está intentando dominar, mostrar al resto del mundo que «yo soy el centro del
mundo».

Esta es la raíz de todos los problemas que surgen entre las personas.
Por culpa de esta idea siempre estás en conflicto y luchando con una
persona u otra. No es que los demás sean tus enemigos; todo el mundo
es exactamente como tú, estáis todos en la misma barca. La situación es igual para todos; los han educado de la misma manera.

En Occidente existe una tendencia en psicología que ha planteado
que a menos que los niños sean educados sin sus padres, el mundo
nunca hallará la paz. Yo no estoy de acuerdo con ellos, ¡porque entonces nadie educará a los niños! Hay algo acertado en esta propuesta pero
es una idea muy peligrosa, porque si se educa a los niños en guarderías
sin sus padres, sin ningún tipo de amor, con total indiferencia, puede
que no tengan problemas de ego pero tendrán otros problemas incluso
más dañinos y peligrosos.

Si se educa a un niño con total indiferencia no tendrá un centro.
Será una persona caótica, desgarbada, no sabrá quién es. No tendrá
identidad. Se sentirá asustado, atemorizado y no será capaz de dar ni un
solo paso, porque nadie lo ha amado. Por supuesto, no tendrá ego, pero
sin él no tendrá centro. No se convertirá en un buda; estará apagado y
mutilado; se sentirá siempre atemorizado.

El amor es necesario para hacer que no tengas miedo, para que
sientas que eres aceptado, que no eres inútil, que no pueden tirarte a
la basura. Si los niños se educan en un entorno en el que falta amor,
no tendrán ego, eso es cierto. En sus vidas no habrá tantas luchas ni
peleas, pero serán totalmente incapaces de defenderse a sí mismos.
Siempre estarán huyendo, escapando de todo el mundo, ocultándose
en las cuevas de su propio ser. No serán budas, no estarán radiantes de
vitalidad, no estarán centrados, cómodos, en casa. Sencillamente serán
excéntricos, descentrados. Esta tampoco es una buena situación.

Así que yo no apoyo a esos psicólogos. Su enfoque crearía robots, no seres humanos; y es evidente que los robots no tienen problemas. O puede que creen seres humanos que sean más parecidos a animales. Habrá menos ansiedad, menos úlceras, menos cáncer, pero no vale la pena conseguir eso si significa que no puedes llegar a un nivel más elevado de conciencia. Por el contrario, irás cayendo más bajo; sufrirás una regresión. Evidentemente, si te conviertes en un animal, tendrás menos angustia porque tendrás menos conciencia. Y si te conviertes en una piedra, en una roca, no padecerás ninguna angustia en absoluto, porque no habrá nadie para sentirse ansioso, para sentirse angustiado. Pero no vale la pena conseguir eso. Hay que ser como un dios, no como una roca. Y con esto quiero decir que hay que alcanzar la absoluta conciencia y, a pesar de ello, no tener preocupaciones, ansiedades, problemas; disfrutar de la vida como los pájaros, celebrar la vida como los pájaros, cantar como los pájaros; no a través de la regresión sino creciendo hasta el máximo grado de conciencia.

El niño acumula ego; es natural, no se puede hacer nada para evitarlo. Hay que aceptarlo. Sin embargo, posteriormente, no hace falta seguir cargando con él. El niño necesita el ego al principio para sentir que es aceptado, amado, recibido; que es un huésped deseado, no un accidente. El padre, la madre, la familia, y la calidez en torno al niño le ayudan a crecer fuerte, arraigado, asentado. El ego es necesario, lo protege; es bueno, como la cáscara de una semilla. Pero la cáscara no debe convertirse en lo más importante, de ser así la semilla morirá. Si la protección continúa durante mucho tiempo, se convierte en una prisión. La protección debe seguir ejerciendo como tal mientras haga falta, pero cuando llegue el momento de que la cáscara muera, deberá hacerlo de forma natural, para que pueda brotar la semilla y nacer la vida.

El ego no es más que una cáscara protectora; el niño la necesita porque está indefenso. El niño la necesita porque es débil, porque es vulnerable y está rodeado de millones de fuerzas. Necesita protección, un hogar, una base. Puede que todo el mundo se muestre indiferente pero él siempre puede volver la vista hacia su hogar, donde recuperará su importancia.

Sin embargo, junto con la importancia llega el ego. El niño se vuelve egoísta, y con ese ego surgen todos los problemas a los que te enfrentas. Ese ego no te permitirá enamorarte. A ese ego le gustaría que todo el mundo se rindiera ante ti; no permitirá que te rindas ante nadie. Pero el amor solo ocurre cuando *tú* te rindes. Cuando fuerzas a otra persona a que se rinda es odioso, destructivo. No es amor. Y si no hay amor, tu vida no tendrá calidez, no tendrá ninguna poesía. Será prosa, matemática, lógica, racional. ¿Cómo puede vivir alguien sin poesía?

La prosa está bien, la racionalidad está bien, es útil, hace falta, pero la vida que se desarrolla únicamente a través de la razón y la lógica nunca puede ser una celebración, nunca puede ser festiva. Y cuando la vida no es festiva, es aburrida. Hace falta poesía, pero para que haya poesía debes rendirte. Necesitas eliminar ese ego. Si eres capaz de hacerlo, si puedes dejarlo a un lado aunque sea solo durante unos instantes, tu vida tendrá destellos de lo maravilloso, de lo divino.

Sin poesía no puedes vivir realmente, solo puedes existir. El amor es poesía. Y si no es posible el amor, ¿cómo vas a rezar, a meditar, a ser consciente? Se convierte en algo prácticamente imposible. Y sin una conciencia meditativa, seguirás siendo solo un cuerpo, nunca serás consciente de la profundidad de tu alma. Solo en la oración, en la profunda meditación y en el profundo silencio alcanzarás las cumbres. Ese silencio lleno de oración, esa conciencia meditativa es la experiencia más elevada; pero el amor es el que abre la puerta.

Carl Gustav Jung, después de toda una vida estudiando a miles de personas, miles de casos de personas que estaban enfermas, traumatizadas, psicológicamente confundidas, dijo que no se había encontrado nunca con una persona psicológicamente enferma cuyo auténtico problema después de los cuarenta años no fuera espiritual. La vida tiene determinado ritmo, y hacia los cuarenta años surge una nueva dimensión, la dimensión espiritual. Si no eres capaz de enfrentarte a ella de forma correcta, si no sabes qué hacer, te pondrás enfermo, te pondrás nervioso. El crecimiento humano es continuo. Pero si no das determinado paso, se vuelve discontinuo. El niño acumula ego, pero si nunca aprende a dejar el ego a un lado, no podrá amar, no podrá sentirse a gusto con nadie. El ego estará luchando constantemente. Puede que estés sentado en silencio pero el ego estará constantemente luchando, buscando maneras de dominar, de ser un dictador, de convertirse en el gobernador del mundo.

Esto crea problemas en todas partes. En la amistad, en el sexo, en el amor, en la sociedad; en todas partes estás en conflicto. Incluso hay conflicto con los padres que te han proporcionado ese ego. Es muy raro que un hijo perdone a su padre; muy raro que una mujer perdone a su madre. Es algo que ocurre en muy contadas ocasiones.

George Gurdjieff había escrito una frase en la pared de la habitación en la que solía recibir a las visitas. La frase era la siguiente: «Si todavía no te sientes cómodo con tu padre y tu madre, vete. No puedo ayudarte». ¿Por qué? Porque el problema ha surgido allí, y allí es donde hay que resolverlo. Por eso todas las antiguas tradiciones dicen que ames a tus padres, que respetes a tus padres lo más profundamente posible; porque ahí es donde surge el ego, ese es su suelo. Resuélvelo ahí; de lo contrario, te perseguirá allá donde vayas.

Los psicoanalistas también han llegado a la conclusión de que lo único que hacen es devolverte a los problemas que existían entre tú y tus padres e intentar resolverlos en la medida de lo posible. Si puedes resolver el conflicto con tus padres, hay muchos otros conflictos que sencillamente desaparecerán, porque se basan en el mismo conflicto fundamental.

Por ejemplo, el hombre que no se sienta relajado con su padre no podrá sentirse relajado en la oficina con su jefe; nunca, porque el jefe es una figura paterna. Ese pequeño conflicto con tus padres se refleja en todas tus relaciones. Si no te sientes cómodo con tu madre, no podrás sentirte cómodo con tu mujer, porque aquella es tu prototipo de mujer. No podrás sentirte cómodo con la mujer como tal, porque tu madre fue la primera, ella es el primer modelo de mujer. Allí donde haya una mujer, estará tu madre, y seguirá existiendo una relación sutil.

El ego nace en la relación con los padres y allí es donde hay que enfrentarse con él. De lo contrario, seguirás cortando ramas y hojas del árbol, pero la raíz permanecerá intacta. Si estás en paz con tu padre y con tu madre, ya has madurado. Ya no hay ego. Ahora entiendes que estabas indefenso, entiendes que dependías de los demás, que no eras el centro del mundo. En realidad, eras completamente dependiente, porque no podrías haber sobrevivido de otra manera. Si entiendes esto, el ego se desvanece poco a poco, y cuando ya no estás en conflicto con tu vida, te vuelves sereno y natural, te relajas. Entonces, flotas. Entonces el mundo ya no está lleno de enemigos, es una familia, una unidad orgánica. El mundo no está contra ti, puedes flotar en él. Cuando uno descubre que el ego es una tontería, cuando uno descubre que el ego no tiene fundamento para existir, cuando uno descubre que el ego no es más que un sueño infantil, malinterpretado por la ignorancia, sencillamente, el ego desaparece.

Hay personas que han acudido a mí y que me han preguntado: «¿Cómo puedo enamorarme? ¿Existe una manera?». ¿Cómo enamorarse? Me piden una manera, un método, una técnica determinada.

No saben lo que están pidiendo. Enamorarse significa que no hay ninguna forma, ninguna técnica, ningún método. Por eso se dice «ser presa del amor», porque tú ya no eres quien controla, simplemente has quedado apresado. Por eso las personas que son muy cerebrales dicen que el amor es ciego. El amor es el único ojo, la única visión, pero ellos insisten en que el amor es ciego, y si estás enamorado, pensarán que te has vuelto loco. Para una persona cerebral parece una locura, porque la mente es una gran manipuladora. A la mente le parece peligrosa cualquier situación en la que se pierda el control.

Pero hay un universo del corazón humano, hay un universo del ser humano y de la conciencia en el que no es posible ningún método. Las tecnologías son posibles con la materia; con la conciencia no hay tecnología posible y de hecho, no hay control posible. El simple intento de controlar o de hacer que algo ocurra es egoísta.

# Las etapas naturales
## de la vida y del amor

ϟ

ALGUNAS PERSONAS ME HAN PREGUNTADO cuál es la manera adecuada de proporcionarle al niño un entorno de cariño que pueda ayudarle a crecer sin interferir en su potencial natural.

Cualquier forma de ayudar a un niño es errónea. La idea de ayudar es de por sí incorrecta. El niño necesita tu amor, no tu ayuda. El niño necesita alimento, apoyo, pero no tu ayuda. Se desconoce el potencial natural del niño, así que no hay forma de ayudarle correctamente a alcanzarlo. No puedes ayudarle si no conoces el objetivo; lo único que puedes hacer es no interferir. Con la excusa de «ayudar» todo el mundo interfiere en la vida de los demás; pero como es una palabra muy bonita, nadie se opone. Evidentemente, el niño es demasiado pequeño, depende demasiado de ti para poder oponerse.

Todas las personas que te rodean son exactamente como tú: a ellas también las han ayudado sus padres de la misma manera que te han ayudado a ti. Ni ellos ni tú habéis alcanzado vuestro potencial natural. Nadie en el mundo lo está consiguiendo a pesar de la ayuda de los padres, de la familia, de los conocidos, de los vecinos, de los profesores, de los sacerdotes. De hecho, todos están tan abrumados por la ayuda que, ¡cómo van a conseguir desarrollar su potencial natural bajo tal peso, ni siquiera podrán conseguir el potencial artificial! No pueden moverse; cada uno lleva un peso descomunal sobre sus hombros.

A todas las personas que te rodean las han ayudado, las han ayudado mucho a ser lo que son. A ti te han ayudado, y ¿ahora tú también quieres ayudar a tus hijos? Lo único que puedes hacer es amarlos, alimentarlos. Ser cariñoso, aceptarlos. El niño posee un potencial desconocido, y no hay forma de llegar a imaginar qué será. Así que no sirve de nada aconsejar: «Deberías ayudar al niño de esta manera». Cada niño es único, así que no puede existir una norma general para todos los niños.

Lo mejor que puedes hacer es no ayudar al niño en absoluto. Si realmente eres valiente, por favor, no lo ayudes. Ámalo, aliméntalo. Deja que haga lo que quiera. Deja que vaya donde quiera. Tu mente estará tentada una y otra vez de interferir, y hallará buenas excusas. La mente es muy astuta cuando se trata de racionalizar: «Si no interfieres puede correr peligro; puede que el niño caiga en un pozo si no se lo impides». Pero yo te digo que es mejor dejar que el niño se caiga en el pozo que ayudarlo y destruirlo.

Hay muy pocas posibilidades de que el niño se caiga en el pozo, y aunque ocurra, no significa que vaya a morir; se le puede sacar de ahí. Y si realmente tanto te preocupa, puedes tapar el pozo pero no ayudes al niño, y no interfieras. Se puede cegar el pozo, pero no interfieras en lo que haga el niño. Tu verdadera preocupación debe ser eliminar todos los peligros pero no interfieras en lo que haga el niño; deja que siga su camino.

Tendrás que entender algunos patrones importantes de crecimiento. La vida está formada por ciclos de siete años, transcurre en ciclos de siete años, al igual que la Tierra tarda veinticuatro horas en dar una vuelta completa sobre su eje. Nadie sabe por qué no tarda veinticinco horas, por qué no veintitrés. No hay manera de responder a esto; sencillamente, es un hecho. Así que no me preguntes por qué la vida transcurre en ciclos de siete años. No lo sé. Lo único que sé es que es así, y si comprendes esos ciclos, comprenderás gran parte del crecimiento del ser humano.

Los primeros siete años son los más importantes porque en ellos se establece el fundamento de la vida. Por eso a todas las religiones les interesa captar a los niños lo antes posible. Esos primeros siete años son aquellos en los que te condicionan, en los que te atiborran con todo tipo de ideas que te obsesionarán durante toda tu vida, que te distraerán de tus posibilidades, que te corromperán, en los que nunca te permitirán ver claramente. Aparecerán continuamente como nubes ante tus ojos y harán que lo veas todo borroso.

Las cosas son claras, muy claras —la existencia es absolutamente clara— pero tus ojos han acumulado capas y capas de polvo. Todo ese polvo se ha acumulado en los primeros siete años de tu vida, durante los cuales eras tan inocente, tan confiado, que aceptabas todo aquello que te decían como verdadero. Posteriormente será muy difícil desenterrar todo lo que forma parte de tus cimientos; se ha convertido en parte de tu sangre, de tus huesos, de tu misma médula. Te cuestionarás otras mil cosas pero nunca te cuestionarás los cimientos básicos de tu fe.

La primera manifestación de amor hacia el niño consiste en que durante estos siete primeros años sea completamente inocente, no esté condicionado, permitir que durante siete años sea un completo salvaje, un pagano. No se le debería convertir al hinduismo, ni al islamismo, ni al cristianismo. Todo aquel que intenta convertir a un niño a una religión no es compasivo, es cruel: está contaminando el alma de un nuevo recién llegado. Antes de que el niño haya planteado una sola pregunta ya se le ha contestado con filosofías, dogmas, e ideologías ya establecidas. Es una situación muy extraña. El niño no ha preguntado por Dios pero tú no haces más que enseñarle cosas acerca de Dios. ¿A qué viene tanta impaciencia? ¡Espera!

Si un día el niño muestra interés en Dios y empieza a preguntar, intenta no hablarle únicamente de tu idea de Dios porque nadie tiene el monopolio. Exponle todas las ideas de Dios que las distintas épocas, religiones, culturas y civilizaciones han ofrecido a las personas. Exponle todas las ideas sobre Dios y dile: «Puedes escoger aquella que más te atraiga. O, si ninguna de ellas te convence, puedes inventarte una propia. Si opinas que todas tienen defectos, y crees que puedes tener una idea mejor, entonces, invéntate una propia. Pero si piensas que no hay forma de inventar una idea que no tenga lagunas, entonces, olvídalo; no hace falta».

Una persona puede vivir sin Dios. Hay millones de personas que han vivido sin Dios, así que no es algo que una persona necesite inevitablemente. Puedes decirle al niño: «Sí, yo tengo mi propia idea, que es una combinación de todas ellas. Puedes elegirla tú también, pero no estoy diciendo que mi idea sea la correcta. A mí me atrae pero puede que a ti no te atraiga».

No hay una necesidad profunda de que el hijo esté de acuerdo con el padre, o de que la hija tenga que estar de acuerdo con la madre. En realidad, es mucho mejor que los hijos *no* estén de acuerdo con los padres. Así es como se evoluciona. Si todos los niños estuvieran de acuerdo con los padres no habría evolución, porque cada nuevo padre estaría de acuerdo con el suyo propio, y nos habríamos quedado donde Dios dejó a Adán y Eva: desnudos, a las puertas del Jardín del Edén. Estaríamos todos estancados allí.

El ser humano ha evolucionado gracias a que los hijos y las hijas no han estado de acuerdo con sus padres, con su tradición. Toda la evolución se fundamenta en un absoluto desacuerdo con el pasado. Y cuanto más inteligente seas más en desacuerdo estarás. Sin embargo, los padres aplauden al hijo que está de acuerdo y critican al que está en desacuerdo.

Si un niño logra llegar a los siete años inocente y no corrompido por las ideas de los demás, después resultará imposible evitar su potencial de crecimiento. Los siete primeros años del niño son los más vulnerables. Están en manos de los padres, de los profesores y de los sacerdotes. Salvar a los niños de los padres, los sacerdotes y los profesores es una cuestión tan importante que parece casi imposible descubrir cómo hacerlo. No se trata de ayudar al niño. Se trata de protegerlo. Si tienes un hijo, protégelo de ti mismo. Protégelo de las demás personas que puedan influir en él; al menos hasta que tenga siete años, protégelo. El niño es como una pequeña planta, débil, tierna; un viento fuerte puede destruirlo, cualquier animal puede comérselo. Puedes poner una valla protectora a su alrededor, porque eso no supondrá aprisionarlo, solo estás protegiéndolo. Cuando la planta haya crecido, ya quitarás la valla.

Protege al niño de todo tipo de influencias para que pueda seguir siendo él mismo; solo son siete años, ya que entonces se completará el primer ciclo. Cuando tenga más o menos esa edad ya estará arraigado, centrado, ya será lo suficientemente fuerte. No sabes lo fuerte que puede ser un niño de siete años porque no has visto niños que se hayan librado de la corrupción; solo has visto niños corrompidos. Cargan con los miedos y la cobardía de sus padres, sus madres, sus familias. No son ellos mismos.

Si un niño permanece indemne durante siete años, cuando lo veas te sorprenderás. Será tan afilado como una espada. Sus ojos serán nítidos, su enfoque será transparente. Y verás una gran fuerza en él que no podrás encontrar ni siquiera en un adulto de setenta años, ya que en ese adulto los cimientos se tambalean.

Si los cimientos son débiles, a medida que se vaya alzando el edificio, cada vez se tambalearán más. Por ello, observarás que cuanto más mayor es una persona, más miedo tiene. Puede que de joven seas ateo, pero cuando te hagas mayor empezarás a creer en Dios. ¿Por qué? Cuando tenías menos de treinta años eras un hippy. Tenías el valor de enfrentarte a la sociedad, de actuar a tu manera; de llevar pelo largo y tener barba, de vagar por todo el mundo y correr todo tipo de riesgos. Sin embargo, cuando llegues a los cuarenta todo eso desaparecerá. Trabajarás en una oficina, vestido con traje, bien afeitado, bien arreglado. Nadie será capaz de adivinar que habías sido un hippy.

¿Dónde se han metido todos los hippies? Al principio, tienen mucha fuerza, pero después se convierten en cartuchos gastados, impotentes, derrotados, deprimidos, intentando hacer algo con su vida, sintiendo que sus años hippies fueron un desperdicio. Los demás han llegado mucho más lejos: uno se ha convertido en presidente, otro es alcalde, y la gente empieza a pensar: «Fuimos tontos. No hacíamos más que tocar la guitarra, y todo el mundo nos cogió la delantera». Se arrepienten. Es muy difícil encontrar a un viejo hippy.

Así que si eres padre necesitarás mucha valentía para no interferir. Abre las puertas a direcciones desconocidas para que el niño pueda explorar. No sabe lo que lleva en sí, nadie lo sabe. Tiene que buscar a tientas en la oscuridad. No permitas que tenga miedo de la oscuridad, que tenga miedo a equivocarse, que tenga miedo a lo desconocido. Apóyalo. Cuando se dirija a un viaje a lo desconocido, deja que se vaya y dale todo tu apoyo, todo tu amor, tus bendiciones. No dejes que le afecten tus miedos. Puede que tengas miedo, pero guárdatelo para ti. No transmitas esos miedos al niño porque estarás interfiriendo.

Después de los siete, el siguiente ciclo —de los siete a los catorce—, aporta un nuevo añadido a la vida. El niño empieza a experimentar con sus incipientes energías sexuales, pero no es más que un ensayo.

Ser padre es una tarea difícil, así que a menos que estés preparado para llevar a cabo esta ardua tarea no te conviertas en padre. La gente sigue convirtiéndose en padres y madres sin saber qué están haciendo. Estás trayendo una nueva vida al mundo; será necesario extremar el cuidado.

Cuando el niño empieza a realizar sus experimentaciones sexuales es cuando los padres más interfieren, porque con ellos también interfirieron. Lo único que saben es lo que hicieron con ellos, así que se limitan a repetirlo con sus hijos. Las diversas sociedades no permiten la experimenación sexual, o al menos no lo han permitido hasta ahora, e incluso hoy en día solo se permite en países muy desarrollados. Al menos ahora los niños y las niñas se educan en los mismos colegios. Pero en un país como la India, aún hoy, en la mayoría de las ciudades la educación mixta no comienza hasta la universidad. Un niño y una niña de siete años no pueden estar en el mismo internado. Y sin embargo, este es el momento —sin que haya ningún riesgo, sin que la niña se quede embarazada, sin que surja ningún problema para sus familias— en el que se les debe permitir todo tipo de juegos. Sí, tendrán cierto matiz sexual, pero será un ensayo; no será la auténtica representación. Si no les permites ni siquiera que ensayen y de repente un día sube el telón y comienza la representación, los actores no sabrán qué es lo que está pasando; no tendrán ni siquiera un apuntador que les diga qué tienen que hacer. Habrás arruinado completamente sus vidas.

Esos siete años en el segundo ciclo de la vida son muy importantes como período de ensayo. Los niños se conocerán, se mezclarán, jugarán e intimarán. Y eso ayudará a que la humanidad elimine casi el noventa por ciento de sus perversiones. Si desde los siete a los catorce años se permite que los niños estén juntos, naden juntos, estén desnudos los unos frente a los otros, desaparecerán el noventa por ciento de las perversiones y de la pornografía. ¿Quién se va a interesar por ello? Si un chico ha visto a muchas chicas desnudas, ¿qué interés puede tener en una revista como *Playboy*? Si una chica ha visto a muchos chicos desnudos, no creo que haya ninguna posibilidad de que sienta curiosidad por otros; esta simplemente desaparecerá. Crecerán juntos de forma natural, no como dos especies animales diferentes.

Así es como crecen ahora mismo, como si fueran dos especies animales distintas. No pertenecen del mismo modo al género humano; se les mantiene separados. Las mil barreras que existen entre ellos les impiden realizar ningún ensayo para su futura vida sexual. Es por no realizar ese ensayo, por lo que en la vida sexual de la mayoría de las personas faltan los juegos preliminares previos al acto sexual. Y los juegos preliminares son muy importantes, mucho más importantes que el verdadero contacto sexual, porque este solo dura unos minutos. No es un alimento, simplemente te deja a la expectativa. Lo deseabas mucho, pero no ha surgido nada.

En hindi tenemos un refrán: *Kheela pahad nikli chuhia*. «Horadaste toda la montaña y te encontraste una rata.» Después de todo el esfuerzo —ir al cine y a la discoteca, ir a comer fuera y hablar de tonterías de las que ni tú ni la otra persona queréis hablar, pero de las que estáis hablando— horadar la montaña para al final encontrar ¡solo una rata! No hay nada más frustrante que el sexo.

Precisamente el otro día alguien me enseñó el anuncio de un coche nuevo; en el anuncio había una frase que me gustó. La frase era: «Es mejor que el sexo». ¡Me da igual el coche, pero el anuncio era muy bueno! Sin duda, si echas un vistazo a tu alrededor, encontrarás mil cosas mejores que el sexo. El sexo no es más que una rata, y después de tantos jadeos y resoplidos, de tantos sudores, al final ambos os sentís estafados. Esto se debe a que no conoces el arte del sexo; solo conoces la parte central. Es como si vieras únicamente unos segundos a la mitad de una película. Evidentemente, no entenderías nada; te faltaría el principio y el final. Puede que solo vieras unas escenas en las que no pasaba nada.

El hombre se siente avergonzado después del sexo; se da la vuelta y se pone a dormir. Sencillamente, no puede enfrentarse a la mujer. Se siente avergonzado, por eso se da media vuelta y se echa a dormir. La mujer gime y llora porque eso no era lo que esperaba. ¿Eso es todo? Entonces, ¿a qué viene tanto revuelo? El problema es que la sociedad ha eliminado de tu vida la parte del ensayo. No sabes qué son los juegos preliminares.

En realidad, los juegos preliminares son la parte más satisfactoria del sexo. En los juegos preliminares hay más cariño. El sexo no es más

que un clímax biológico, pero el clímax ¿de qué? Te has perdido todo
lo que llevaba al clímax. ¿Crees que se llega de repente a él sin pasar por
todos los peldaños de la escalera? Tienes que subir la escalera, peldaño
a peldaño, solo entonces podrás alcanzar el clímax. Sin embargo, todo
el mundo va directamente al clímax.

Para la mayor parte de las personas la vida sexual no es más que
una especie de alivio. Sí, por un momento te sientes aliviado de un
peso, como un buen estornudo. ¡Qué bien se siente uno después! Pero
¿durante cuánto tiempo? ¿Durante cuánto rato te sientes bien después
de un estornudo? ¿Durante cuántos segundos, durante cuántos minutos puedes alardear «He estornudado... ¡Ha sido increíble!»? En
cuanto se acaba el estornudo, se acaba el placer. Simplemente había
algo que te estorbaba. Has eliminado ese estorbo, así que ahora estás
más relajado. Así es la vida sexual de la mayoría de las personas. Había
una energía que te estaba estorbando, que estaba haciendo que te sin-
tieras pesado; estabas empezando a tener dolor de cabeza. El sexo te
alivia.

Pero tal como se educa a los niños, prácticamente se les arruina la
vida. Esos siete años de experimentación sexual son completamente
necesarios. Las chicas y los chicos deberían estar juntos en los colegios,
en las residencias, en las piscinas y en las camas. Deberían ensayar la
vida que está por venir; tienen que prepararse para ella. Y no hay peligro, no hay ningún problema si a un chico se le da total libertad para
explorar su energía sexual creciente y no se le condena, no se le reprime. Pero eso es lo que se está haciendo. Vives en un mundo muy extraño. Naces del sexo, vives para el sexo y tus hijos nacen del sexo; sin embargo, el sexo es lo que más se condena, el mayor pecado. Todas las
religiones se dedican a llenar tu mente con estas estupideces.

En todo el mundo, la gente está llena de podredumbre, por la sencilla razón de que no se les ha permitido crecer de forma natural. No se
les ha permitido aceptarse a sí mismos. Se han convertido en fantas-

mas. No son personas realmente auténticas, solo son sombras de aquello que podían haber sido.

El segundo ciclo de siete años es realmente importante porque te preparará para los siguientes siete años. Si has hecho bien tus deberes, si has jugado con tu energía sexual con el espíritu de un deportista —y durante esos años será el único espíritu que tengas— no te convertirás en un pervertido, y no acudirán a tu mente todo tipo de pensamientos extraños. Por el contrario, te relacionarás de forma natural con el otro sexo, y el otro sexo se relacionará contigo. No habrá ningún obstáculo, y no harás nada equivocado contra nadie. Tu conciencia estará limpia porque nadie te habrá metido en la cabeza ideas de qué está bien y qué está mal: solo estarás siendo aquello que eres.

Después, desde los catorce hasta los veintiún años tu sexo madura. Y es importante que se entienda esto: si el ensayo se ha hecho bien, en los siete años en los que tu sexo madura ocurre algo muy extraño en lo que puede que nunca hayas pensado porque no te han dado la oportunidad de hacerlo. Te he comentado que el segundo ciclo de siete años, desde los siete a los catorce años, te da un destello de los preludios. El tercer ciclo de siete años te dará un destello de la culminación. Sigues estando con chicas o con chicos, pero ahora comienza una nueva fase de tu ser: empiezas a enamorarte.

Todavía no se trata de un interés biológico. No estás interesado en tener niños, no estás interesado en convertirte en marido o en esposa, no. Estos son los años del juego romántico. Estás más interesado en la belleza, en el amor, en la poesía, en la escultura, que son diferentes fases del romanticismo. Y a menos que una persona tenga cierto romanticismo nunca sabrá qué es la culminación. El sexo se halla justo en la mitad. Cuanto más largo sea el preludio, más posibilidades habrá de alcanzar el clímax; cuantas más posibilidades tenga de alcanzar el clímax, mejor será el inicio de la culminación. Si una pareja no conoce la culminación nunca sabrá qué es el sexo en su totalidad.

Ahora hay sexólogos que enseñan a practicar los preludios amorosos. Un preludio enseñado no es auténtico, pero lo están enseñando; al menos han reconocido que sin preludios no se puede alcanzar el clímax sexual. Pero no saben cómo enseñar la culminación, porque una vez que el hombre alcanza el clímax, pierde el interés. Ya ha terminado, ha hecho su trabajo. Para que se produzca la culminación hace falta una mente romántica, poética, una mente que sepa mostrar agradecimiento, que sepa dar las gracias. La persona —el hombre o la mujer que te ha llevado a ese clímax—, necesita cierta gratitud: la culminación es tu gratitud. Si no hay culminación, significa que tu sexo está incompleto; y el sexo incompleto es la causa de todos los problemas del ser humano. El sexo solo puede ser orgásmico cuando se equilibran totalmente el preludio y la culminación. Únicamente en ese equilibrio se convierte el clímax en un orgasmo.

Sin embargo, hay que entender la palabra «orgasmo». Significa que todo tu ser —cuerpo, mente y alma; todo— está comprometido, orgánicamente comprometido. Cuando eso ocurre se convierte en un momento de meditación. Si para ti, el sexo no se convierte finalmente en un momento de meditación, no has llegado a conocer lo que es el sexo. Solo has oído acerca de él, has leído hablar de él; y las personas que han escrito al respecto no saben nada. He leído cientos de libros de sexología escritos por personas a las que se considera grandes expertos, y son «expertos», pero no saben nada sobre el santuario interior en el que florece la meditación. Al igual que los niños nacen del sexo ordinario, la meditación nace del sexo extraordinario.

Los animales pueden tener crías; no hay nada de particular en ello. Pero solo el hombre puede producir la experiencia de la meditación como centro de su sentimiento orgásmico. Esto solo es posible si se permite a los jóvenes que tengan una libertad romántica desde los catorce hasta los veintiún años.

Desde los veintiún a los veintiocho años es la época en la que quizá se asienten. Pueden elegir una pareja. Y ahora están capacitados para elegir; después de la experiencia adquirida en los dos anteriores ciclos de crecimiento pueden elegir la pareja adecuada. No hay nadie que pueda hacerlo por ti. Es como una corazonada; no tiene que ver con la aritmética, ni con la astrología, ni con la quiromancia, ni con el I Ching; nada de eso servirá. Es una corazonada. Después de entrar en contacto con muchísimas personas, de repente, hay algo que hace clic y que no ha hecho clic con nadie más. Hace clic con tal seguridad, y de una forma tan rotunda, que no puedes dudar de ello. Es una certeza tan grande que aunque quieras dudar de ella no puedes. Con este clic te asientas.

Si todo se produce sin complicaciones, tal como estoy diciendo, sin que los demás interfieran, llega un momento entre los veintiún y los veintiocho años en que te estabilizas. El período más agradable de la vida se produce entre los veintiocho y los treinta y cinco años; el más dichoso, el más pacífico y armonioso, porque dos personas empiezan a fundirse y a disolverse la una en la otra.

Desde los treinta y cinco a los cuarenta y dos, se produce una nueva etapa, se abre una nueva puerta. Si hasta los treinta y cinco habéis sentido una profunda armonía, un sentimiento orgásmico y habéis descubierto la meditación a través de él, desde los treinta y cinco a los cuarenta y dos os ayudaréis el uno al otro a acercaros cada vez más a la meditación sin sexo, porque al llegar a este punto el sexo empieza a parecer infantil, juvenil.

Los cuarenta y dos años es la edad en la que una persona debería ser capaz de saber exactamente quién es. Desde los cuarenta y dos a los cuarenta y nueve sigue profundizando en la meditación, cada vez más dentro de sí mismo, y ayuda a su pareja a hacer igual. Los miembros de la pareja se convierten en amigos. Ya no hay un «marido» y una «esposa»; ese tiempo pasó. Derramó su riqueza en tu vida; ahora está creciendo algo que es incluso superior al amor. Es la amistad, una relación compasiva para ayudar a que la otra persona profundice en sí misma, que sea más independiente, que sea más solitaria, exactamente como dos árboles altos que se yerguen separados pero a la vez cercanos entre sí, o dos pilares de un templo que soportan el mismo techo; permanecen muy cerca, pero a la vez muy separados, independientes y solos.

Desde los cuarenta y nueve a los cincuenta y seis años esta soledad se convierte en el centro de tu ser. Todo lo demás pierde sentido. Lo único importante que queda es esta soledad.

Desde los cincuenta y seis a los sesenta y tres años te conviertes plenamente en aquello que vas a ser: florece el potencial; y desde los sesenta y tres hasta los setenta empiezas a prepararte para abandonar el cuerpo. Ahora ya sabes que tú no eres el cuerpo, también sabes que tú no eres la mente. Cuando tenías más o menos treinta y cinco años supiste que el cuerpo era algo separado de ti. Y supiste que la mente era algo separado de ti cuando tenías más o menos cuarenta y nueve años. Ahora desaparece todo lo demás excepto el yo observador. Solo permanece contigo la pura conciencia, la llama de la conciencia; y esta es la preparación a la muerte.

La duración natural de la vida de los seres humanos es de setenta años. Si todo sigue este curso natural uno muere sintiendo una gran alegría, un gran éxtasis, sabiéndose inmediatamente bendecido porque la vida no haya carecido de sentido, porque al menos uno haya encontrado su hogar. Y gracias a esta riqueza, a esta plenitud, uno es capaz de bendecir toda la existencia. El mero hecho de estar cerca de una persona así en el momento de su muerte supone una gran oportunidad. A medida que la persona abandona el cuerpo, sentirás como si estuvieran cayendo sobre ti flores invisibles. Aunque no seas capaz de verlas, podrás sentirlas. Es una alegría absoluta, tan pura que aunque solo la saborees unos instantes transformará toda tu vida.

# La llama de la conciencia

UNA PERSONA ME HA PREGUNTADO: «¿Cómo se puede iniciar el viaje al amor?». En cuanto haces esa pregunta ya ha comenzado el viaje; estás en marcha. Hay que reconocer que, de forma inconsciente, estás en marcha: por eso parece como si tuvieras que comenzar el viaje. Reconócelo, sé consciente de ello, y el propio reconocimiento se convertirá en el comienzo.

Continuamente estás moviéndote, yendo a algún lado —consciente o inconscientemente, queriendo o sin querer, pero lo estás haciendo—, en tu interior hay una gran fuerza que está constantemente trabajando. La existencia está evolucionando, está continuamente creando algo en tu interior. Así que la cuestión no es cómo iniciar el viaje, sino cómo reconocerlo. Está ahí pero tu reconocimiento no está ahí.

Por ejemplo: los árboles mueren, pero ellos no lo saben. Los pájaros y los animales mueren, pero ellos no lo saben. Solo los seres humanos saben que tienen que morir, e incluso ese conocimiento es muy borroso, no está claro. Lo mismo ocurre con la vida; los pájaros están vivos pero ellos no saben que están vivos. ¿Cómo puedes conocer la vida si desconoces la muerte? ¿Cómo puedes saber que estás vivo si no sabes que vas a morir? Ambos reconocimientos se producen a la vez. Los pájaros, los animales y los árboles están vivos, pero ellos no reconocen que están vivos.

El ser humano reconoce, parcialmente, que va a morir, pero ese reconocimiento permanece borroso, oculto tras una densa niebla. Y lo mismo ocurre con la vida: tú estás vivo, pero no sabes exactamente qué significa estar vivo. Eso también está algo borroso, poco claro. Cuando digo reconocimiento me refiero a estar alerta de qué es esa energía vital, que ya está en el camino. Ser conscientes de nuestro propio ser supone el comienzo del viaje hacia el amor. El final del viaje consiste en llegar a un punto en el que estás tan absolutamente alerta que a tu alrededor no existe ni un solo rincón de oscuridad. Aunque de hecho, el viaje nunca comienza ni nunca termina. Continuarás incluso una vez que eso ocurra, pero entonces el viaje tendrá un significado completamente distinto, estará dotado de una cualidad completamente distinta: será una absoluta dicha. Ahora mismo es un absoluto suplicio.

«¿Cómo se puede iniciar el viaje al amor?» Permanece alerta ante tus acciones, tus relaciones, tus movimientos. Hagas lo que hagas, aunque sea algo tan corriente como andar por la calle, intenta estar alerta. Intenta dar cada paso con absoluta conciencia. Buda solía decir a sus discípulos: «Cuando deis un paso con el pie derecho, recordad, ahora estoy adelantando el pie derecho; cuando deis un paso con el pie izquierdo, recordad, ahora estoy adelantando el pie izquierdo. Cuando inspiréis, recordad: Ahora estoy inspirando. Cuando expiréis, recordad: Ahora estoy expirando». No es necesario que lo verbalices. No tienes que pronunciar las palabras: «Ahora estoy inspirando», únicamente tienes que estar alerta de que en ese momento está entrando el aire. Yo estoy hablando contigo y por eso tengo que utilizar palabras, pero cuando estás alerta no necesitas pronunciar ninguna palabra, porque las palabras forman parte de la niebla. No pronuncies ninguna palabra, limítate a sentir cómo el aire entra y llena tus pulmones, y cómo después estos se vacían. Simplemente observa, y pronto llegarás a un reconocimiento, a un gran reconocimiento de que no es únicamente la respiración lo que entra y sale sino la vida misma. Con cada inspiración, la vida te está infundiendo su energía. Cada expiración es una muerte momentánea. Con cada respiración mueres y vuelves a renacer. Cada respiración es una crucifixión y una resurrección.

Si la observas, llegarás a experimentar una maravillosa sensación de confianza.

Cuando expiras, no existe la certeza de que vuelvas a ser capaz de inspirar. ¿Qué certeza hay? ¿Quién te lo garantiza? ¿Quién *puede* garantizar que seas capaz de volver a inspirar? Sin embargo, en el fondo confías en ello; sabes que volverás a inspirar. De lo contrario respirar se convertiría en algo imposible. Si tuvieras tanto miedo —«¿Quién sabe? Si expiro todo el aire, y sufro esta pequeña muerte, ¿qué certeza hay de que pueda inspirar otra vez? Si no voy a ser capaz de volver a inspirar, es mejor que no expire»—, ¡morirías inmediatamente! Si dejas de expirar, morirás. Pero no haces eso porque existe una profunda confianza. Esa confianza forma parte de tu vida, forma parte del amor. Nadie te lo ha enseñado.

Cuando un niño empieza a andar, tiene la profunda confianza de que será capaz de andar. Nadie le ha enseñado. Únicamente ha visto andar a los demás, eso es todo. Pero ¿cómo puede llegar a la conclusión de que será capaz de andar? Es tan pequeño... Y las personas son realmente grandes, son gigantes comparadas con él; él sabe que cada vez que se pone de pie se cae, pero a pesar de ello lo intenta. La confianza es algo innato. Está en cada célula de vida. El niño lo intenta, y se caerá muchas veces, pero volverá a intentarlo una y otra vez. Un día la confianza vencerá y empezará a andar.

Si observas tu respiración serás consciente de la presencia de una profunda capa de confianza, una confianza sutil en la vida; sin dudas, sin vacilaciones. Si caminas, y lo haces estando alerta, poco a poco serás consciente de que no eres tú quien está caminando sino que «te están caminando». Es una sensación muy sutil de que es la vida la que se mueve a través de ti; no eres tú quien se mueve. Cuando tienes hambre, si eres consciente, verás que es la vida la que se siente hambrienta en tu interior, no eres tú quien tiene hambre.

Empezar a estar más alerta hará que seas consciente de que solo hay
una cosa de la que puedas decir que es tuya: la contemplación. Todo lo
demás pertenece al universo; solo la contemplación te pertenece. Pero
cuando eres consciente de la contemplación, incluso se disuelve la idea
de «yo». Eso tampoco te pertenece. Formaba parte de la oscuridad, de
las nubes que se habían acumulado a tu alrededor. A plena luz, cuando
se abre el cielo, han desaparecido las nubes y brilla el sol, no existe ninguna posibilidad de que surja la idea de ser «yo». Entonces solo existe
la contemplación; nada te pertenece. La contemplación es el objetivo
del viaje.

¿Cómo iniciar el viaje? Empieza a contemplar cada vez más. Hagas
lo que hagas, hazlo de manera profundamente alerta; de ese modo, hasta las cosas más nimias se vuelven sagradas. De ese modo, cocinar o
limpiar se convierte en algo sagrado, en un acto de adoración. No se
trata de qué hagas, se trata de cómo lo hagas. Puedes fregar el suelo
como un robot, mecánicamente; tienes que fregarlo y por eso lo friegas.
Pero así te pierdes algo maravilloso. Así, malgastas esos momentos en
los que únicamente estás fregando el suelo. Fregar el suelo podía haber
sido una experiencia increíble pero te la has perdido. Ahora el suelo
está limpio, pero algo que podía haber ocurrido en tu interior no ha
ocurrido. Si hubieras sido consciente, no solo el suelo sino también *tú*
habrías sentido una profunda limpieza.

Friega el suelo de forma absolutamente consciente, radiante de conciencia. Trabaja, siéntate o camina, pero tiene que haber un hilo conductor: haz que en tu vida haya cada vez más momentos radiantes de conciencia. Permite que la llama de la conciencia arda a cada instante, en
cada acto. La iluminación consiste en el efecto acumulativo. El efecto
acumulativo, todos esos momentos juntos, todas esas pequeñas llamas
juntas, se convierten en una gran fuente de luz.

# II

# EL AMOR ES UNA BRISA

### SACAR EL MÁXIMO PARTIDO DEL IDILIO

*No pienses que el amor tiene que ser permanente; de ese modo tu vida será más bella, porque sabrás que hoy estáis juntos pero que quizá mañana tengáis que separaros.*

*El amor llega a tu hogar como una brisa fresca y fragante, lo llena de frescor y de fragancia, permanece allí mientras la existencia se lo permite, y después se va. No deberías intentar cerrar todas las puertas porque en tal caso, esa misma brisa fresca se convertirá en un aire totalmente viciado. En la vida todo cambia y el cambio es maravilloso; te proporciona cada vez más experiencia, más conciencia, más madurez.*

# Nociones absurdas que hay en tu mente

E L AMOR ES LA ÚNICA RELIGIÓN, EL ÚNICO DIOS, el único misterio que hay que vivir, que hay que entender. Una vez que comprendes el amor comprendes a todos los sabios y a todos los místicos del mundo. No es difícil. Es algo tan simple como los latidos de tu corazón o como tu respiración. Es algo innato en ti, no es algo que te dé la sociedad. Y aquí es donde quiero hacer hincapié: el amor surge cuando naces, pero, evidentemente, está sin desarrollar, como todo lo demás. El niño tiene que crecer.

La sociedad se aprovecha de esa laguna. El amor del niño necesitará tiempo para crecer; mientras tanto, la sociedad no hace más que condicionar la mente del niño con ideas sobre el amor que son falsas. Cuando llega el momento en el que estás preparado para explorar el mundo del amor, estás tan lleno de tonterías acerca de él que no tienes muchas posibilidades de encontrar el amor auténtico y desechar el falso.

Por ejemplo: siempre y en todas partes se ha dicho a los niños que el amor es eterno; una vez que amas a una persona, la amas para siempre. Si amas a una persona y posteriormente sientes que ya no la amas, significa que nunca la amaste. Pero esta idea es muy peligrosa. Te inculca la creencia de un amor permanente, pero en la vida no hay nada permanente. Las flores florecen por la mañana y por la tarde desaparecen.

La vida es un flujo continuo: todo cambia, se mueve. No hay nada estático, nada es permanente. Te han inculcado la idea de que el amor es permanente, y eso destruirá toda tu vida. Esperarás un amor permanente de una mujer, y la mujer esperará un amor permanente de ti.

El amor se vuelve secundario, la permanencia se convierte en lo principal. Pero el amor es una flor tan delicada que no puedes forzarla a ser permanente. Puedes tener flores de plástico; eso es lo que tiene la gente: matrimonios, familia, niños, parientes, todo es de plástico. El plástico tiene una cualidad muy espiritual: es permanente. El amor auténtico es tan incierto como tu vida. No puedes afirmar que mañana sigas aquí. Ni siquiera puedes afirmar que sobrevivirás al momento siguiente. Tu vida está continuamente cambiando: de la infancia a la juventud, a la madurez, a la ancianidad, a la muerte; está continuamente cambiando.

El amor auténtico también cambiará.

Es posible que si estás iluminado tu amor trascienda las leyes normales de la vida, que no cambie ni sea permanente sino que simplemente sea. Ya no se trata de cómo amar; tú mismo te has convertido en amor, así que todo lo que haces está lleno de amor. No es que hagas algo concreto que sea amor; de todo lo que haces se desprende amor. Sin embargo, antes de la iluminación ocurrirá con el amor lo mismo que con todo lo demás: cambiará.

Si comprendes que cambiará, que quizá de vez en cuando tu pareja se sienta atraída hacia otra persona, y que tú debes ser comprensivo, cariñoso, preocuparte por ella y permitirle que haga lo que sienta, tendrás la oportunidad de demostrarle a tu compañera que la amas. La amas; aunque ella pueda amar a otra persona, eso da igual. Si hay comprensión, es posible que tu amor se convierta en una relación para toda la vida, pero recuerda que no será permanente. Tendrá altibajos, sufrirá cambios.

Es muy fácil de entender. Cuando empezaste a amar eras muy joven, no tenías experiencia. ¿Cómo puede seguir siendo igual tu amor si te has convertido en una persona madura? Tu amor también alcanzará cierta madurez. Y cuando seas anciano tu amor tendrá un aroma diferente. El amor seguirá cambiando, y de vez en cuando simplemente necesitará una oportunidad para cambiar. En una sociedad sana será posible darle esa oportunidad, y que tu relación con otra persona no se rompa.

No obstante, también es posible que tengas que cambiar de amante muchas veces a lo largo de tu vida. No tiene nada de malo. Es más, cambiar de amante muchas veces en tu vida te enriquecerá, si todo el mundo hace lo que te estoy diciendo acerca del amor, todo el mundo se enriquecerá.

Sin embargo, una falsa noción ha destruido toda posibilidad de que suceda eso. En cuanto tu pareja mira a otra persona, solo la mira, sus ojos reflejan la atracción que siente y tú te pones muy nerviosa. Tienes que entender que lo que tú quieres es que al hombre dejen de interesarle las mujeres guapas que vea por la calle, las actrices guapas de las películas...; quieres que no se interese por nadie excepto por ti. Pero entonces es que no entiendes la psicología humana. Si no se interesa por las mujeres que ve por la calle o en las películas, ¿por qué iba a interesarse por ti? Su interés por las mujeres es una garantía de que se interesa por ti, de que todavía existe la posibilidad de que vuestro amor continúe.

Pero estamos haciendo precisamente lo contrario. Los hombres están intentando conseguir que sus mujeres no se interesen por nadie excepto por ellos; deben ser el único foco de atención para su mujer, el único en quien se concentre. La mujer también está exigiendo lo mismo, por lo que ambos se están volviendo locos el uno al otro. Concentrarte en una sola persona te conducirá a la locura.

Para tener una vida más ligera, más alegre, necesitas ser flexible. Tienes que recordar que la libertad es el valor más importante y que si el amor no te da libertad significa que no es amor.

La libertad es la clave: todo lo que te da libertad es correcto, y todo lo que destruye tu libertad está equivocado. Si logras recordar esta sencilla máxima, poco a poco, tu vida empezará a marchar por el buen camino en todos los aspectos: tu relación, tu meditación, tu creatividad, todo lo que eres.

Hay que eliminar los viejos conceptos, los malos conceptos. Por ejemplo, en la India hay millones de mujeres que han sido quemadas vivas en la pira funeraria de sus maridos. Esto demuestra que el marido es tan posesivo que no solo quiere poseer a la mujer mientras él está vivo ¡sino que tiene miedo de lo que pueda ocurrir cuando él esté muerto! Puesto que entonces no podrá hacer nada, prefiere llevarse a la mujer con él.

Pero observa que esto solo se aplicaba a las mujeres; durante diez mil años no ha habido ni un solo hombre que se haya lanzado a la pira funeraria de una mujer. ¿Qué quiere decir eso? ¿Significa que solo las mujeres aman a los hombres y que los hombres no aman a las mujeres? ¿Significa que la mujer no tiene vida propia? ¿Que su vida se reduce a la vida del marido y cuando este muere, ella también tiene que morir?

Esas nociones absurdas se han asentado en nuestra mente. Tienes que hacer limpieza continuamente. Cada vez que localices una estupidez en tu mente, límpiala, elimínala. Si tienes la mente limpia y clara serás capaz de encontrar soluciones para cualquier problema que surja en tu vida.

*Últimamente me he dado cuenta de que ni siquiera soy capaz de salir con un hombre, y mucho menos de amarlo. He adoptado el condicionamiento negativo de mi madre hacia los hombres. Cada vez que un hombre se me acerca ofreciéndome su amor, yo salgo corriendo, lo cual lo impulsa a intentar atraparme. Me estoy comportando muy mal. Por favor, ayúdame a eliminar toda esta basura, a ser capaz de salir con hombres y reconocer su belleza, sus dones, su amor.*

Si realmente quieres eliminar esa basura tienes que ser consciente de que tu madre forma parte de esa basura, y eso te hará daño. Tu madre te ha envenenado. De cada cien problemas y conflictos, prácticamente el noventa por ciento los causan vuestras madres, porque el niño crece en el vientre de su madre. Incluso dentro del vientre, le afectan el estado de ánimo y las emociones de la madre. Si la madre está constantemente enfadada, triste, deprimida, frustrada; si no quiere tener ese hijo y es el marido quien la ha obligado a tenerlo; si está teniendo ese niño de mala gana... Todas esas circunstancias afectarán al tejido de la mente del niño. El niño se está formando; no solo le influyen la carne y la sangre de la madre, también le influye su psicología.

Así que mientras la madre está embarazada, tiene que tener mucho cuidado porque en su interior se está formando una nueva vida. Todo lo que haga —pelearse con su marido, pelearse con los vecinos o sentirse frustrada por cualquier cosa— estará envenenando la mente del niño desde las raíces. Antes de que nazca ya está lleno de prejuicios.

Tu madre no es la única que está enfadada con los hombres. La gran mayoría de las mujeres están enfadadas con sus maridos. Lo mismo puede decirse de los maridos; la mayoría de ellos están enfadados con sus mujeres. Pero el enfado del padre no afecta tanto al niño porque este comienza a vivir dentro del vientre de la madre, empieza a crecer a la sombra de la madre, no a la del padre. El padre no es más que un visitante ocasional. Puede que por la mañana le dé un beso y unas palmaditas en el hombro antes de irse a la oficina. Puede que por la tarde llegue y hable un poco con el niño; de lo contrario, el niño se pasará el día con la madre y lo aprenderá todo de ella.

Por eso llamamos «lengua materna» a cualquier idioma, porque mientras la madre está delante ¡el padre no puede ni abrir la boca para hablar con su hijo! La madre habla y el padre escucha; el niño aprende el idioma de su madre. Y no solo el idioma sino todas sus actitudes.

Sin embargo, la vida, tal como la hemos vivido hasta ahora, está dominada casi totalmente por los hombres. Es una sociedad hecha por hombres y durante siglos no ha habido espacio para las mujeres. Por eso es muy raro que las mujeres no sientan afinidad con otras mujeres. Pero sus mentes también están condicionadas para sentir simpatía hacia los hombres.

De vez en cuando también ocurre, como en el caso de la chica que hacía la pregunta, que en lo más profundo la mujer carga con los sentimientos de la madre. La madre estaba en contra de los hombres —y no veo por qué no debería estarlo; tenía toda la razón del mundo para estar en contra de ellos—; tenía motivos para ello, pero eso no ayudará a la sociedad ni creará un futuro mejor.

Lo pasado, pasado está. Debes empezar a mirar a los hombres con otros ojos; y particularmente en este terreno, donde tienes que esforzarte en reconocer tu condicionamiento, en deshipnotizarte. Hay que eliminar toda la basura con la que estás cargando; debes eliminar toda la carga y sentirte ligera para que puedas alcanzar el conocimiento, tu propio enfoque.

Además, las mujeres de tu comunidad no son incultas. Tú eres económicamente independiente, y eres igual de inteligente que cualquier hombre. No necesitas estar enfadada con los hombres. Si tu madre estaba enfadada, quizá fuera porque no había sido educada, quizá no podía ser económicamente independiente. Quería volar pero estaba enjaulada. Tú no lo estás.

Esta es una de las razones por las que no puedo comunicarme con la gran mayoría de los indios: porque el hombre no querrá escucharme; iría contra su dominio, contra su poder. Y la mujer no puede entenderme, no ha sido educada. Incluso aunque me entendiera, no lograría ser independiente económicamente; no puede rebelarse contra la sociedad hecha por los hombres. En la mayor parte de la India no existe nada parecido a un movimiento para la liberación de la mujer; ni siquiera se habla de ello. Ninguna mujer piensa que tenga la posibilidad de liberarse. Ha perdido toda esperanza.

Pero tu situación es distinta. Provienes de un país en el que las mujeres pueden recibir una educación, y la educación te permite ser económicamente independiente. No tienes por qué ser ama de casa; no tienes por qué casarte. Puedes vivir con la persona que ames sin necesidad de casarte.

La mujer tiene que luchar para conseguirlo, la mujer tiene que hacer que el matrimonio sea una cuestión absolutamente personal en la que ni el gobierno, ni el Estado, ni la sociedad tengan por qué intervenir.

Estás en una situación totalmente distinta a la de tu madre, así que es una estupidez que sigas cargando con su ira y su condicionamiento. Simplemente, perdónala y olvídala porque si sigues teniendo su condicionamiento negativo hacia los hombres, nunca te sentirás completa, ya que la mujer o el hombre que es incapaz de amar permanece incompleto, frustrado.

De ese modo se crea un círculo vicioso. Tu ira te impide amar porque amar significa eliminar la ira contra los hombres y dirigirse a un polo diametralmente opuesto; en vez de la ira, el amor; en vez del odio, el amor. Para dar ese salto importante hace falta valor. Te hallas en un círculo vicioso porque a causa de tu condicionamiento negativo no puedes amar a ningún hombre, y como no puedes amar a ningún hombre te sientes cada vez más frustrada, y tu frustración te hace estar cada vez más airada; ese es el círculo vicioso. La ira provoca frustración, y la frustración hace que te sientas cada vez más airada, más violenta, más en contra de los hombres. Eso provoca más ira, y el círculo se va haciendo cada vez más profundo. Se vuelve casi imposible salir de él.

Tienes que empezar por el principio. En primer lugar tienes que intentar entender que tu madre vivía en un contexto diferente. Puede que su ira estuviera justificada. Tu situación es distinta, y no tiene sentido que tu mente cargue con tu madre. Tienes que vivir tu vida, no la vida de tu madre. Ella sufrió, pero ¿por qué quieres causar más sufrimiento en el mundo? ¿Por qué quieres ser una mártir?

Siente compasión por tu madre; no estoy diciendo que te enfades con ella porque te haya condicionado. Eso supondría mantener tu ira; simplemente cambiarías a los hombres por tu madre. No, necesitas eliminar completamente la ira. Tu madre necesita tu compasión; debe de haber sufrido, y eso ha creado ira en ella. Pero *tú* no estás sufriendo. Puedes dejar la ira a un lado y mirar a los hombres con una mirada nueva. Los hombres no pueden deshacer de un plumazo el daño que sus antepasados inflingieron a las mujeres. Lo pasado, pasado está. Puede que ahora lamenten profundamente lo que el hombre hizo a las mujeres. Ese tipo de hombre constituye un tipo de persona distinta.

Estoy intentando crear la posibilidad de que surja un nuevo tipo de ser humano que no esté contaminado por el pasado, que se desmarque del pasado. Es un trabajo difícil; es casi como darme cabezazos contra un muro, pero estoy decidido a seguir dándomelos. ¡Confío en mi cabeza! Además, el muro es muy viejo y antiguo. Puede que me haga daño, pero algún día caerá; ya le ha llegado su hora. Ya ha vivido más de lo que le correspondía.

Así que medita, y sé consciente de cuándo comienza a hablar la voz de tu madre en tu mente. Poco a poco, consigue acallar esa voz. No la escuches, arruinará toda tu vida. Tienes que aprender a amar. Además, cuando lo aman, el hombre se vuelve más educado, más bueno, todo un caballero. Pierde sus aristas, se vuelve más suave. A través del amor, la mujer empieza a florecer; de lo contrario sigue siendo un capullo cerrado. Solo en el amor, bajo el sol del amor, ella abre sus pétalos. Solo en el amor sus ojos empiezan a tener una profundidad distinta, un brillo diferente; su rostro comienza a tener un aspecto alegre. Por medio del amor experimenta una profunda transformación; llega a la madurez, es mayor de edad.

Así que libérate del condicionamiento que tu madre te ha transmitido inconscientemente. Tú lo has aceptado de forma inconsciente. El modo de liberarse de él consiste en ser consciente de él. Haber planteado esta pregunta supone un buen comienzo. Ese es el principio de la conciencia; su abecé. Tienes que llegar mucho más lejos para cambiar totalmente tu mente, para ser nueva, sin condicionamientos, abierta y vulnerable.

Como consecuencia de ese condicionamiento te has comportado de manera horrible, y cada vez que un hombre se te acercaba mostrándote su amor, tú salías corriendo, lo que lo impulsaba a ir detrás de ti. Eso es algo con lo que disfrutas: que vaya detrás de ti. A todas las mujeres les gusta eso. Realmente *es* horrible, y no eres consciente de sus profundas implicaciones. Significa que tú eres la presa; el hombre es el cazador y va a la caza de su presa. Inconscientemente, estás permitiendo la supremacía del hombre. Tradicionalmente se te ha inculcado que los hombres deben tomar la iniciativa en el amor, no las mujeres; va en contra del encanto femenino. Todas estas ideas están anticuadas. ¿Por qué vas a estar en un segundo plano desde el principio? Si amas a un hombre, ¿por qué esperar? Conozco a muchas mujeres que han esperado durante años porque querían que el hombre tomara la iniciativa. Pero se enamoraron de hombres que no iban a tomarla nunca.

Conozco a una mujer en Bombay que estaba enamorada de Krishnamurti. Permaneció soltera toda su vida esperando a que él tomara la iniciativa. Era una de las mujeres más bellas que he conocido pero Krishnamurti está absolutamente pleno consigo mismo, no necesita a nadie que lo complete. Evidentemente, él nunca tomó la iniciativa. Y, por supuesto, la mujer, víctima de un condicionamiento de miles de años, no podía tomarla, eso va en contra el encanto femenino, es algo «primitivo».

En realidad, no existe ninguna razón por la que la mujer tenga que esperar a que el hombre tome la iniciativa. Si la mujer siente amor hacia alguien, debería tomar la iniciativa y no debería sentirse humillada si al hombre no le apetece. Eso les acercará a la igualdad. Estas son las pequeñas cosas que harán posible la liberación de la mujer.

Pero la mujer siempre ha intentado actuar como una «presa». Atrae al hombre; lo intenta de todas las formas posibles: con su belleza, la ropa, el perfume, su peinado; con todo lo que pueda. Atrae al hombre, y una vez que lo ha atraído, sale corriendo. Pero tampoco corre demasiado rápido. No hace más que mirar atrás para comprobar si el pobre chico va tras ella o no. Si lo deja muy atrás, espera un poco. Cuando se acerca otra vez, vuelve a correr.

Eso es una tontería; el amor debería ser una cuestión transparente. Amas a alguien, le manifiestas tu amor y le dices: «No estás obligado a decir sí; respetaré tu negativa. No es más que lo que yo deseo. No tienes que aceptar si no te apetece, porque si tú no sientes amor hacia mí ese sí será peligroso. Solo si me amas nuestra vida podrá llegar a ser completa».

Una mujer y un hombre que estén enamorados pueden meditar muy fácilmente. La meditación y el amor son dos fenómenos tan cercanos que si empiezas a meditar, tu energía amorosa comenzará a rebosar. Si realmente te enamoras de alguien que esté enamorado de ti, tu energía meditativa empezará a crecer; son experiencias que están estrechamente unidas. Por tanto, yo estoy a favor de ambas.

*Te he oído hablar acerca del ego y de cómo, si somos conscientes, podemos descubrir que no existe. Pero me doy cuenta de que no le doy nunca mucha importancia a la conciencia. ¿Puedes mostrarme el camino para ser más consciente?*

El amor se basta a sí mismo, siempre y cuando tu amor no sea el amor ordinario, instintivo y biológico. Si no forma parte de tu ego, si no es un mecanismo del ego para dominar a otra persona —si tu amor es una dicha absoluta, se regocija en el ser de la otra persona sin razón alguna, es pura dicha— la conciencia seguirá a ese amor puro como una sombra. No tienes que preocuparte por la conciencia.

Solo existen dos caminos: o bien eres consciente, en cuyo caso el amor te sigue como una sombra; o eres tan amoroso que la conciencia surge por sí sola. Son dos caras de la misma moneda. No necesitas preocuparte por la otra cara. ¡Limítate a sujetar una de las caras, y la otra no podrá escapar! Será inevitable que esté también la otra cara.

El camino del amor es más fácil, más optimista, inocente, simple.

El camino de la conciencia es un poco arduo. Yo aconsejo el camino de la conciencia a aquellas personas que no pueden amar. Hay personas que no pueden amar, sus corazones se han petrificado. Su educación, su cultura, su sociedad han eliminado toda capacidad de amar, porque este mundo no se rige por el amor, se rige por la astucia. Para tener éxito en este mundo no necesitas amor, necesitas tener un corazón duro y una mente aguda. De hecho, no necesitas en absoluto tener corazón.

En este mundo, las personas de corazón son aplastadas, explotadas, oprimidas. Este mundo está regido por los astutos, los listos, los que no tienen corazón y los crueles. Así que la sociedad está organizada de tal manera que los niños enseguida empiezan a perder su corazón, y su energía se dirige directamente a la cabeza. El corazón se deja a un lado.

Me contaron una antigua parábola del Tíbet que dice que al principio de los tiempos el corazón estaba exactamente en el centro del cuerpo, pero que ahora ya no está en el centro porque no hacían más que echarlo a un lado, fuera del camino. Ahora el pobre está esperando a un lado del camino —«Si algún día me necesitas, aquí estoy»—, pero no lo alimentan, no lo estimulan. Al contrario, recibe todo tipo de críticas.

Si haces algo y dices: «Lo hice porque era lo que sentía», todo el mundo se echará a reír: «¿Sentir? ¿Te has vuelto loco? Dime la razón, el motivo de que hagas eso. Sentir no es una razón para hacer nada».

Incluso cuando te enamoras tienes que encontrar una razón por la que te hayas enamorado: porque la nariz de esa mujer es preciosa, su mirada es muy profunda, su cuerpo está perfectamente proporcionado. Esas no son las razones. Tú no has sumado todas estas razones con tu calculadora antes de decidir que merece la pena enamorarse de esa mujer: «Enamórate de esa mujer; tiene la longitud de nariz adecuada, el tipo de pelo adecuado, el color adecuado, la proporción de cuerpo adecuada. ¿Qué más quieres?».

Sin embargo, nadie se enamora de ese modo. Te enamoras. Después, para complacer a todos los idiotas que te rodean y demostrarles que no estás loco, lo calculas todo, y solo entonces das el paso. Es un paso razonable, racional y lógico.

Nadie escucha a su corazón.

Mientras, la mente no hace más que parlotear; es un parloteo tan constante —bla, bla, bla; bla, bla, bla— que aunque el corazón diga algo, nunca llega a ti. No puede llegar. En el bazar de tu cabeza hay tanto ruido que al corazón le resulta imposible, absolutamente imposible hacerse oír. Poco a poco, el corazón deja de decir cosas. Acostumbrado a ser sistemáticamente desoído, a ser sistemáticamente apartado, se calla.

La cabeza dirige el espectáculo en la sociedad; si no fuera así viviríamos en un mundo totalmente diferente: con más amor, con menos odio, menos guerra, sin ninguna posibilidad de que hubiera armas nucleares. El corazón nunca apoyaría el desarrollo de una tecnología destructiva. El corazón nunca estaría al servicio de la muerte. Es vida: palpita por la vida, late por la vida.

A causa del condicionamiento impuesto por la sociedad, hay que elegir el método de la conciencia, porque la conciencia parece ser muy lógica y racional. Pero si puedes amar, no hace falta que escojas innecesariamente un camino largo y arduo. El amor es el camino más corto, el más natural; tan fácil que puede recorrerlo incluso un niño pequeño. No hace falta entrenamiento. Naces con esa capacidad, no está corrompido por los demás.

No obstante, el amor debería ser puro, no debería ser impuro.

Te sorprenderá saber que la palabra inglesa para amor, *love*, proviene de una raíz sánscrita con un significado muy negativo. Proviene de *lobh*. *Lobh* significa «avaricia».

Y el amor común es una especie de avaricia. Por eso hay personas que aman el dinero, que aman las casas; hay personas que aman esto, que aman aquello. Aunque amen a una mujer o a un hombre, solo les mueve la avaricia, quieren poseer todo lo bello. Es un ansia de poder. Seguro que conoces parejas que no hacen más que pelearse, y por cosas tan triviales que ambos se sienten avergonzados: «¡Por qué cosas más tontas nos peleamos!». En los momentos de silencio, cuando están solos, se preguntan: «¿No me habrá poseído un espíritu maligno? ¡Discutir por una cosa tan tonta, tan insignificante!». Pero no es una cuestión de insignificancia; es una cuestión de quién tiene el poder, de quién se impone, de quién lleva la voz cantante.

El amor no puede existir en esas circunstancias.

Una vez me contaron una historia. Una anécdota acerca de uno de los grandes emperadores de la India, Akbar. Le interesaba mucho la gente con talento, y había reunido a nueve personas de toda la India, los genios más dotados, a los que se conocía como «las nueve joyas de la corte de Akbar».

Un día que estaba charlando con sus visires les dijo:

—Anoche estuve hablando con mi esposa. Ella insiste en que los maridos están totalmente sometidos a sus mujeres. Intenté convencerla de lo contrario, pero ella persistió: «Conozco a muchas familias, pero nunca he conocido a ningún marido que no esté sometido». ¿Qué opináis vosotros? —preguntó a sus visires.

Uno de los visires, Birbal, le contestó:

—Quizá tengas razón porque no pudiste demostrarle lo contrario. Tú mismo eres un marido sometido; de lo contrario, habrías dado a tu esposa una buena tunda de vez en cuando para demostrarle que tú eres el marido y el que manda.

Akbar le contestó:

—Yo no puedo hacer eso porque tengo que vivir con ella. Es muy fácil aconsejar a otra persona que pegue a su mujer. ¿Tú eres capaz de pegar a tu mujer?

Birbal le contestó:

—No, yo soy incapaz. Simplemente, acepto que estoy sometido y por tanto tu esposa tiene razón.

No obstante, Akbar insistió:

—Hay que comprobarlo como sea. Sin duda, en la capital debe de haber al menos un marido que no esté sometido. En el mundo no hay regla sin excepción, además, esta no es una regla científica. —Y dirigiéndose a Birbal le dijo—: Coge mis dos maravillosos corceles árabes (uno era blanco y el otro era negro) y paséate por la capital. Si encuentras a un hombre que no sea sumiso, dale a elegir el caballo que desee como regalo de mi parte.

Eran unos caballos muy valiosos. En aquellos días los caballos eran muy valiosos y esos eran los más maravillosos que existían.

Birbal le dijo:

—Es inútil, pero si me ordenas que vaya, iré.

Se marchó, y vio que todos los hombres estaban sometidos. ¡Era tan fácil comprobarlo! Birbal se limitaba a llamar al hombre y a su esposa a la puerta de su casa y le preguntaba al marido:

—¿Tú eres un marido sometido o no?

El hombre miraba a su mujer y contestaba:

—Eso deberías habérmelo preguntado cuando estuviera solo. No es justo, lo único que conseguirás será crearme problemas innecesarios.

Por un simple caballo no voy a arruinar mi vida. Llévate tus caballos. No quiero ninguno.

Sin embargo, se encontró con un hombre que estaba sentado al frente de su casa, y al que dos sirvientes estaban dando un masaje. Era un campeón de lucha, un hombre muy fuerte. Birbal pensó: «A lo mejor este sea el hombre; podría matar a cualquiera, incluso sin armas. ¡Solo tiene que agarrarte por el cuello y es el fin!». Birbal le dijo:

—¿Puedo hacerte una pregunta?

El hombre se levantó e inquirió:

—¿Una pregunta? ¿Qué pregunta?

—¿Eres un marido sometido?

El hombre le contestó:

—En primer lugar vamos a saludarnos, vamos a darnos la mano. —Estrujó la mano de Birbal y le dijo—: ¡No te soltaré la mano hasta que empieces a llorar! ¿Cómo te atreves a hacerme esa pregunta?

Birbal estaba a punto de morirse; y eso que él era un hombre casi de hierro, pero empezó a llorar y le dijo:

—¡Suéltame! ¡No eres un marido sometido! Está claro que me he equivocado, este no es el lugar adecuado para hacer esa pregunta. Pero ¿dónde está tu mujer?

El hombre señaló con la mano y contestó:

—Mira, ahí está, preparándome el desayuno.

Había una mujer muy menuda preparando el desayuno.

La mujer era tan pequeña y el hombre era tan grande que Birbal pensó que quizá existiera realmente la posibilidad de que ese hombre no fuera un marido sometido. ¡Podía matar a su mujer! Así que dijo:

—Bueno, ya no hace falta que siga buscando. Puedes elegir uno de estos dos corceles, el blanco o el negro. Es la recompensa del rey para el hombre que no está sometido.

Y justo en ese momento la mujer menuda exclamó:

—¡No escojas el negro! ¡Escoge el blanco, si no te acordarás!

El hombre contestó:

—No, no, si iba a coger el blanco. Cállate.

Y Birbal le dijo:

—No te llevarás ni el blanco ni el negro. Se acabó, has perdido. Tú también eres un marido sometido.

Hay una lucha continua para intentar dominar. En esa situación no puede florecer el amor. El hombre está luchando en el mundo por todo tipo de ambiciones. La mujer está luchando contra el hombre porque tiene miedo: él se pasa todo el día fuera de casa. «¿Quién sabe? A lo mejor está teniendo aventuras con otras mujeres.» Está celosa, sospecha; quiere estar segura de que ese hombre está controlado. Así que en casa el hombre está luchando contra su mujer, y fuera él está luchando contra el mundo. ¿Dónde crees que puede florecer la flor del amor?

La flor del amor solo puede florecer cuando no hay ego, cuando no intentas dominar, cuando eres humilde, cuando no estás intentando ser alguien sino que estás dispuesto a no ser nadie. Entonces surgirá la conciencia por sí sola, y esta es la forma más maravillosa, la forma más inocente: un sendero lleno de flores, un sendero que rodea lagos, ríos, bosques y praderas maravillosos.

Si puedes amar fácilmente, olvídate de la conciencia; surgirá por sí sola. Cada paso del amor traerá su propia conciencia. Este amor no significará caer en la trampa del amor, yo lo denomino, elevarse en el amor.

*¿Cómo puede una mujer estar enamorada y seguir estando centrada en sí misma y en su propia individualidad?*

Esta pregunta denota muchas cosas.

En primer lugar, no entiendes lo que significa estar centrada. En segundo lugar, tampoco has experimentado el fenómeno del amor. Puedo afirmar esto con total seguridad porque tu pregunta me proporciona la prueba de lo que estoy diciendo.

Amar y centrarse son un mismo fenómeno, no dos fenómenos distintos. Si has conocido el amor, solo puedes estar centrada.

Amar significa sentirse a gusto con la existencia. Puede ser a través de un amante, puede ser a través de un amigo, o puede ser sencillamente de forma directa e inmediata: al contemplar el amanecer o una puesta de sol. La propia experiencia del amor hará que te centres. Esta ha sido la filosofía de los devotos a lo largo de los tiempos. El amor es su ciencia; centrarse es el resultado.

Sin embargo, hay personas —y solo hay dos tipos de personas— en las que domina la lógica y el razonamiento. Su corazón no está completamente desarrollado. Y hay otras personas cuyos corazones están floreciendo y en quienes la razón y el razonamiento solo funcionan como siervos del corazón. La desgracia del hombre es que está intentando conseguir lo imposible; pretende obligar al corazón a servir a la mente, lo cual es imposible. En eso radica tu caos, en eso radica tu confusión.

Esa pregunta ha surgido de la experiencia a la que comúnmente se denomina amor. No es amor, solo se denomina amor; no es más que un destello, solo una pequeña degustación que no será un alimento. Por el contrario, se convertirá en un estado patológico, porque en un momento estás exultante y todo lo demás está lejos, y al momento siguiente todo es oscuro, no puedes creer que haya habido algo importante en tu vida. Todos esos momentos de amor parecen haber sucedido en sueños, o quizá te los hayas imaginado. Sin embargo, esos momentos oscuros están completamente ligados a los momentos maravillosos.

Esta es la dialéctica de la mente del ser humano. Funciona a través de los opuestos. Amarás a un hombre y lo amarás por razones totalmente equivocadas. Amarás a ese hombre o a esa mujer porque llevas en tu interior la imagen de otra persona. El niño la ha obtenido de la madre, y la niña la ha obtenido del padre. Todos los enamorados están buscando a sus madres, a sus padres; a fin de cuentas lo que estás buscando es el vientre, aquel estado maravilloso y relajado.

Psicológicamente, la eterna búsqueda del *moksha*, de la liberación absoluta, de la iluminación, se puede reducir al hecho psicológico básico de que el hombre, antes de nacer, ya ha conocido el estado más maravilloso y más pacífico. Después, a menos que ocurra algo más grande en su vida, cierto contacto con lo divino, con lo universal, será desgraciado porque, inconscientemente, estará comparándolo todo con su estado anterior.

Es consciente de que ha vivido durante nueve meses, y ten presente que para un niño que está en el vientre de su madre, nueve meses son prácticamente una eternidad porque no sabe contar, no tiene ningún reloj. Cada momento se basta a sí mismo. No sabe que después de ese momento habrá otro, así que cada uno de ellos es una sorpresa. Además, no tiene ninguna preocupación, ninguna ansiedad por la comida, la ropa, la casa; está totalmente tranquilo, relajado, centrado. No hay nada que lo distraiga del centro.

Ni siquiera hay nadie a quien decir hola.

Esta experiencia de estar nueve meses centrado, en completa alegría, paz, soledad... el otro ya no está ahí; tú eres el mundo, tú eres la totalidad. No falta nada, la naturaleza lo proporciona todo sin que tú tengas que esforzarte lo más mínimo. En cambio, la vida se te presenta de un modo totalmente diferente; de forma hostil, competitiva. Todo el mundo es tu enemigo porque todos están en el mismo mercado; todos tienen los mismos deseos, las mismas ambiciones. Estás destinado a tener conflictos con millones de personas.

Debido a este antagonismo interior todas las culturas del mundo han creado cierto sistema de protocolo, de confianza, de formalidad, y se lo han recalcado al niño constantemente. «Tienes que respetar a tu padre.» ¿Por qué a lo largo de toda la historia de la humanidad todas las culturas del mundo le han insistido al niño: «Tienes que respetar a tu padre»? Hay cierta sospecha de que, si se le deja solo, el niño no respetará al padre; al menos eso es verdad, simple lógica. De hecho, el niño lo odiará. Al igual que todas las niñas odian a sus madres.

Para ocultar esto —ya que sería muy difícil vivir en una sociedad en la que todas tus heridas estuvieran al descubierto y todo el mundo paseara mostrando sus heridas— hace falta cierto *ethos*, cierta moralidad, cierto estilo de vida, para ocultarlo y mostrar justo lo contrario: que amas a tu madre, que amas y respetas a tu padre. En lo más profundo, ocurre exactamente lo contrario.

La sociedad te ha dividido en dos partes. A la parte falsa le ha concedido todo su respeto, porque lo falso lo crea la sociedad. A lo auténtico se le niega cualquier respetabilidad, porque lo auténtico proviene de la naturaleza, que está más allá del control de cualquier sociedad, cultura o civilización. Todos los niños tienen que ser entrenados para decir mentiras, tienen que ser programados de tal modo que estén al servicio de la sociedad, que sean unos esclavos dóciles.

Las sociedades rompen la columna vertebral de todos los niños, para que no tengan columna. No pueden alzar su voz, no pueden cuestionar nada. Su vida no es solo su vida. Aman, pero su amor es falso. Desde el principio le dijeron al niño que amara a su madre «porque es tu madre»; como si ser madre fuera una cualidad intrínseca o algo por lo que tú debieras amarla. Pero se ha aceptado que una madre debe ser amada.

Yo hago hincapié en que es la madre la que debe amar, y que no se le debe decir nunca a un niño que ame a nadie si no sale de sí mismo. Sí, la madre, el padre y la familia pueden crear determinado ambiente sin decir nada; toda esa energía puede generar, puede poner en funcionamiento tus propias fuerzas de amor.

Pero nunca le digas a nadie que el amor es un deber. No lo es. El deber es un falso sustituto del amor. Cuando no puedes amar, la sociedad se dedica a imponerte deberes. Puede parecer amor, pero en su interior falta totalmente el amor; por el contrario, no es más que un formalismo social. Te acostumbras tanto a los formalismos sociales que olvidas que hay cosas esperando para ocurrir en tu vida; pero tú estás tan ocupado que no les das espacio, no permites que el amor florezca en ti.

De ahí que tú no sepas que centrarse y amar son una misma cosa.

Centrarse atrae más al intelectual. No hay que creer nada; no hay nadie a quien debas rendirte.

Toda relación amorosa se convierte en una tragedia por culpa del otro.

En la literatura india no existen tragedias. En mi época de estudiante preguntaba a mis profesores: «¿Por qué no existen tragedias en la literatura india?». Pero ningún profesor ni ningún catedrático fue capaz de darme una respuesta convincente.

Simplemente se encogían de hombros y me decían: «Eres muy raro, ¡haces cada pregunta! Llevo treinta años en esta universidad y nadie me ha preguntado nunca eso».

Yo contestaba: «A mí me parece evidente que es una cuestión que está absolutamente relacionada con la cultura». En todos los países, excepto en la India hay tragedias —historias maravillosas, novelas, relatos— sin embargo, en la India no hay. Y ello se debe a que la India es un lugar mucho más antiguo que cualquier otro lugar. La experiencia le ha enseñado muchas cosas y una de ellas es que no hay que hablar de aquello que no debería existir; por tanto, no debería haber tragedia.

Hay que entender este razonamiento. Si el hombre cree que la vida es una comedia constante, existe la posibilidad de que continúe engañándose a sí mismo. Puede que nunca le cuente a nadie sus problemas porque crea que nadie los tiene. ¿Por qué convertirse en el hazmerreír de todos? Hay algo que falla en ti, así que mejor quédate callado. No tiene sentido que te expongas ante una sociedad cruel que lo único que hará será reírse de ti porque eres un idiota que no sabe vivir.

Pero no es tan simple. No se trata únicamente de saber cómo vivir. En primer lugar, se trata de eliminar todo lo que es falso en ti. Lo falso proviene del exterior. Por ello, cuando elimines lo falso y estés completamente desnudo ante la existencia, comenzará a crecer lo auténtico en ti. Esta es la condición indispensable para que lo auténtico crezca, florezca y te conduzca al verdadero sentido y a la auténtica verdad de la vida.

Hay que recordar lo siguiente: o bien puedes comenzar centrándote —y en cuanto te centres descubrirás inmediatamente que rebosas un inmenso amor— o bien puedes comenzar por el amor. En el momento en el que en tu amor no haya nada de celos ni ningún condicionamiento, sino que solo sea un compartir la danza de tu corazón, te centrarás.

Son dos caras de una misma moneda. Centrarse es un método más intelectual, más científico. El amor tiene una fuente distinta en ti, tu corazón. Es más poético, es más estético, es más sensible, es más femenino, es más bello. Y es más fácil que centrarse.

Yo te aconsejo que, en primer lugar, abandones todas las ideas falsas acerca del amor. Permite que crezca en ti algo auténtico, y poco a poco te centrarás, te iluminarás. No obstante, si te resulta muy difícil comenzar con el amor, no desesperes. Puedes llegar directamente centrándote. Puedes llamarlo meditación, puedes llamarlo conciencia, pero en cualquiera de los dos casos, el resultado final es el mismo: estás centrada y rebosas amor.

# «El amor duele» y otros malentendidos

❧

A NADIE LE DUELE EL AMOR, NUNCA. Y si te parece que el amor te ha hecho daño, la que se siente dolida no es tu capacidad de amar, sino otra cosa. Si no te das cuenta de eso, seguirás caminando en círculos continuamente. Probablemente eso que denominas amor oculta en tu interior muchas cosas carentes de amor; la mente humana es muy astuta cuando se trata de engañar a los demás y también a sí misma. La mente pone etiquetas bonitas a cosas feas, intenta tapar tus heridas con flores. Esta es una de las primeras cuestiones en la que tienes que profundizar si quieres entender qué es el amor.

El «amor» tal como se utiliza habitualmente el término, no es amor; es deseo. Y el deseo sin duda te hará daño, porque desear a alguien como si fuera un objeto supone ofender a esa persona. Es un insulto, es violento. Si te diriges a otra persona con deseo, ¿durante cuánto tiempo podrás fingir que es amor? Superficialmente parecerá amor, pero rasca un poco y verás como debajo se oculta el mero deseo. El deseo es un impulso animal. Contemplar a alguien con deseo supone insultarlo, humillarlo, reducir a la otra persona a una cosa, a un objeto. Nadie quiere ser utilizado; es lo peor que puedes hacerle a alguien. No hay nadie que sea una cosa, no hay nadie que sea un medio para alcanzar un fin.

Esta es la diferencia entre deseo y amor. El deseo utiliza a la otra persona para colmar sus apetitos. Te limitas a utilizar a la otra persona y cuando ya has terminado de utilizarla, la tiras. Ya no te sirve, ha cumplido su función. Este es el acto más inmoral que se comete en la existencia: utilizar a los demás como un medio.

El amor es justo lo contrario: supone respetar a la otra persona como un fin en sí misma. Cuando se ama a otra persona como un fin en sí misma, no hay dolor; te sientes enriquecido a través de esa experiencia. El amor enriquece a todas las personas.

En segundo lugar, el amor solo puede ser verdadero si tras él no se oculta el ego; de lo contrario, se convierte en un mecanismo del ego. Es una forma sutil de dominar. Hay que ser muy consciente de ello, porque ese deseo de dominar está profundamente arraigado. Nunca se presenta desnudo, siempre se oculta bajo maravillosos ropajes, engalanado.

Los padres nunca dicen que los niños son sus posesiones, nunca dicen que quieren dominar a sus hijos, pero en realidad, eso es lo que hacen. Dicen que quieren ayudarles, dicen que quieren que sean inteligentes, que estén sanos, que sean dichosos, pero —y ese es un gran «pero»—, tiene que ser de acuerdo con sus ideas. Incluso la felicidad de los niños debe decidirse de acuerdo con las ideas de los padres; los niños tienen que ser felices de acuerdo con las expectativas de los padres.

Los niños tienen que ser inteligentes, pero al mismo tiempo deben ser obedientes. ¡Es pedir lo imposible! La persona inteligente no puede ser obediente, ya que la persona obediente tiene que perder parte de su inteligencia. La inteligencia solo puede decir sí cuando está profundamente de acuerdo contigo. Yo no puedo decirte sí solo porque seas mayor que yo, porque tengas más poder, porque seas autoritario —un padre, una madre, un sacerdote, un político. Yo no puedo decir sí solo por la autoridad de la que gozas. La inteligencia es rebelde, y ningún padre quiere que sus hijos sean rebeldes. La rebelión irá en contra de su deseo solapado de dominar.

Los maridos dicen que aman a sus mujeres, pero no es más que dominación. Son celosos, son posesivos, ¿cómo pueden decir que aman?
Las esposas no hacen más que decir que aman a sus maridos, pero las
veinticuatro horas al día se dedican a hacer de sus vidas un infierno; hacen todo lo posible para convertir al marido en algo feo. Un marido sumiso es algo feo. Y el problema es que primero, la mujer convierte al
marido en un marido sumiso y después pierde interés en él, porque
¿quién va a interesarse por un marido sumiso? Resulta despreciable;
no parece lo suficientemente hombre.

Primero, el marido intenta reducir a la mujer a una posesión suya,
y una vez que la convierte en una posesión, pierde el interés en ella.
Tiene su lógica: su único interés era poseer; ahora que ya lo ha conseguido, desea encontrar a otras mujeres para saciar su deseo de
posesión.

Ten cuidado con estos mecanismos del ego, porque es probable que
te sientas herido, ya que es inevitable que la persona a la que estás intentando poseer haga todo lo posible por rebelarse; es inevitable que sa-
botee tus trucos, tus estrategias, porque lo que más ama todo el mundo es su libertad. Incluso el amor está por debajo de la libertad; la
libertad es el valor supremo. Se puede sacrificar el amor para preservar
la libertad, pero no se puede sacrificar la libertad para obtener amor.
Y eso es lo que hemos hecho durante siglos: sacrificar la libertad para
obtener amor. Entonces hay rivalidad, hay conflicto, y se aprovecha la
menor oportunidad para herir a la otra persona.

El amor, en su forma más pura, consiste en compartir la alegría. No
pide nada a cambio, no espera nada; de modo que ¿cómo vas a sentirte
herido? Cuando no esperas, no hay posibilidad de sentirse herido. Todo
lo que venga, será bueno, y si no viene nada, también será bueno. Tu
dicha consistía en dar, no en obtener. De ese modo, uno puede amar
desde miles de kilómetros de distancia, no hace falta estar físicamente
presente.

El amor es un fenómeno espiritual; el deseo es un fenómeno físico. El ego es un fenómeno psicológico; el amor es espiritual. Tendrás que aprender el alfabeto del amor. Tendrás que empezar desde el principio, desde cero; de lo contrario te sentirás herido continuamente. Y recuerda, solo tú puedes ayudarte a ti mismo; no hay nadie más que sea responsable.

¿Cómo va a poder ayudarte otra persona? Nadie más puede destruir tu ego. Si te apegas a él, nadie podrá destruirlo; si has invertido en él, nadie podrá destruirlo. Lo único que puedo hacer es compartir mi conocimiento contigo. Los budas solo pueden mostrarte el camino; después eres tú quien tiene que andar, quien tiene que recorrer el camino. Nadie puede guiarte, llevándote de la mano.

Pero eso es lo que te gustaría: te gustaría jugar a ser dependiente. Sin embargo, ten presente que aquel que juega a ser dependiente querrá vengarse. Muy pronto deseará que la otra persona dependa de él o de ella. Si la mujer depende económicamente del marido, ella intentará que él dependa de ella en otros aspectos. Establecen un acuerdo mutuo. Ambos quedan mutilados, ambos quedan paralizados; no pueden vivir el uno sin el otro. Ella se siente herida por la simple idea de que el marido pudiera ser feliz sin ella, de que se estuviera riendo con sus amigos en el bar. A ella no le interesa la felicidad del marido; de hecho, no puede creerlo: «¿Cómo se atreve a ser feliz sin mí? ¡Tiene que depender de mí!».

Al marido no le parece bien que la mujer pudiera reír con otra persona, que disfrutara, que estuviera alegre. Quiere poseer totalmente su alegría; es propiedad suya. La persona dependiente hará que tú también seas dependiente.

El miedo nunca es amor, ya que el amor nunca tiene miedo. No se pierde nada por amor. ¿Por qué debería tener miedo el amor? El amor solo da. No es una transacción económica, así que no puede haber ni ganancias ni pérdidas. El amor disfruta dando al igual que las flores disfrutan exhalando su fragancia. ¿Por qué deberían tener miedo? ¿Por qué deberías tú tener miedo?

Recuerda: el miedo y el amor nunca se dan a la vez; no puede ser. No hay coexistencia posible. El miedo es justo lo contrario al amor.

Normalmente, la gente piensa que lo contrario al amor es el odio. Eso no es cierto, en absoluto. Lo contrario al amor es el miedo. El odio es el amor cabeza abajo. Está haciendo el pino pero no es el opuesto del amor. La persona que odia simplemente demuestra que en lo más profundo, todavía ama. El amor se ha vuelto amargo, pero todavía está ahí. El auténtico opuesto es el miedo. El miedo significa que ahora ha desaparecido toda la energía.

El amor se dirige hacia el exterior, sin miedo, hasta llegar a la otra persona, confiando absolutamente en que será bien recibido; y siempre es bien recibido. El miedo supone encogerte en ti mismo, cerrarte sobre ti mismo, tapiar todas las puertas, todas las ventanas para que no pueda llegar hasta ti el sol, el viento, la lluvia; tanto es el miedo que tienes. Estás enterrándote en vida.

El miedo es una tumba, el amor es un templo. En el amor, la vida alcanza la cumbre más alta. En el miedo, la vida desciende hasta el nivel de la muerte. El miedo apesta, el amor es aromático. ¿Por qué vas a tener miedo?

Ten miedo de tu ego, ten miedo de tu deseo, ten miedo de tu avaricia, ten miedo de tu deseo de posesión, ten miedo de tus celos; pero no debes tener miedo del amor. ¡El amor es divino! El amor es como la luz. Cuando hay luz, no puede existir la oscuridad. Cuando hay amor, no puede existir el miedo.

El amor puede convertir tu vida en una auténtica celebración, pero únicamente el amor; no el deseo, no el ego, no el deseo de posesión, no los celos, no la dependencia.

*Creo que entiendo lo que quieres decir cuando afirmas que no es el amor el que hace daño. Sin embargo, ese tipo de amor del que hablas no se encuentra muy fácilmente, así que el proceso de aprender y crecer hasta lograr un amor más maduro a menudo es muy doloroso. ¿El dolor es una parte inevitable del crecimiento?*

El crecimiento es doloroso porque has estado evitando miles de sufrimientos en tu vida. Pero si los evitas no puedes destruirlos, se van acumulando. Vas tragándote tus sufrimientos y se quedan en tu organismo. Por eso tu crecimiento es doloroso: cuando empiezas a crecer, cuando decides crecer, tienes que enfrentarte a todos los sufrimientos que has reprimido. No puedes dejarlos a un lado.

Te han educado de forma equivocada. Desgraciadamente, hasta ahora, no ha existido ni una sola sociedad en el mundo que no reprima el sufrimiento. Todas las sociedades dependen de la represión. Hay dos cosas que reprimen: una de ellas es el sufrimiento, la otra es el placer. Y si reprimen el placer es también a causa del sufrimiento. Su razonamiento es que si no eres demasiado feliz, nunca serás demasiado infeliz; si se destruye la alegría inmensa nunca sentirás un dolor profundo. Para evitar el dolor, evitan el placer. Para evitar la muerte, evitan la vida.

Sin embargo, en su razonamiento hay algo de cierto. Ambas cosas crecen a la vez; si quieres tener una vida de éxtasis tendrás que aceptar muchos sufrimientos. Si quieres alcanzar las cumbres del Himalaya, tendrás también que cruzar los valles. Pero los valles no tienen nada de malo; tienes que cambiar la forma de enfocarlo. Puedes disfrutar ambas cosas; la cumbre es maravillosa pero también lo es el valle. Hay momentos en los que deberías disfrutar de la cumbre y hay otros en los que deberías descansar en el valle.

La cumbre es soleada, está en constante diálogo con el cielo. El valle es oscuro, pero cuando quieres descansar tienes que ir a la oscuridad del valle. Si deseas llegar a las cumbres, tendrás que echar raíces en el valle; cuanto más profundas sean esas raíces, más alto será el árbol. El árbol no puede crecer sin raíces y las raíces tienen que adentrarse profundamente en el suelo.

El dolor y el placer son partes intrínsecas de la vida. Los hombres tienen tanto miedo al dolor que lo reprimen, evitan las situaciones que producen dolor, están continuamente rehuyéndolo. Y al final se encuentran con que si realmente quieren evitar el dolor tienen que evitar también el placer. Por eso vuestros monjes evitan el placer, porque tienen miedo de él. En realidad, lo que están haciendo es evitar cualquier riesgo de padecer dolor. Saben que si evitan el placer será imposible sufrir un gran dolor; este solo se produce como sombra del placer. De ese modo caminas por la llanura, nunca asciendes a las cumbres ni tampoco desciendes a los valles. Pero entonces entras a formar parte de los muertos vivientes; no estás vivo.

La vida se halla entre estos dos polos. Esta tensión entre el placer y el dolor te hace capaz de crear una música maravillosa; la música solo existe en esa tensión. Destruye la polaridad y serás aburrido, rancio, estarás cubierto de polvo. No hallarás sentido a nada y jamás sabrás qué es el esplendor. Te habrás perdido la vida. El que quiera conocer la vida y vivirla tendrá que aceptar y abrazar la muerte. Ambas van unidas, son dos aspectos de un mismo fenómeno.

Esa es la razón de que el crecimiento sea doloroso. Tienes que sumergirte en los dolores que has estado evitando. Y eso es doloroso. Tienes que enfrentarte a todas esas heridas a las que más o menos has conseguido no mirar. Sin embargo, cuanto más profundices en el dolor, más profunda será tu capacidad de ahondar en el placer. Si puedes ahondar hasta el límite del dolor, serás capaz de tocar el cielo.

Una vez me contaron la historia de un discípulo que acudió a un maestro zen y le dijo: «¿Cómo podemos evitar el frío y el calor?».

En sentido metafórico estaba preguntando: «¿Cómo podemos evitar el dolor y el placer?». Esa es la forma zen de hablar del dolor y del placer, «frío y calor».

«¿Cómo podemos evitar el frío y el calor?»

El maestro le respondió: «Experimenta el frío, experimenta el calor».

Para liberarse del dolor hay que aceptar el dolor como un hecho inevitable y natural. El dolor es dolor; un hecho simple y doloroso. Sin embargo, el *sufrimiento* siempre es la absoluta negación del dolor, la exigencia de que la vida no sea dolorosa. Es el rechazo de un hecho, la negación de la vida y de la naturaleza de las cosas. La muerte es la mente a la que le preocupa morir. Si no tienes miedo a la muerte, ¿cómo vas a morir?

El hombre se distingue entre todas las criaturas por su conocimiento de la muerte y por la risa. El milagro es que eso le permite hacer de la muerte algo nuevo: ¡puede morir riéndose! Y solo si eres capaz de morir riéndote demostrarás que has vivido riéndote. La muerte es la declaración final de toda tu vida; la conclusión, la frase final. Tu muerte, tu forma de morir, reflejará el modo en que has vivido.

¿Eres capaz de morir riendo? Si puedes significa que fuiste una persona madura. Si mueres llorando, gritando, apegándote, querrá decir que fuiste un niño. No habías crecido, eras inmaduro. Si mueres gritando, llorando y apegándote a la vida, lo único que demostrará es que estuviste evitando la muerte y también estuviste evitando la vida, con todos sus dolores.

Crecer supone enfrentarse a la realidad, afrontar los hechos, sean los que sean. Y permíteme que te lo repita: el dolor no es más que dolor, no conlleva sufrimiento. El sufrimiento surge de tu deseo de que no haya dolor, de la idea de que hay algo malo en el dolor. Contempla, observa y te sorprenderás. Te duele la cabeza; hay dolor pero no hay sufrimiento. El sufrimiento es un fenómeno secundario, el dolor es primario. Te duele la cabeza, tienes un dolor; no es más que un hecho. No lo juzgas. No dices que es bueno o malo. No le das ningún valor, no es más que un hecho.

La rosa es un hecho, y también lo es la espina. El día es un hecho, y también lo es la noche. La cabeza es un hecho, y también lo es el dolor de cabeza. Simplemente te das cuenta de ello.

Buda enseñó a sus discípulos que cuando tuvieran dolor de cabeza solo tenían que decir: «Dolor de cabeza, dolor de cabeza». Sé consciente de él, pero no juzgues, no digas: «¿Por qué? ¿Por qué tengo este dolor de cabeza? Esto no debería ocurrirme a mí». En cuanto dices «no debería» estás provocando sufrimiento. De modo que el sufrimiento lo creas tú, no el dolor de cabeza. El sufrimiento es tu interpretación hostil, el sufrimiento es tu negación de la realidad.

En cuanto dices «no debería ser» has empezado a evitarlo, has empezado a alejarte de ello. Te gustaría estar ocupado en algo para poder olvidarte de eso. Pones la radio o la televisión, o te vas a un bar, o empiezas a leer. Te diviertes, te distraes. Si haces eso, no serás testigo de ese dolor; simplemente te distraerás. Ese dolor será absorbido por tu organismo.

Intenta entender profundamente esta clave: si logras ser testigo de tu dolor de cabeza sin adoptar una actitud hostil, sin evitarlo, sin escapar de él; si puedes limitarte a estar ahí, meditativamente ahí —«Dolor de cabeza, dolor de cabeza»—, si consigues limitarte a contemplarlo, el dolor de cabeza desaparecerá cuando llegue el momento. No estoy diciendo que vaya a desaparecer milagrosamente, que por el mero hecho de que lo observes vaya a desaparecer. Desaparecerá cuando llegue su momento. Pero no lo absorberá tu organismo, no envenenará tu organismo. Estará ahí, te darás cuenta de él, y desaparecerá. Será liberado.

Cuando eres testigo de algo que te ocurre, impides que entre en tu organismo. Siempre entra cuando lo evitas, cuando escapas de ello. El dolor solo puede formar parte de tu ser cuando estás ausente; si estás presente, tu propia presencia impedirá que forme parte de tu ser.

Si puedes seguir dándote cuenta de tus dolores, no los acumularás. Pero no te han enseñado la clave adecuada, así que sigues evitándolos. Eso hace que acumules tanto dolor que tienes miedo de enfrentarte a él, tienes miedo de aceptarlo. El crecimiento se vuelve doloroso; esto se debe a un mal condicionamiento. De lo contrario el crecimiento no es doloroso, sino sumamente placentero.

Cuando el árbol crece y se hace grande, ¿crees que siente algún dolor? No siente ningún dolor. Ni siquiera cuando el niño nace, si la madre así lo acepta no habrá dolor. Pero la madre lo rechaza; la madre tiene miedo. Se pone tensa, intenta mantener al niño dentro, y eso no es posible. El niño está preparado para salir al mundo, el niño está preparado para dejar a la madre. Está maduro; el vientre ya no puede contenerlo. Si el vientre lo contiene durante más tiempo, morirá la madre y también morirá el niño. Pero la madre tiene miedo. Ha oído que dar a luz es muy doloroso —dolores de parto, sufrimiento de parto— así que tiene miedo. Y a consecuencia de ese miedo se pone tensa y se cierra.

Para otras mujeres —y en las sociedades primitivas todavía existen ese tipo de mujeres— dar a luz es algo muy simple, que no provoca ningún dolor. Al contrario, te sorprenderá saber que la mujer tiene su mayor éxtasis cuando da a luz; ningún dolor ni ninguna agonía, sino el máximo éxtasis. No hay orgasmo sexual tan satisfactorio y tan intenso como el que experimenta una mujer cuando da a luz a un niño de forma natural. Todo el mecanismo sexual de la mujer palpita como no puede palpitar al hacer el amor. El niño está surgiendo de lo más hondo de la mujer. No hay ningún hombre que pueda penetrar tan hondo a la mujer. Y esa palpitación surge de dentro. Esa palpitación es imprescindible; llega como ondas, grandes oleadas de alegría. Eso será lo único que ayudará al niño a salir, lo único que ayudará a que se abra el paso para que salga el niño. De modo que habrá una gran palpitación y todo el ser sexual de la mujer experimentará una gran alegría.

Sin embargo, lo que le ha ocurrido a la humanidad es justo lo contrario: la mujer experimenta el mayor sufrimiento de su vida. Pero se trata de una creación mental, fruto de una mala educación. El nacimiento físico puede ser natural si lo aceptas, y lo mismo ocurre con tu nacimiento como ser amoroso. El crecimiento significa que naces cada día. El nacimiento no termina el día en que naciste; ese día simplemente empieza, no es más que un comienzo. El día que abandonaste el vientre de tu madre no naciste, simplemente *empezaste* a nacer; no fue más que el comienzo. Una persona continúa naciendo hasta que muere. No es que nazcas en un momento puntual. Tu proceso de nacimiento continúa durante setenta, ochenta, noventa años, tantos años como vivas. Es un *continuum*.

Todos los días te sentirás dichoso: te saldrán nuevas hojas, nuevos brotes, nuevas flores, nuevas ramas, te elevarás cada vez más y alcanzarás mayor altura. Profundizarás más, te elevarás más; alcanzarás las cumbres. El crecimiento no será doloroso.

En cambio, el crecimiento es doloroso; por ti y por tu condicionamiento. Te han enseñado a no crecer; te han enseñado a permanecer estático, te han enseñado a apegarte a lo familiar y a lo conocido. Por eso cada vez que lo conocido se te escapa de las manos empiezas a llorar. Se ha roto un juguete, te han quitado el chupete.

Recuerda: solo hay una cosa que te ayudará, y es la conciencia; nada más. Si no aceptas la vida y el amor con todos sus altibajos, el crecimiento seguirá siendo doloroso. Hay que aceptar el verano y también el invierno.

Eso es lo que yo denomino meditación. La meditación es cuando te vacían de todo lo viejo, lo dicho y hecho ya mil veces. Cuando ocurre eso, ves. O más bien, se produce la *visión*, el nacimiento de lo nuevo. Pero tendrás que sufrir muchos dolores, muchos sufrimientos, porque has vivido en determinada sociedad, en determinada cultura, ya sea hindú, musulmana, cristiana, india, alemana, japonesa. No son más que diferentes formas de evitar el dolor. Has formado parte de una cultura, por eso el crecimiento es doloroso, porque la cultura intenta que no crezcas; quiere que sigas siendo infantil. No te permite avanzar psicológicamente al tiempo que avanzas fisiológicamente.

Durante la Primera Guerra Mundial, y después nuevamente durante la Segunda Guerra Mundial, los psicólogos se dieron cuenta de un hecho muy extraño: que la edad mental del hombre no suele superar los doce o trece años. Aunque tenga setenta, su edad mental está entre los diez y los trece años. ¿Qué quiere decir eso? Simplemente significa que dejó de crecer cuando tenía diez años; su cuerpo siguió creciendo pero la mente se detuvo. Ninguna sociedad permite mentes maduras. ¿Por qué? Porque las mentes maduras son peligrosas para la estructura social, son rebeldes. Son peligrosas para la estructura social porque verán todas las estupideces que cometen en nombre de la cultura, de la sociedad, de la nación.

Fíjate en lo siguiente: la tierra es solo una, y a pesar de ello el hombre está dividido. Todos los problemas de la humanidad podrían resolverse si desaparecieran las naciones. No hay ningún problema, en realidad, no hay ningún problema; el problema fundamental lo crean las fronteras entre las naciones. Ahora mismo se dispone de la tecnología necesaria para alimentar a todas las personas del mundo, no hay necesidad de pasar hambre. Pero eso no es posible porque esas fronteras no lo permitirán.

Una persona madura será capaz de darse cuenta de este sinsentido; una persona madura será capaz de ver el fondo de la cuestión. No se puede convertir a una persona madura en un esclavo.

Toma las riendas de tu ser. Haz frente a tus dolores y elimina todo tipo de ataduras porque solo siendo libre de toda atadura serás capaz de cantar tu canción y de bailar tu danza:

En primavera, cientos de flores; en otoño la luna llena de otoño.

En verano, una brisa refrescante; en invierno, nieve.

Cuando tu mente está libre de cosas inútiles,

todas las estaciones son buenas.

Es un dicho zen. «Cuando tu mente está libre de cosas inútiles...»
El crecimiento es doloroso porque tu mente está llena de cosas
inútiles. Hace mucho tiempo que deberías haberlas eliminado. Pero
no te han enseñado a eliminar nada, solo te han enseñado a apegarte
a todo; tenga sentido o no. El crecimiento es difícil porque cargas
con muchos traumas. De lo contrario el crecimiento se produciría
de una forma muy suave, como el capullo que se abre para convertirse en una flor.

*Mi novia me ha dicho que soy un poco aburrido, muy dependiente, y
que soy una víctima. Eso me ha hecho sentirme culpable, deprimido
y completamente indigno de ella. Empecé a sentir en mi interior un
gran no: hacia la existencia, la vida, el amor. Al mismo tiempo ob-
servé en mí esa energía destructiva y me di cuenta de que, en cierto
modo, ¡disfrutaba de ella! ¿Es posible utilizar esa energía de una forma
creativa?*

Tu pregunta es un buen ejemplo de las conclusiones tan estúpidas a las
que llega la mente. A lo mejor no te has fijado y no te has dado cuenta
de sus contradicciones. A mí me gustaría llegar a la psicología de ese
tipo de preguntas. No solo están en tu interior, están en el interior de
muchas personas. Tú has sido valiente porque te has expuesto ante los
demás.

Tu exposición comienza: «Mi novia me ha dicho que soy un poco
aburrido». Tu novia es muy compasiva, porque todos los hombres ter-

minan siendo *muy* aburridos, no *un poco* aburridos. ¿Te das cuenta de que aquello que denominas amor es una repetición, el mismo ejercicio gimnástico estúpido realizado una y otra vez? Y en todo este juego absurdo, el hombre es el perdedor. Él está gastando su energía, sudando, jadeando, resoplando, y la chica está con los ojos cerrados, pensando: «Solo será cuestión de dos o tres minutos y después se terminará esta pesadilla».

La gente tiene muy poca imaginación, dan por hecho que hacer lo mismo una y otra vez les hace más interesantes. Por eso creo que tu novia es muy compasiva; solo te ha dicho que eres *un poco* aburrido. Yo, en cambio, te digo que eres absolutamente aburrido.

Cuando los misioneros cristianos llegaron a Oriente, los orientales descubrieron que aquellos solo conocían una postura para hacer el amor: la mujer debajo, y encima de la delicada mujer esas bestias terribles. De ahí viene el nombre de «la postura del misionero».

La India es una tierra milenaria y es la cuna de numerosas ciencias, particularmente de la sexología. Hace cinco mil años que existe un libro importantísimo, de Vatsyayana. El libro se titula *Kamasutra*, consejos para hacer el amor. Y lo escribió un hombre muy meditador; creó ochenta y cuatro posiciones para hacer el amor. Evidentemente, hay que cambiar de posición; de lo contrario serás aburrido. Vatsyayana reconoce que practicar la misma posición sexual provoca aburrimiento, una sensación de absoluta estupidez, porque estás siempre haciendo lo mismo. Él se inventó ochenta y cuatro posiciones para hacer que la vida de las parejas tuviera cierto interés. No hay nadie en el mundo que haya escrito un libro de la importancia del *Kamasutra*. Sin embargo, este libro solo podía surgir de alguien que poseyera una gran claridad, una capacidad de meditar con profundidad.

¿Cómo haces el amor? Si observas tu forma de hacer el amor, llegarás a la conclusión de que es algo completamente aburrido. Y es particularmente más aburrido para la mujer, porque el hombre termina en dos o tres minutos cuando la mujer todavía no ha empezado siquiera. En todo el mundo, las culturas han inculcado en las mentes de las mujeres que no deben disfrutar, ni moverse, ni divertirse; se considera «sucio»; algo propio de prostitutas, no de señoritas. Lo que debe hacer una señorita es quedarse tumbada como una muerta y dejar que ese tipo haga lo que le dé la gana. Así que no hay nada nuevo, ni siquiera hay nada nuevo que ver.

No te lo tomes como algo personal. Tu novia te está diciendo algo realmente sincero y honesto. ¿Le has proporcionado un placer orgásmico? ¿O solo la has utilizado para liberar tu energía sexual? ¿La has convertido en una cosa? Ella se ha sentido condicionada a aceptarla, pero esa «aceptación» no puede ser dichosa.

Hacéis el amor en la misma cama en la que os peleáis todos los días. De hecho, la pelea es el preludio: daros almohadazos, gritaros el uno al otro, discutir por todo, y después, una vez que estáis cansados, hay que negociar un poco. Tu amor no es más que una negociación. Si eres un hombre con cierta sensibilidad estética, la habitación en la que haces el amor debe ser sagrada, porque en esa habitación surge la vida. Debería estar decorada con flores, incienso, aromas; deberías entrar en ella con profundo respeto.

Y el amor no debería ser solo algo abrupto a través de lo cual atrapas a la mujer. Este aquí te pillo aquí te mato no es amor. El amor debería estar precedido de música bonita, de bailar juntos, de meditar juntos. No debería ser algo puramente mental: estar pensando continuamente cómo conseguir hacer el amor con esa chica y luego irte a dormir. Debería suponer una implicación profunda de todo tu ser, no algo planeado por la mente sino algo que surgiera espontáneamente. Música bonita, alguna fragancia, bailáis abrazados, os convertís otra vez en niños pequeños que juegan con las flores. Si hacéis el amor de forma espontánea en medio de esta atmósfera sagrada, tendrá una calidad diferente.

Debes comprender que la mujer es capaz de tener múltiples orgasmos porque ella no pierde ninguna energía. El hombre solo es capaz de tener un orgasmo y pierde su energía, parece deprimido. Incluso a la mañana siguiente puedes notar la resaca, y a medida que se hace más mayor, se vuelve cada vez más difícil. Hay que comprender esta diferencia. La mujer es receptiva, tiene que serlo, porque el plan de la naturaleza es que se convierta en madre y por tanto necesita más energía. Pero su orgasmo ocurre de una forma completamente distinta. La sexualidad del hombre es local, como una anestesia local. Todo el cuerpo de la mujer es sexual, y a menos que su cuerpo comience a vibrar de dicha, que cada célula de su cuerpo reaccione, no podrá tener una explosión orgásmica.

Así que tú no eres el único hombre aburrido; prácticamente el noventa y nueve por ciento de las mujeres del mundo piensan lo mismo. Hay que cambiar completamente esta situación. La mujer no debería estar debajo del hombre. Para empezar, es feo; el hombre tiene un cuerpo más fuerte, la mujer es más frágil. Debería ser ella la que estuviera encima del hombre, no el hombre encima de ella.

Además, el hombre debería estar callado, inactivo, para que no alcanzara el orgasmo en dos minutos. Si estás callado y dejas que la mujer enloquezca sobre tu pecho, para ella supondrá un ejercicio vigoroso y le proporcionará una explosión de energía orgásmica. Necesita tiempo para que todo su cuerpo entre en calor, pero si tú estás demasiado activo, no le das tiempo. Os encontráis, pero ese encuentro no es un encuentro bello, amoroso; solo te resulta útil.

Intenta practicar con tu novia lo que te aconsejo. Sé el miembro pasivo de la pareja y permite que ella sea el miembro activo. Deja que se desinhiba. No tiene que comportarse como una señorita, tiene que comportarse como una auténtica mujer. La «señorita» es algo creado por los hombres; la mujer es algo creado por la existencia. Y tú tienes que llenar el vacío entre sus orgasmos. Solo puedes llenar ese vacío de una manera: si permaneces muy inactivo, en silencio, y disfrutas de su éxtasis. Entonces ella tendrá múltiples orgasmos. Deberías terminar con tu orgasmo, no empezar con él.

Si haces esto, tu novia no dirá que eres un poco aburrido. ¡Serás un chico realmente interesante, maravilloso, que se comporta como una señorita! Pero, además, mantén los ojos cerrados para que no se sienta inhibida por tu mirada. Así podrá hacer lo que quiera; mover las manos, mover el cuerpo, gemir, gruñir, gritar. No te está permitido estar vivo, simplemente permanece en silencio. ¡Si haces eso irá como loca detrás de ti! Ahora mismo debes de estar comportándote de forma estúpida, como la mayoría de los hombres del mundo.

Tu novia te está dando un buen consejo, pero tú, en tu estupidez, estás pensando que te está criticando. Cuando dice: «Eres dependiente y una víctima», puedo saber, por tu pregunta, que ella tiene razón. Eres una víctima, al igual que todo ser humano es una víctima; una víctima de las ideologías estúpidas, que han creado extraños sentimientos de culpa y no te permiten divertirte. Aunque estés haciendo el amor, sabes que estás cometiendo un pecado, y que el infierno está a la vuelta de la esquina.

Cuando hagas el amor, conviértelo en un proceso de meditación. Tienes que estar completamente presente, derramando tu amor sobre la mujer. La mujer tiene que estar ahí, derramando su belleza y su encanto sobre el hombre. Si haces eso, no serás una víctima; de lo contrario, lo serás, porque vuestras estúpidas religiones no aceptan que el amor sea una experiencia natural y divertida. Lo condenan. Algunas de ellas han puesto la condición de que a menos que dejes a la mujer nunca alcanzarás la verdad. Ese condicionamiento es tan antiguo que casi se ha convertido en una verdad, a pesar de que sea una mentira absoluta.

Eres una víctima de las tradiciones y no hay duda de que eres dependiente. Cuando analice más profundamente tu pregunta te darás cuenta de hasta qué punto eres dependiente, dependiente de una novia que te dice que eres aburrido, que no eres muy excitante, y que eres una víctima.

Tu dependencia se muestra más adelante: «Eso me hizo sentirme culpable, deprimido y completamente indigno de ella». Si tu novia, al decir esas simples verdades, puede hacer que te sientas culpable, deprimido y completamente indigno de ella, realmente parece que sea tu dueña. «Empecé a sentir en mi interior un gran no.» Y aquí es donde tu novia ha sido muy considerada al no decirte: «También eres un poquito idiota».

Dices: «Empecé a sentir en mi interior un gran no hacia la existencia —pero ¿qué te habrá hecho la existencia?—, hacia la vida, hacia el amor». Lo único que demuestra esto es tu absoluta estupidez. En vez de quedarte escuchando a tu novia, mientras te decía sinceramente que eras aburrido —aunque solo un poco—, deberías haberle preguntado: «¿De qué manera puedo ser más interesante? ¿Tienes alguna sugerencia?». Esa habría sido una medida inteligente.

Sin embargo, en vez de preguntarle a ella empezaste a sentir: «un gran no: hacia la existencia, hacia la vida, hacia el amor». Pero yo entiendo el motivo. Puede que tú no seas capaz de explicarlo, pero yo veo el motivo subyacente a tu gran «no». Tú confías completamente en tu novia, pero, naturalmente, no puedes preguntarle a ella; eso demostraría tu dependencia. Debes de tener miedo de dar demasiada importancia a este tipo de cosas delante de ella, porque tu novia no es tu mujer para siempre; no hay ninguna ley que le impida irse con otro que sea más excitante. Todo el mundo es excitante al principio, pero bastan unos días juntos para que desaparezca la excitación. Empiezas a mirar alrededor a ver si encuentras otra mujer, otro hombre, porque todos parecen más excitantes.

Repetirás lo mismo vida tras vida; ya lo has hecho, pero sin entender el motivo. Una vez que se ha vivido con un hombre más de una semana surge el problema de cómo librarse de él. Él también está buscando cómo librarse de ti. Pero a ninguno de los dos os parece correcto, así que empezáis a crear problemas para que de algún modo algún otro idiota se interese por tu novia, o tu novio, porque ambos seguís viendo que hay otras chicas más excitantes, hay otros hombres más excitantes. Es bien sabido que la hierba del vecino siempre parece más fresca que la propia. Es la distancia la que crea esa impresión.

Cualquier otra mujer te parecerá más interesante que la tuya; ella es una pesadilla. Pero lo que no sabes es que todas esas mujeres obedecen a ese mismo patrón. Durante uno o dos días son maravillosas, y una vez que te tienen atrapado, comienza la hora de la verdad, empiezan a convertirse en una pesadilla. Lo mismo ocurre con los hombres. Si un hombre conoce a una mujer en la playa, en un parque, en la orilla de un río, finge ser Alejandro Magno, camina como un león. Pero al cabo de dos días, ese mismo tipo se ha convertido en una rata.

Nadie habla de la verdadera razón por la que ocurre eso, por qué hay tanta gente que se siente desgraciada innecesariamente. Esta sociedad nunca será feliz si no permitimos que las personas avancen y no se queden estancadas en los matrimonios, en sus propias promesas.

Relacionaos en libertad, y cuando llegue el momento en que sientas que has explorado toda la topografía de la mujer y la mujer sepa que ha experimentado todo lo que podía experimentar con ese hombre, habrá llegado el momento de decir adiós a la otra persona de forma profundamente amistosa. No hace falta quedarse pegado a la otra persona.

Un mundo que se libere de todo tipo de contratos entre hombre y mujer será absolutamente encantador, maravilloso, nada aburrido, interesante. Sin embargo, hemos creado instituciones, y vivir en una institución no es una experiencia apasionante. Vuestro matrimonio es una institución, aunque la nueva generación, antes de asentarse, una vez cumplidos los treinta años, está viviendo de manera más libre. He estado buscando por todo el mundo un hippy que tenga al menos treinta y cinco años, pero no he encontrado ninguno. Alrededor de los treinta, todos los hippies desaparecen; se convierten en esas personas conservadoras contra las que luchaban antes.

Al ver lo que supone vivir en instituciones —el matrimonio, la sociedad, una federación, un club— has experimentado que no puedes vivir felizmente. Esta es la primera vez en la historia que tenemos una generación joven. No quiero decir que en el pasado no hubiera gente joven, pero no había una «generación joven». El niño pequeño, de siete años, acompañaría a su padre al negocio, empezaría a ir a sus tierras, a ocuparse de las vacas; o si el padre era carpintero, el niño empezaría a ayudarle. A los siete años ya había entrado a formar parte de la sociedad.

Por primera vez en la historia hay una generación a la que realmente se puede denominar joven, y que ha provocado un salto generacional. Ahora hay colegios, institutos, universidades, y has cumplido veinticinco o veintiséis años cuando sales de la universidad con una licenciatura. Sin embargo, para entonces, ya no eres joven. Para entonces, comienzas a tener responsabilidades: una profesión, la familia, el matrimonio.

Sin embargo, durante el período que pasas en la universidad, antes de entrar en la vida, hay un largo lapso de tiempo en el que no estás ocupado en ninguna actividad estrictamente útil, dirigida a un fin. Eso ha creado el salto generacional. Los hombres y las mujeres se vuelven sexualmente maduros —las mujeres en torno a los trece años, los hombres en torno a los catorce— y quizá se casen diez o doce años después. Durante esos diez o doce años surge la posibilidad de que se formen parejas.

Es una gran oportunidad para que en el futuro se entienda todo el fenómeno y su psicología. Tienes la oportunidad de cambiar tus viejas costumbres; quizá surjan problemas pero se abandonan los viejos hábitos. Todo hombre necesita conocer a muchas mujeres. Toda mujer necesita experimentar con muchos hombres antes de decidir casarse. Esta experiencia les ayudará a encontrar a la persona adecuada, con la que se puedan fundir y fusionar sin ninguna dificultad.

También has dicho: «Mientras tanto descubrí en mí esa energía destructiva, y me di cuenta de que en cierto modo, ¡disfrutaba de ella!». Todo el mundo tiene energía destructiva porque la energía que no se controla, está destinada a ser destructiva, a menos que sea utilizada de forma consciente y se vuelva creativa. Pero lo más importante que dices es: «En cierto modo, ¡disfrutaba de ella!».

Entonces, ¿cómo vas a cambiarla? Aquello con lo que disfrutas está destinado a permanecer; no puedes cambiarlo, porque puede que no disfrutes del cambio. Sin embargo, has pensado en ello solo porque tu novia ha dicho que eres «un poco aburrido, muy dependiente, y una víctima».

Tú tienes energía. Disfrutar de la energía destructiva es suicida; disfrutar de la energía destructiva de forma destructiva está al servicio de la muerte. Si eres consciente de ello tendrás que pasar por una transformación. Utiliza tu energía de forma creativa; quizá eso te haga menos aburrido, más interesante, menos dependiente, menos víctima. Y lo más importante es que no te sentirás culpable ni deprimido. Ninguna persona creativa se siente culpable ni deprimida. Su participación en el universo a través de sus acciones creativas hace que se sienta totalmente pleno y le otorga dignidad. Ese es el derecho inherente a todo ser humano pero pocas personas lo reclaman.

Es más, si la energía pasa a una dimensión creativa, ese gran «no» se convertirá en un gran «sí». Y no entraña ninguna dificultad; es muy sencillo utilizar la energía en campos creativos. Pinta, dedícate a la jardinería, cuida las flores, escribe poesía, aprende música, baila. Aprende cualquier cosa que cambie tu energía destructiva en energía creativa, e inmediatamente el gran «no» se convertirá en un «sí» aún mayor. Entonces no estarás enfadado con la existencia, tendrás encanto. No estarás en contra de la vida.

¿Cómo puede una persona creativa estar en contra de la vida, en contra del amor? Es imposible, es algo que nunca ha ocurrido. Solo las personas no creativas están en contra de todo. Si puedes ser creativo y afirmar la vida, te habrás puesto en camino para convertirte en un individuo auténtico, sincero, y dichoso.

Tu novia ha hecho que te plantees cuestiones que son muy importantes en tu vida. Lo más fácil sería cambiar de novia, pero yo te digo que ella es realmente tu amiga, y que lo que ha dicho es totalmente sincero, auténtico. Agradéceselo y empieza a cambiar algunas cosas. El día en el que tu novia te acepte como una persona viva e interesante, será un gran día en tu vida. Así que no seas cobarde y no cambies de novia solo porque esta te crea problemas y prefieres buscarte a otra.

Tienes suerte de haber encontrado a una mujer tan compasiva. Tendrías muchos problemas con la siguiente chica que eligieras; te haría sentir totalmente culpable y despreciable, porque ¿qué has hecho para merecer aprecio? ¿Qué has hecho para no ser aburrido? ¿Qué has hecho para declarar tu independencia? ¿Qué has hecho para no ser una víctima? Ya es hora de que hagas algo. Se lo agradecerás eternamente a tu novia.

Y me gustaría decirle algo a tu novia: «Sigue zarandeando a este chico hasta que te sientas satisfecha porque ya no sea aburrido sino que esté lleno de vida, completamente interesante, divertido, alegre. Puede que lo pierdas en algún lugar del camino de la vida, pero lo habrás preparado para otra mujer; de lo contrario, tal como es ahora, torturaría a muchas mujeres y se torturaría a sí mismo».

Estoy intentando preparar al hombre futuro, un hombre que respete a la mujer como a un igual, que le dé la oportunidad de crecer, y que aproveche para crecer él también. No habrá ningún tipo de atadura. Si dos personas pueden vivir enamoradas toda su vida, nadie las molestará. Pero no es necesario matrimonio ni tampoco es necesario el divorcio. El amor debería ser un absoluto acto de libertad.

Sin embargo, durante miles de años te han dicho que «si amas de verdad, tu amor tiene que ser permanente». No veo que haya nada en la vida que tenga la cualidad de la permanencia. El amor no puede ser una excepción. Así que no esperes que el amor sea permanente. Eso hará que tu amor sea aún más bello, porque serás consciente de que hoy estáis juntos, pero puede que mañana tengáis que separaros. El amor llega a tu hogar como una brisa fresca y fragante, la llena de frescor y de fragancia, permanece tanto tiempo como la existencia se lo permite, y después se va. No deberías intentar cerrar todas las puertas porque esa misma brisa fresca se convertiría en aire viciado.

Así es como se han vuelto las vidas de las personas: viciadas, feas, y ello es debido a su idea de que el amor es permanente. En la vida todo cambia. El cambio es maravilloso; te proporciona cada vez más experiencia, más conciencia, más madurez.

*La alegría y la diversión han desaparecido de mi relación, aunque siento que sigue habiendo amor y realmente no quiero que lo dejemos. ¿Qué podemos hacer para devolver la alegría y la diversión a nuestra relación?*

Hay un malentendido en tu mente. La alegría no ha desaparecido, nunca estuvo ahí; era otra cosa. Lo que ha desaparecido es la excitación, pero tú creías que la excitación era alegría. La alegría vendrá ahora, cuando se acabe la excitación; solo entonces llegará la alegría. La alegría es un fenómeno muy silencioso; no tiene nada que ver con la excitación, con la pasión. Es tranquila, pacífica, serena.

Pero este malentendido no solo te ocurre a ti; se ha vuelto muy común. La gente piensa que la excitación es alegría. Es una especie de intoxicación; uno se siente ocupado, tremendamente ocupado. Esa ocupación hace que se olvide sus preocupaciones, sus problemas, sus ansiedades. Es como beber alcohol: olvidas tus problemas, te olvidas de ti mismo, y al menos durante un instante estás lejos, lejos de ti mismo. Ese es el sentido de la excitación: ya no estás dentro, estás fuera de ti mismo; has escapado de ti mismo. Pero estar fuera de ti mismo, tarde o temprano te cansará. Echarás de menos el alimento que surge de tu más profundo ser cuando estás cerca de él.

Así que ninguna excitación puede ser permanente; solo puede ser un fenómeno momentáneo, un estado momentáneo. Todas las lunas de miel se acaban; tienen que acabar, ¡sino morirías! Si estuvieras constantemente excitado, te volverías loco. Esa situación tiene que amainar, tienes que alimentarte de nuevo dentro de ti mismo. No puedes permanecer despierto muchas noches seguidas. Puedes hacerlo una, dos o tres noches, pero si permaneces muchas noches despierto, empezarás a sentirte cansado, totalmente cansado y agotado. Empezarás a aburrirte, a sentirte muerto; necesitarás descansar. Después de cada momento de excitación hace falta descansar. Mientras descansas recapitulas, te recuperas; después, puedes dirigirte de nuevo a la excitación.

Sin embargo, la excitación no es alegría, solo es una huida de la infelicidad.

Intenta entenderlo: la excitación solo es una huida de la infelicidad. Únicamente te proporciona una experiencia de alegría falsa y superficial. Como ya no eres infeliz crees que eres dichoso; no ser infeliz equivale a ser dichoso. La verdadera alegría es un fenómeno positivo. No ser infeliz no es más que una especie de olvido. La infelicidad te está esperando en casa, y cuando vuelvas, allí estará.

Cuando desaparece la excitación, uno empieza a pensar: «¿Qué sentido tiene ahora este amor?». Aquello que la gente suele denominar «amor» muere con la excitación, y eso es una desgracia. En realidad, el amor no ha llegado a nacer. Solo era un amor excitado; no era amor auténtico. Solo era un esfuerzo para alejarte de ti mismo. Era una búsqueda de sensaciones.

En tu pregunta has utilizado de forma correcta la palabra «diversión»; era diversión, pero no era intimidad. Cuando desaparece la excitación y empiezas a sentir amor, el amor puede crecer; ya se han terminado los días de pasión. Este es el verdadero comienzo del amor.

Para mí, el verdadero amor comienza cuando se termina la luna de miel. Cuando llega ese momento tu mente empieza a pensar en que todo se ha acabado, ha terminado: «Empieza a buscar a otra mujer, a otro hombre. ¿Qué sentido tiene ahora continuar? ¡Ya no es divertido!».

Si en ese momento continúas amando, el amor se volverá más profundo, se convertirá en intimidad. Tendrá otro encanto. Ahora tendrá sutileza, no será superficial. No será diversión, será meditación, será una plegaria. Te ayudará a conocerte a ti mismo. La otra persona se convertirá en un espejo, y a través de ella serás capaz de conocerte a ti mismo. Ahora es el momento adecuado para crecer, porque ya no se desperdiciará toda la energía que se canalizaba hacia la excitación: se verterá en las verdaderas raíces del amor, y el árbol podrá tener un espeso follaje.

Si logras que siga aumentando esta intimidad que ya no es excitación, surgirá la dicha; primero la excitación, después el amor, y después la dicha. La dicha es el resultado último, la plenitud. La excitación no es más que el comienzo, el disparo inicial; no es el final. Aquellos que terminan en la excitación nunca sabrán qué es el amor, nunca conocerán el misterio del amor, nunca llegarán a conocer la alegría del amor. Conocerán sensaciones, la excitación, la febril pasión, pero nunca llegarán a conocer el encanto del amor. Nunca sabrán lo maravilloso que es estar con una persona cuando no hay excitación sino silencio, sin palabras, sin esforzarse en hacer nada. Limitándose a estar juntos, compartir un espacio, ser uno, compartir tu ser con la otra persona, sin pensar qué hacer ni qué decir, dónde ir ni cómo disfrutar; todo eso ya pasó. Pasó la tormenta y solo hay silencio.

Sin embargo, eso no significa que ahora no vayáis a hacer el amor; en realidad no se tratará de «hacer», el amor sucederá. Sucederá como fruto del encanto, del silencio y del ritmo; surgirá de tus profundidades, no será algo corporal. Hay un tipo de sexo que es espiritual, que no tiene nada que ver con el cuerpo. Aunque el cuerpo tome parte en él, aunque participe en él, no es su fuente. Entonces, y solo entonces, el sexo adopta el color del tantrismo.

Así que yo te aconsejo que te observes a ti mismo. Ahora que te estás acercando al templo, no huyas. Entra en él. Olvídate de la excitación, es algo infantil. Más adelante te espera algo maravilloso. Si eres capaz de esperar a que llegue, si tienes paciencia y confianza, llegará.

# La atracción y el rechazo

HAY ALGUNOS PUNTOS FUNDAMENTALES que hay que entender. Por un lado, el hombre y la mujer son dos valvas de una misma concha, y por otro son polos opuestos. El hecho de que sean opuestos hace que se atraigan entre sí. Cuanto más alejados están, más profunda será la atracción que sientan; cuanto más distintos sean, mayor será el encanto y la belleza de la atracción.

Sin embargo, aquí es donde reside el problema. Cuando se acercan, quieren acercarse aún más, quieren fundirse el uno en el otro, quieren convertirse en uno, en un todo armonioso; pero su atracción depende de su oposición, al tiempo que su armonía dependerá de disolver esa oposición. A menos que tu relación amorosa sea muy consciente, te creará una gran angustia, muchos problemas.

Todos los enamorados tienen problemas. Pero no se trata de problemas personales; es algo natural.

En realidad, no tendrían por qué haberse sentido atraídos hacia la otra persona; lo llaman «ser presa del amor». No pueden explicar por qué sienten esa intensa atracción hacia la otra persona. Ni siquiera son conscientes de las causas subyacentes; por tanto ocurre algo extraño: ¡los amantes más felices son aquellos que apenas se ven! En cuanto se ven, la misma oposición que creaba la atracción se convierte en conflicto. Para cualquiera que sea la cuestión tienen actitudes diferentes, enfoques diferentes. A pesar de que hablan la misma lengua, no pueden entenderse.

Uno de mis amigos me estaba hablando acerca de su mujer y de los constantes problemas que tenían. Yo le dije: «Parece que no congeniáis».

Él me contestó: «No, claro que no con*genio*. ¡Menudo *genio* tiene!». Y sin embargo era un matrimonio por amor, no un matrimonio concertado. Los padres de ambos se opusieron a ese matrimonio; pertenecían a religiones distintas, sus respectivas comunidades se oponían al matrimonio entre ellos. A pesar de ello, lucharon contra todos y se casaron, para descubrir posteriormente que no hacían más que pelearse.

La mente masculina contempla el mundo de forma diferente a la mente femenina. Por ejemplo, la mente masculina se interesa por cosas lejanas: el futuro de la humanidad, las estrellas lejanas o si hay vida en otros planetas. La mente femenina se ríe de todas estas tonterías. A ella solo le interesan las cosas pequeñas, la esfera más cercana que la rodea: los vecinos, la familia, quién está engañando a su mujer, quién es el marido de la mujer que se ha enamorado del chófer. Su interés es local y humano. No se preocupa por la reencarnación, ni tampoco se preocupa por la vida después de la muerte. Las preocupaciones femeninas son más pragmáticas, están más relacionadas con el presente, con el aquí y el ahora.

El hombre nunca vive aquí y ahora, siempre está en otro lugar. Tiene preocupaciones extrañas: la reencarnación, la vida después de la muerte, la vida en otros planetas.

Si ambos miembros de la pareja son conscientes de que el suyo es un encuentro de opuestos, de que no hace falta convertirlo en un conflicto, entonces es muy posible que entiendan el punto de vista totalmente opuesto y lo absorban. Si hacen esto la vida de ese hombre y esa mujer podrá convertirse en una maravillosa armonía. Si no, habrá una lucha continua.

Hay períodos de vacaciones. La lucha no puede mantenerse las veinticuatro horas del día; uno también necesita un poco de descanso, un descanso para prepararse para una nueva lucha.

No obstante, que hombres y mujeres hayan convivido durante miles de años, a pesar de ser unos extraños, constituye uno de los fenómenos más insólitos. Continúan trayendo niños al mundo pero siguen siendo extraños. El enfoque femenino y el masculino son tan opuestos que a menos que hagas un esfuerzo consciente, a menos que lo conviertas en objeto de tu meditación, no hay esperanza de lograr una vida pacífica.

Una de mis mayores preocupaciones es cómo conseguir que el amor y la meditación estén tan conectados que toda relación amorosa se convierta en una asociación para la meditación, y que cada meditación te haga ser consciente de que el amor no tiene por qué hacerte prisionero sino que puede elevarte a las alturas. Puedes encontrar un amigo de forma consciente, deliberada. A medida que profundice la meditación, profundizará tu amor, y viceversa: a medida que florezca tu meditación, también florecerá tu amor, pero lo hará a un nivel completamente diferente.

Sin embargo, la mayoría de las parejas no están conectadas en la meditación. Nunca se sientan en silencio durante una hora simplemente para sentir la conciencia de la otra persona. O están peleándose o están haciendo el amor, pero en ambos casos, están haciendo algo relacionado con el cuerpo, con la parte física, la biología, las hormonas. No están en contacto con lo más profundo de la otra persona. Sus almas permanecen separadas.

En los templos, en las iglesias y en los juzgados solo se casan vuestros cuerpos. Vuestras almas están a miles de kilómetros de distancia. Ni siquiera estás ahí en los momentos en los que haces el amor con tu pareja, y tu pareja tampoco está ahí. Puede que el hombre esté pensando en Cleopatra o en una actriz de cine. Y quizá esa es la razón por la cual todas las mujeres cierran los ojos: para no ver la cara de su marido, para que no las distraiga. Ella está pensando en Alejandro Magno, en Iván el Terrible, pero cuando ve a su marido, todo eso se desvanece. Él tiene aspecto de ratón.

Ni siquiera estás solo con tu amada en esos momentos maravillosos que deberían ser sagrados, de meditación, de profundo silencio. Hay una multitud. Tu mente está pensando en otra persona, la mente de tu pareja está pensando en otra persona. Por ello actúas como un robot, es algo mecánico. Hay una fuerza biológica que te está esclavizando, pero tú lo denominas amor.

Me contaron que un día por la mañana, temprano, un borracho estaba en la playa y vio a un hombre que estaba haciendo flexiones. El borracho se acercó, dio vueltas a su alrededor, lo observó de cerca desde todos los ángulos, y al final le dijo: «¡Ya sé que no debería entremeterme en un acto tan íntimo, pero permítame decirle que su novia se ha marchado!».

Al parecer, eso es lo que ocurre. Cuando estás haciendo el amor, ¿tu novia está realmente ahí? ¿Tu novio está realmente ahí? ¿O solo estás practicando un ritual, es algo que hay que hacer, un deber que hay que cumplir?

Si deseas tener una relación armoniosa con tu pareja, tendrás que aprender a ser más meditativo. El amor solo no basta. El amor solo es ciego; la meditación le proporciona ojos. La meditación le proporciona entendimiento. Una vez que vuestro amor es tanto amor como meditación, os convertís en compañeros de viaje. Ya no es una relación rutinaria. Se convierte en una amistad que recorre el camino que conduce al descubrimiento de los misterios de la vida.

Si el hombre está solo, si la mujer está sola, el viaje les resultará muy aburrido y muy largo, como les resultó en el pasado. Al ver este constante conflicto, todas las religiones decidieron que aquellos que desearan buscar deberían renunciar a la otra persona; los monjes debían ser célibes, las monjas debían ser célibes. Sin embargo, durante mil años de historia, ¿cuántos hombres y cuántas mujeres se han convertido en almas realizadas? Si los cuento con los dedos de las manos, me sobran dedos. Y ha habido millones de monjes y de monjas de todas las religiones: budistas, hindúes, cristianos, musulmanes. ¿Qué es lo que ha ocurrido?

El camino no es tan largo, el objetivo no está tan lejos. Pero incluso para ir a la casa del vecino necesitas ambas piernas. ¿Hasta dónde puedes llegar a la pata coja?

Los hombres y las mujeres juntos, en profunda amistad, compartiendo una relación amorosa, meditativa, como todos orgánicos, pueden alcanzar el objetivo siempre que quieran, porque el objetivo no está fuera de ti, es el ojo del huracán, está en lo más profundo de tu ser. Pero solo puedes encontrarlo cuando eres un todo, y no puedes serlo sin la otra persona.

El hombre y la mujer son dos partes de un todo. Así que en vez de perder el tiempo peleando, intentad comprenderos el uno al otro. Intentad poneros en el lugar de la otra persona; intenta ver como ve un hombre, intenta ver como ve una mujer. Además, siempre es mejor tener cuatro ojos que dos. Tienes una visión completa; puedes ver en todas las direcciones.

Sin embargo, hay que recordar una cosa: que sin meditación, el amor sucumbirá; no hay ninguna posibilidad de que triunfe. Puedes fingir y puedes engañar a otras personas pero no puedes engañarte a ti mismo. En lo más profundo sabes que todas las promesas que el amor te ha dado permanecen incompletas.

Únicamente con la meditación, el amor empieza a adoptar nuevos colores, nueva música, nuevas canciones, nuevos bailes, porque la meditación te da la perspectiva necesaria para entender el polo opuesto, y al entenderlo desaparece el conflicto.

Todos los conflictos que hay en el mundo se deben a malentendidos. Tú dices algo y tu mujer entiende otra cosa. Tu mujer dice algo y tú entiendes otra cosa. He visto parejas que han vivido juntas durante treinta o cuarenta años, y, a pesar de ello, parecen tan inmaduras como lo eran el primer día que estaban juntos. Se quejan siempre de lo mismo: «No entiende lo que digo». Cuarenta años viviendo juntos y no has sido capaz de descubrir cómo lograr que tu mujer entienda exactamente lo que estás diciendo, y tú ¿eres capaz de entender exactamente lo que ella está diciendo?

Yo creo que esto solo puede conseguirse a través de la meditación, porque la meditación te da el don del silencio, la conciencia, la escucha paciente, la capacidad de ponerte en la posición de la otra persona.

Las cosas no son imposibles pero no hemos tomado la medicina adecuada.

Me gustaría recordarte que la palabra «medicina» proviene de la misma raíz que «meditación». La medicina cura tu cuerpo; la meditación cura tu alma. La medicina cura tu parte material; la meditación cura tu parte espiritual.

Las personas viven juntas y sus espíritus están llenos de heridas; por tanto, las pequeñas cosas les hieren mucho.

Una vez, Mulla Nasruddin me preguntó:

—¿Qué puedo hacer? Diga lo que diga, me malinterpretan, e inmediatamente surgen los problemas.

Yo le contesté:

—Intenta hacer lo siguiente: siéntate en silencio, no digas nada.

Al día siguiente lo encontré más desesperado de lo habitual y le pregunté:

—¿Qué te ha pasado?

Él me respondió:

—No tenía que haberte pedido consejo. Solíamos pelearnos y discutir todos los días pero solo era verbalmente. ¡Ayer, por culpa de tu consejo, me pegó!

—¿Qué ocurrió? —quise saber.

Él me respondió:

—Yo estaba sentado en silencio. Ella me hizo muchas preguntas pero yo estaba decidido a permanecer en silencio. Ella me dijo: «¿Así que no vas a hablar?». Yo me quedé callado. ¡Y entonces empezó a pegarme! Y estaba muy enfadada. Me recriminó: «Las cosas van de mal en peor. ¡Al menos antes nos hablábamos; ahora ni siquiera lo hacemos!». Acudieron todos los vecinos y empezaron a preguntar: «¿Qué ha pasado? ¿Por qué no hablas?». Y alguien aventuró: «Parece que ha sido poseído por un espíritu maligno».

»Yo pensé: "¡Dios mío! Ahora me llevarán a algún idiota que empezará a pegarme e intentará sacarme el espíritu maligno". Así que grité: "¡Esperad! No estoy poseído por ningún espíritu maligno. Sencillamente no hablo porque en cuanto digo algo comienzan las peleas. Cada vez que digo algo, ella responde otra cosa, después yo digo otra distinta. ¡Es algo que no tiene fin!". ¡Lo único que estaba haciendo era meditar en silencio, sin hacer daño a nadie, y de repente todo el vecindario estaba contra mí!

Las personas viven sin entender nada. De ahí que todo lo que hagan esté destinado a terminar en desastre.

Si amas a un hombre, la meditación será el mejor regalo que puedas hacerle. Si amas a una mujer, el Kohinoor no es nada en comparación; la meditación será un regalo mucho más valioso, y hará que tu vida sea absolutamente dichosa.

Somos potencialmente capaces de disfrutar de una dicha absoluta pero no sabemos cómo hacerlo.

Cuando estamos solos, casi siempre estamos tristes. Pero cuando estamos acompañados, se convierte en un auténtico infierno.

Incluso Jean-Paul Sartre, un hombre muy inteligente, afirmó que el infierno es el otro, que es mejor estar solo, que es imposible estar con el otro. Se volvió tan pesimista que dijo que es imposible estar con la otra persona: el infierno es el otro. En la mayoría de los casos, está en lo cierto.

A través de la meditación el otro se convierte en tu cielo. Pero Jean-Paul Sartre no tenía ni idea de meditación.

En eso radica la infelicidad del hombre occidental. El hombre occidental se está perdiendo el florecimiento de la vida porque desconoce completamente la meditación; el hombre oriental se lo está perdiendo porque desconoce completamente el amor. Yo creo que, al igual que el hombre y la mujer son las dos caras de una misma moneda, lo mismo ocurre con el amor y la meditación. La meditación es el hombre; el amor es la mujer. En el encuentro de la meditación y el amor se produce el encuentro del hombre y de la mujer. En ese encuentro creamos a un ser humano trascendental que no es ni hombre ni mujer. Y a menos que seamos capaces de crear a ese hombre trascendental en la tierra, no habrá mucha esperanza.

*Has hablado de la absoluta armonía que se puede encontrar en lo que aparentemente son opuestos, pero yo siento que el odio destruye el amor y la ira mata la compasión. ¿Cómo puedo encontrar la armonía cuando dentro de mí están luchando estos extremos?*

Eres víctima de un malentendido. Si el odio destruye el amor y la ira destruye la compasión no cabe la posibilidad de que existan ni el amor ni la compasión. Entonces estás atrapado, no puedes salir de ahí. Has vivido con odio durante millones de vidas, así que ha quedado destruido el amor. Has vivido con ira durante millones de vidas, así que se ha aniquilado la compasión.

Pero fíjate, el amor sigue ahí. El odio viene y va, pero el amor sobrevive. La ira viene y va, pero la compasión sobrevive. El odio no ha sido capaz de destruir el amor; la noche no ha sido capaz de destruir el día; la oscuridad no ha sido capaz de aniquilar la luz. No, han sobrevivido.

Así que en primer lugar hay que entender que el amor y la compasión no han sido destruidos. En segundo lugar, hay que entender que la armonía entre opuestos solo será posible más tarde, cuando realmente ames.

No has amado realmente, ese es el problema. No es el odio; el odio no es el problema, el problema es que no has amado realmente. La oscuridad no es el problema, el problema es que no tienes luz. Cuando hay luz, la oscuridad desaparece. No has amado. Has fantaseado con esa idea, lo has imaginado, lo has soñado, pero no has amado.

¡Ama! Aunque con ello no quiero decir que por el mero hecho de amar vaya a desaparecer el odio inmediatamente. El odio luchará contra ti, porque todo el mundo quiere sobrevivir. El odio luchará. Cuanto más ames, más fuerte será el odio que surja de esta lucha. Pero te sorprenderá descubrir que el odio viene y va. No mata tu amor; al contrario, lo hace más fuerte. El amor puede absorber incluso el odio. Si amas a una persona, hay momentos en los que crees que la odias. Pero eso no destruye el amor, lo enriquece.

En realidad, ¿qué es el miedo? Es una tendencia a alejarse. ¿Qué es el amor? Es una tendencia a acercarse. El odio es una tendencia a separarse, una tendencia a divorciarse. El amor es una tendencia a casarse, a aproximarse, a acercarse. El odio es ser dos, independientes. El amor es ser uno, interdependientes. Siempre que odias, te alejas de tu amante, de tu amado. Pero en la vida cotidiana hace falta separarse para volver a acercarse.

Ocurre lo mismo que cuando comes: tienes hambre, por lo tanto, comes; entonces el hambre desaparece porque has comido. Cuando amas a una persona es como un alimento. El amor es alimento; muy sutil, muy espiritual, pero es un alimento y te nutre. Cuando amas a una persona, el hambre disminuye; te sientes saciado, entonces, de repente, surge el impulso de alejarse y te separas. Pero después vuelves a tener hambre; te gustaría acercarte, aproximarte, amar, caer en brazos de la otra persona. Cuando comes, te olvidas durante unas horas de la comida; no te quedas sentado en la cocina, no te quedas sentado en el restaurante. Te vas; después, al cabo de unas horas, empiezas a dirigirte allí otra vez. Estás empezando a tener hambre.

El amor tiene dos caras, una es de hambre y la otra de saciedad. Tú interpretas erróneamente el amor: como si fuera solo hambre. Una vez que hayas entendido que no hay odio, sino solo una situación para crear hambre, el odio se convertirá en parte del amor. Entonces enriquecerá al amor. Entonces la ira se convertirá en parte de la compasión, enriquecerá la compasión. La compasión sin ninguna posibilidad de ira se volverá impotente, no tendrá energía. La compasión con posibilidad de ira tendrá fuerza, será resistente. El amor sin posibilidad de odio se vuelve rancio. Entonces la pareja parecerá una cárcel, no puedes escapar. El amor con odio conlleva libertad; nunca se vuelve rancio.

En el cálculo de la vida, los divorcios ocurren porque no haces más que posponerlos. Así que los deseos de divorcio se van acumulando y llega un día en el que el matrimonio es aniquilado, destruido. Si eres capaz de entenderme, yo te aconsejaría que no esperaras: divórciate y vuelve a casarte todos los días. Debería ser algo rítmico como el día y la noche, como el hambre y la saciedad, como el verano y el invierno, como la vida y la muerte. Debería ser así. Por la mañana amas, por la tarde odias. Cuando amas, amas realmente, amas totalmente; cuando odias, odias realmente, odias totalmente. Y de repente descubrirás su belleza: la belleza está en su totalidad.

El odio total también es maravilloso, tan maravilloso como el amor total; la ira total también es maravillosa, tan maravillosa como la compasión total. La belleza está en la totalidad. La ira sola se vuelve fea, el odio solo se vuelve feo; no es más que un valle sin colina, sin cumbre. En cambio, cuando el valle está al pie de una cumbre, se convierte en un paisaje maravilloso. Desde la cumbre, el valle se vuelve maravilloso; desde el valle la cumbre adquiere una gran belleza.

Tú te mueves; el río de tu vida se mueve entre esas dos orillas. Y, poco a poco, cuanto más entiendas el cálculo de la vida, no pensarás que el odio va en contra del amor. Es complementario. No pensarás que la ira está en contra de la compasión; es complementaria. No pensarás que el descanso está en contra del trabajo, es complementario; o que la noche está en contra del día; es complementaria. Constituyen un todo perfecto.

Como no has amado, tienes miedo de odiar. Tienes miedo porque tu amor no es lo suficientemente fuerte. El odio podría destruirlo. En realidad no estás seguro de si amas o no; por eso tienes miedo del odio y de la ira. Eres consciente de que puede hacer tambalear toda la casa. No estás seguro de si existe realmente la casa o si, por el contrario, es solo fruto de tu imaginación, una casa imaginaria. Si es imaginaria, el odio la destruirá; si es real, el odio la hará más fuerte. Después de la tormenta el silencio lo cubre todo. Después del odio, los amantes vuelven a estar frescos para caer en brazos de la otra persona, completamente nuevos, como si fuera de nuevo su primer encuentro. Se encuentran una y otra vez, y otra y otra por primera vez.

Los amantes siempre se están encontrando por primera vez. Si os encontráis una segunda vez, quiere decir que el amor ya está envejeciendo, ya está rancio. Se está volviendo aburrido. Los amantes se enamoran cada día, nuevos, rejuvenecidos. Contemplas a tu mujer y ni siquiera eres capaz de darte cuenta de que ya la habías visto antes; ¡es tan nueva! Contemplas a tu marido y parece un extraño; te enamoras otra vez.

El odio no destruye el amor, solo destruye su ranciedad. Supone una limpieza, y si eres capaz de comprender esto le darás las gracias. Y si también puedes sentirte agradecido por odiar, lo habrás entendido; ahora nada podrá destruir tu amor. Ahora estarás por primera vez realmente arraigado; ahora podrás resistir la tormenta y te fortalecerás a través de ella, te enriquecerás a través de ella.

No te plantees la vida como si fuera una dualidad, no te la plantees como si fuera un conflicto; no lo es. Yo he llegado a saberlo; no lo es. Yo lo he experimentado; no lo es. Es un todo, de una pieza, y todo encaja en ella. Solo tienes que encontrar cómo hacer que encajen, cómo permitir que encajen. Permite que encajen. Es un todo maravilloso.

Y si me lo preguntas, en caso de que existiera la posibilidad de un mundo sin odio, yo no lo elegiría; sería un mundo completamente muerto y aburrido. Puede que fuera dulce, pero sería empalagoso; anhelarías la sal. Si fuera posible un mundo sin ira, yo no lo elegiría, porque la compasión sin ira no tendría vida. El opuesto es lo que aporta la tensión, el opuesto es lo que proporciona el carácter. Cuando el hierro pasa por el fuego se convierte en acero; sin fuego no puede convertirse en acero. Y cuanto más elevada sea la temperatura, mayor será el temple, la fuerza del acero. Si tu compasión puede pasar por el fuego de la ira, cuanto más elevada sea la temperatura de la ira, mayor será el temple y la fuerza de la compasión.

Buda es compasivo. Es un guerrero. Proviene de la casta *kshatriya*, es un samurái. Debió de llevar una vida llena de ira; y, de repente, llegó la compasión. El maestro jainista Mahavira pertenecía a la casta de los *kshatriyas*. Parece absurdo, pero si se analiza tiene cierta lógica: todos los grandes maestros de la no violencia provenían de razas guerreras. Hablan de la no violencia, de la compasión; han vivido la violencia, saben lo que es, la han experimentado. Solo un *kshatriya*, un guerrero que haya vivido en medio del fuego, tiene esa gran compasión o la posibilidad de que esta surja.

Así que recuerda: si los extremos están luchando dentro de tu corazón, no elijas. Permite que ambos estén ahí. Sé una gran casa, ten suficiente espacio para ambos. No digas: «Solo sentiré compasión, no ira; solo sentiré amor, no odio». Te empobrecerás.

Ten un gran corazón, deja que ambas cosas estén ahí. No hace falta crear un enfrentamiento entre ellas; no hay lucha. La lucha surge de la mente, de las enseñanzas, de la educación, de tu condicionamiento. El mundo no hace más que decirte: «Ama, no odies». ¿Cómo puedes amar sin odiar? Jesús dice: «Ama a tus enemigos». Pero yo te digo: «También odia a tus amantes». De ese modo se convierte en un todo completo. De lo contrario el mandamiento de Jesús está incompleto. Él dice: «Ama a tus enemigos». Tú odias únicamente a tus enemigos, y Él te dice que también deberías amarlos. Pero falta la otra parte. Yo te digo: odia también a tus amigos; odia también a tus amantes, y no tengas miedo. Así, poco a poco verás que no hay diferencia entre amigo y enemigo porque amas y odias a tu enemigo y amas y odias a tu amigo. Será simplemente una cuestión de qué cara de la moneda ves. Entonces el amigo es enemigo y el enemigo es amigo. Cuando ocurre eso desaparecen las distinciones.

No crees una lucha interior, permite que existan las dos. Ambas serán necesarias. Ambas te darán alas; solo entonces podrás volar.

# Abandonar el Club de los Corazones Solitarios

H AY QUE ENTENDER UNA CUESTIÓN MUY COMPLEJA e intrincada: cuando no estás enamorado, estás aislado. Cuando estás enamorado, realmente enamorado, estás en soledad.

El aislamiento es tristeza; la soledad no es tristeza. El aislamiento provoca el sentimiento de estar incompleto. Necesitas a alguien y la persona a la que necesitas no está ahí. El aislamiento es oscuridad, sin ninguna luz. Una casa oscura, siempre esperando a que venga alguien y encienda la luz.

La soledad no es aislamiento. La soledad conlleva la sensación de que estás pleno. No necesitas a nadie, tú solo te bastas. Y eso ocurre en el amor. Los amantes alcanzan la soledad. A través del amor alcanzas tu profunda plenitud. El amor te hace pleno. Los amantes se comparten mutuamente, pero no porque lo necesiten sino porque rebosan energía.

Dos personas que se hayan sentido aisladas pueden firmar un contrato, pueden unirse. Pero no son amantes, recuerda. Permanecen aisladas, pero ahora, gracias a la presencia de la otra persona, no sienten ese aislamiento; eso es todo. En cierto modo se engañan a sí mismos. Su amor no es más que un engaño para decirse a sí mismos: «No estoy solo, aquí hay otra persona».

Cuando dos personas aisladas se unen, su aislamiento se duplica, o incluso se multiplica. Eso es lo que ocurre normalmente. Cuando estás solo te sientes aislado y cuando mantienes una relación te sientes infeliz. Esta es una observación cotidiana. Cuando uno no está manteniendo ninguna relación se siente solo, y busca a alguien con quien relacionarse. Cuando mantiene una relación con otra persona, empieza el sufrimiento; empieza a sentir que estaba mejor solo; esto es insoportable.

¿Qué es lo que ocurre? Dos personas aisladas —es decir, dos personas deprimidas, tristes, infelices— se encuentran y la infelicidad se multiplica. ¿Cómo pueden dos fealdades volverse bellas? ¿Cómo pueden dos aislamientos reunidos provocar una sensación de plenitud? Es imposible. Se aprovechan el uno del otro, en cierto modo intentan engañarse a sí mismos relacionándose con la otra persona, pero ese engaño no llega muy lejos. Una vez que ha terminado la luna de miel también se termina el matrimonio. No es más que una ilusión temporal.

El auténtico amor no es una búsqueda para combatir la soledad. El auténtico amor consiste en transformar el aislamiento en soledad, en ayudar a la otra persona. Si amas a una persona, la ayudas a estar sola. No intentas llenarla. No intentas completar a la otra persona con tu presencia. La ayudas a estar sola, a estar tan llena de sí misma o de su propio ser que no te necesite.

Cuando una persona es completamente libre, puede compartir; es el fruto de esa libertad. Entonces da mucho, pero no es una necesidad; da mucho, pero no supone una negociación. Da mucho porque tiene mucho. Da porque disfruta dando.

Los amantes están solos, y un verdadero amante nunca destruye tu soledad. Siempre será totalmente respetuoso con tu individualidad, con tu soledad. Es sagrada. No interferirá en ella, no intentará entremeterse en ese espacio.

Sin embargo, normalmente, los amantes, los denominados «amantes», tienen mucho miedo a la soledad de la otra persona, a su independencia. Tienen miedo porque creen que si la otra persona es independiente, no les necesitará, se deshará de ellos. Así que la mujer no hace más que intentar controlarlo todo para que su marido o su novio siga siendo dependiente. Tiene que necesitarla siempre, para que ella siga siendo valiosa. Y el hombre no hace más que intentar lo mismo por todos los medios posibles, para que siga siendo valioso. El resultado es una transacción, no es amor, y hay luchas y peleas continuas. La lucha se establece porque todo el mundo necesita libertad.

El amor permite la libertad; no solo la permite, sino que la refuerza. Y todo aquello que destruya la libertad no es amor. Será otra cosa. El amor y la libertad van juntos, son dos alas de un mismo pájaro. Siempre que veas que tu amor va en contra de tu libertad, debes saber que estás haciendo otra cosa en nombre del amor.

Permite que este sea tu criterio a seguir: la libertad es el criterio; el amor te da libertad, te hace libre, te libera. Y una vez que eres totalmente libre, te sientes agradecido a la persona que te ha ayudado. Ese agradecimiento es casi religioso. Sientes que en la otra persona hay algo divino. Él te ha hecho libre, ella te ha hecho libre, y el amor no se ha convertido en posesión.

Cuando el amor se deteriora se convierte en posesión, celos, lucha por el poder, política, dominación, manipulación; mil cosas, todas ellas horribles. Cuando el amor se eleva a las alturas, al cielo más puro, es libertad, libertad absoluta.

Si estás enamorado con este amor del cual estoy hablando, tu amor ayudará a la otra persona a estar integrada. Tu amor se convertirá en una fuerza cimentadora para la otra persona. A través de tu amor, la otra persona se convertirá en un todo, único e individual, porque tu amor le dará libertad. Bajo el paraguas de tu amor, bajo la protección de tu amor, la otra persona comenzará a crecer.

Todo crecimiento necesita amor, pero amor incondicional. Si el amor impone condiciones, el crecimiento no podrá ser total porque esas condiciones se interpondrán.

Ama incondicionalmente, no pidas nada a cambio. Recibirás mucho sin necesidad de pedirlo —lo convertirías en otra cosa—, pero no seas un mendigo. En el amor, sé un emperador. Solamente da y observa qué ocurre: recibirás mil veces más. Pero tienes que aprenderte el truco. De lo contrario seguirás siendo un avaro; darás un poco y esperarás recibir algo, y esa espera y esa expectación destruirán toda la belleza de tus actos.

Cuando estás aguardando y esperando, la otra persona siente que eres un manipulador. Puede que lo diga o puede que no, pero siente que eres un manipulador. Y cuando uno siente que la otra persona está intentando manipularla, se rebela contra ello porque va contra la necesidad interior del alma, ya que cualquier exigencia que provenga del exterior te desintegra. Cualquier exigencia del exterior te divide. Cualquier exigencia del exterior es un crimen contra ti, porque contamina tu libertad. Entonces ya no eres sagrado. Ya no eres el fin, estás siendo utilizado como un medio. Y el acto más inmoral del mundo consiste en utilizar a otra persona como un medio.

Cada ser es un fin en sí mismo. El amor te trata como un fin en ti mismo. No tiene que arrastrarte ninguna expectación.

Así que hay que tener presentes algunas cosas. Una de ellas es amar, pero no como una necesidad sino como un compartir. Ama, pero no esperes; da. Ama, pero recuerda que tu amor no debería convertirse en una prisión para la otra persona. Ama, pero sé muy cuidadoso, estás pisando un terreno sagrado. Estás dirigiéndote hacia el templo más alto, más puro y más sagrado. ¡Mantente alerta! Deja todas las impurezas fuera del templo. Cuando ames a una persona, ama a esa persona como si fuera un dios, ni más ni menos. Nunca ames a una mujer como mujer, ni a un hombre como hombre porque si amas a un hombre como hombre tu amor será muy ordinario. Tu amor no será más que lujuria.

Si amas a una mujer como mujer, tu amor no se elevará muy alto. Ama a una mujer como a una diosa, y el amor se convertirá en adoración.

En el tantrismo, el hombre que va a hacer el amor con una mujer tiene que haberla adorado durante meses como si fuera una diosa. Tiene que visualizar en esa mujer a la diosa-madre. Cuando la visualización se vuelve completa, cuando no hay deseo, cuando al ver a la mujer sentada desnuda frente a él, solo siente una energía divina y no siente ningún deseo, entonces, la forma de la mujer se vuelve divina, se interrumpe el pensamiento y solo se siente reverencia; solo entonces se le permite hacer el amor.

Parece absurdo y paradójico. Cuando no hay necesidad de hacer el amor, se le permite hacer el amor. Cuando la mujer se ha convertido en una diosa, entonces se le permite hacer el amor porque ahora el amor podrá elevarse, el amor se convertirá en un clímax, en un crescendo. Ya no será terrenal, ya no será de este mundo; no serán dos cuerpos, serán dos seres. Será una unión de dos existencias. Se unirán dos almas, se fundirán, se mezclarán, y ambos saldrán de esa experiencia tremendamente solos.

La soledad significa pureza. La soledad significa que solo estás tú y nadie más. La soledad significa que eres oro puro; únicamente oro y nada más, solo tú. El amor te hace solitario. Desaparecerá el aislamiento, pero surgirá la soledad.

El aislamiento es un estado en el que te sientes enfermo contigo mismo, aburrido de ti mismo, cansado de ti mismo, y quieres ir a alguna otra parte, olvidarte de ti y relacionarte con otra persona. La soledad es cuando estás emocionado por el simple hecho de ser. Eres dichoso por el simple hecho de ser tú mismo. No necesitas ir a ninguna parte. Ha desaparecido la necesidad, te bastas a ti mismo. Sin embargo, ahora surge algo nuevo en tu ser. Tienes tanto que no puedes contenerlo. Tienes que compartir, tienes que dar. Y sea quien sea aquel que acepte tu regalo, sentirás agradecimiento hacia él.

Los amantes se sienten agradecidos de que su amor haya sido aceptado. Lo agradecen porque estaban demasiado llenos de energía y nece-
sitaban otra persona sobre quien derramar esa energía. Cuando la flor
eclosiona y exhala su fragancia a los vientos, da gracias a los vientos. La
fragancia se estaba haciendo cada vez más pesada para la flor. Se estaba
convirtiendo en una carga. Es como si una mujer estuviera embarazada y después de nueve meses el niño todavía no hubiera nacido, se estuviera retrasando. Ahora se siente muy cargada: quiere compartir el
niño con el mundo.

Ese es el significado del nacimiento. Hasta ahora la mujer ha estado
llevando al niño en su interior, no era de nadie más, solo suyo. Pero
ahora ya no es posible; ya no puede contenerlo. Tiene que compartirlo;
tiene que compartir el niño con el mundo. La madre tiene que dejar a
un lado su avaricia. Una vez que el niño está fuera del vientre, ya no es
de la madre; se irá marchando poco a poco, muy lejos. Entrará a formar
parte del gran mundo.

Lo mismo ocurre cuando la nube está cargada de agua y preparada
para descargarla, y cuando se derrama, cuando llueve, la nube se siente aliviada, feliz y agradecida a la tierra sedienta porque haya aceptado
la lluvia.

Existen dos tipos de amor. Uno es el amor que aparece cuando te
sientes aislado: te acercas a la otra persona por necesidad. El otro tipo
de amor surge cuando no te sientes aislado sino solo. En el primer caso
lo haces para obtener algo a cambio; en el segundo lo haces para dar
algo. Aquel que da es un emperador.

El amor que surge de la soledad no es un amor corriente. No tiene
nada que ver con la lujuria; al contrario, es la gran transformación de
la lujuria en amor. Y el amor te hace individual. Si no te hace individual, si intenta convertirte en un esclavo, no es amor; es odio que pretende ser amor. Ese tipo de amor, mata, destruye la individualidad de la
otra persona. Hace que seas menos que un individuo. Te empuja hacia

abajo. No te ensalza, no te vuelves grácil. Te empuja hacia el barro, y todo aquel que está atrapado en ese tipo de relación comienza a sentir que se está estableciendo en algo sucio.

El amor debería darte libertad; no te conformes nunca con menos. El amor debería hacerte completamente libre, un vagabundo en el cielo de la libertad, sin raíces que lo apeguen a ninguna parte. El amor no es apego, el deseo sí.

La meditación y el amor son las dos formas de alcanzar la individualidad de la que estoy hablando. Ambas están profundamente relacionadas. De hecho, son dos caras de la misma moneda: el amor y la meditación. Si meditas, tarde o temprano te encontrarás con el amor. Si meditas profundamente, tarde o temprano comenzarás a sentir que nace en ti un gran amor que hasta entonces desconocías: una nueva cualidad de tu ser, una nueva puerta que se abre. Te has convertido en una nueva llama y ahora quieres compartir.

Si amas profundamente, poco a poco te darás cuenta de que tu amor se está volviendo cada vez más meditativo. Comienza a inundarte un silencio sutil. Están desapareciendo los pensamientos, están surgiendo espacios, silencios. Estás rozando tu propia profundidad.

Cuando el amor recorre el camino adecuado te hace meditativo. Cuando la meditación recorre el camino adecuado te hace amoroso.

No se puede luchar de forma directa contra la oscuridad del aislamiento. Es esencial que toda persona comprenda que hay algunas cosas fundamentales que no se pueden cambiar. Esta es una de esas cosas fundamentales: que no puedes luchar directamente contra la oscuridad, no puedes luchar directamente contra el aislamiento, no puedes luchar directamente contra el miedo a estar incomunicado. Ello se debe a que todas estas cosas no existen, no son más que ausencias de algo, al igual que la oscuridad es la ausencia de luz.

Puedes luchar contra esa oscuridad toda tu vida y no tendrás éxito, pero basta una pequeña llama para que se disipe. Tienes que trabajar para conseguir luz porque es positiva, existencial, existe por sí sola. Una vez que llega la luz, todo aquello que era la ausencia de esta, desaparece automáticamente.

El aislamiento es similar a la oscuridad.

Tú no conoces tu soledad. No has experimentado tu soledad y su belleza; su gran potencia, su fuerza. En los diccionarios aislamiento y soledad son sinónimos, pero la existencia no obedece a los diccionarios. Y todavía no hay nadie que haya intentado hacer un diccionario existencial que no contradiga a la existencia.

El aislamiento es una ausencia, porque eres consciente de tu soledad. Tienes miedo. Te sientes aislado, por eso quieres apegarte a algo, a alguien, a alguna relación, simplemente aferrarte a la ilusión de que no estás aislado. Pero sabes que lo estás, de ahí el sufrimiento. Por otro lado, te estás apegando a algo que no es real, que no es más que una solución temporal; una relación, una amistad. Sin embargo, mientras vives esa relación te creas una breve ilusión y olvidas tu aislamiento.

Pero ese es el problema: a pesar de que puedes olvidar por un momento tu soledad, de repente, justo al momento siguiente eres consciente de que la relación o la amistad no es permanente. Ayer no conocías a ese hombre o a esa mujer, erais extraños. Hoy sois amigos; mañana, ¿quién sabe? Puede que mañana volváis a ser extraños; de ahí el sufrimiento.

La ilusión te proporciona cierto consuelo, pero no puede crear la realidad que haga desaparecer el miedo. Reprime el miedo, de modo que en la superficie te sientes bien; al menos, intentas sentirte bien. Finges sentirte bien contigo mismo; qué relación tan maravillosa, qué maravilloso es ese hombre o esa mujer. Pero detrás de la ilusión —y la ilusión es tan fina que puedes ver lo que hay detrás— hay dolor en tu corazón, porque el corazón sabe perfectamente que puede que mañana las cosas no sean iguales, y no lo serán.

Toda tu experiencia vital confirma que las cosas no hacen más que cambiar. Nada es permanente; no puedes apegarte a nada en un mundo cambiante. Querías hacer de la amistad algo permanente, pero tu deseo va en contra de la ley del cambio, y esa ley no va a hacer excepciones. Simplemente sigue su curso. Cambiará, todo cambiará. Quizá a la larga, llegue un día en el que entiendas que el hecho de que la existencia no te escuchara, de que no te hiciera caso y siguiera a su manera, y no actuara de acuerdo con tu deseo, fue positivo.

Puede que necesites un poco de tiempo para comprenderlo. Te gustaría que este amigo lo fuera para siempre, y sin embargo, mañana se convierte en un enemigo. O simplemente te dice «¡Olvídame!» y ya no está contigo. Pero hay otra persona, un ser muy superior, que llena su hueco. Entonces, de repente, te das cuenta de que fue positivo que la otra persona te olvidara; de lo contrario habrías seguido apegada a ella. Sin embargo, a pesar de ello, esa lección nunca cala tan hondo como para que no sigas exigiendo la permanencia.

Empezarás a exigir permanencia a este nuevo hombre, a esta nueva mujer: ahora no debería cambiar. En realidad, no has aprendido la lección de que el cambio es el auténtico tejido de la vida. Tienes que entenderlo y asumirlo. No te crees ilusiones, no te ayudarán. Sin embargo, la gente crea ilusiones de todo tipo.

Conocía a un hombre que me dijo: «Yo solo confío en el dinero, en nada más».

Yo le respondí: «Estás haciendo una afirmación muy seria».

Él me replicó: «Todo cambia. No puedes confiar en nadie. Y a medida que envejeces, el dinero es lo único que es tuyo. Nadie se preocupa por ti, ni siquiera tu hijo, ni siquiera tu mujer. Si tienes dinero, todo el mundo se preocupa por ti, todos te respetan porque tienes dinero. Si no tienes dinero, te conviertes en un mendigo».

Su afirmación de que la única cosa en la que se podía confiar en el mundo era en el dinero, era fruto de una larga experiencia de la vida, de haber sido engañado una y otra vez por las personas en las que confiaba. Él creía que lo amaban pero solo estaban a su alrededor por el dinero.

Pero yo le dije: «Sin embargo, en el momento de la muerte, el dinero no estará contigo. Puedes crearte la ilusión de que al menos el dinero está contigo, pero en cuanto dejes de respirar ya no estará contigo. Habrás ganado algo pero lo dejarás a este lado; no podrás llevártelo más allá de la muerte. Caerás en un profundo aislamiento que has estado ocultando bajo la fachada del dinero».

Hay personas que buscan el poder pero la razón es la misma: cuando tienen poder hay mucha gente que está con ellas, millones de personas que están bajo su dominación. No están solas. Son líderes políticos y religiosos importantes. Pero el poder cambia. Un día lo tienes y al día siguiente ya no lo tienes, y de repente, desaparece toda la ilusión. Estás más aislado que nadie, porque los demás al menos se han acostumbrado a estar aislados. Pero tú no lo estás, de modo que tu aislamiento te hace más daño que a ellos.

La sociedad ha inventado mecanismos para que puedas olvidar tu aislamiento. Los matrimonios concertados no son más que un esfuerzo para que sepas que tu mujer está contigo. Todas las religiones se resisten al divorcio por la sencilla razón de que si se permite el divorcio, se destruye el propósito fundamental por el que se inventó el matrimonio. El propósito fundamental era darte un compañero, un compañero para toda la vida.

Pero aunque tengas una mujer o un marido durante toda la vida, no significa que el amor siga siendo el mismo. De hecho, más que darte un compañero, te cargan con un peso. Antes estabas aislado y ya tenías problemas, pero ahora tienes que cargar con otra persona que está aislada. En una vida así no hay esperanza, porque una vez que desaparece

el amor, ambos estáis aislados, y tenéis que soportaros el uno al otro.
Ya no se trata de estar embelesado por la otra persona; como mucho os
soportaréis pacientemente. La estratagema social del matrimonio no
ha modificado tu aislamiento.

Las religiones han intentado convertirte en miembro de una religión organizada para que seas siempre parte de una multitud. Sabes
que hay miles de católicos; no estás solo, millones de católicos están
contigo. Jesús es tu salvador. Dios está contigo. Quizá si estuvieras solo
te habrías equivocado, habría surgido la duda, pero millones de personas no pueden estar equivocadas. Es un pequeño apoyo, e incluso ese
ha desaparecido, porque hay millones de personas que no son católicas.
Están los que crucificaron a Jesús y las personas que no creen en Dios.
Y no son menos que los católicos, son más. Existen otras religiones con
otros conceptos distintos. Para una persona inteligente resulta difícil
no dudar. Puedes ver que millones de personas siguen determinada fe,
y a pesar de todo no estar seguro de que estén contigo, de que no estés
aislado.

Dios era un recurso, pero todos los recursos han fallado. Era un
recurso… cuando no hay nadie más, al menos Dios está contigo. Él
siempre está contigo. En la noche oscura del alma, Él está contigo, así
que no te preocupes. A una humanidad infantil le sirvió que la engaña-
ran con este concepto, pero a ti no pueden engañarte. Tú no puedes
ver, no puedes hablar, no puedes tocar a ese Dios que siempre está ahí.
No tienes ninguna evidencia de su existencia excepto tu deseo de que
esté ahí. Pero tu deseo no prueba nada.

Dios no es más que el deseo de una mente infantil. El hombre ha alcanzado la mayoría de edad, y Dios ha dejado de tener sentido. La hipó-
tesis ha perdido su gancho.

Lo que estoy intentando decir es que todos los esfuerzos que se han
hecho para evitar el aislamiento han fallado, y seguirán fallando porque
van en contra de los fundamentos de la vida. Lo que hace falta no es

algo que te permita olvidar tu aislamiento. Lo que hace falta es que seas consciente de tu soledad, que es una realidad. Es maravilloso experimentarla y sentirla porque te libera de la multitud, del otro. Es tu libertad ante el miedo a estar aislado.

La misma palabra «aislado» te recuerda inmediatamente que es como una herida: hace falta algo para llenarla. Hay un vacío y hiere, hace falta poner algo en ese hueco. La palabra «soledad» no tiene el sentido de herida, de un hueco que hay que llenar. Soledad simplemente significa plenitud. Tú eres un todo, no hace falta que nadie más te complete.

Así que intenta encontrar tu centro más profundo, en el que estás realmente solo, en el que siempre has estado solo. En la vida, en la muerte, estés donde estés, estarás solo. Pero es algo pleno; no es algo vacío, es algo tan pleno... tan completo y tan rebosante de todos los fluidos de la vida, de todas las bellezas y bendiciones de la existencia que una vez que hayas probado la soledad desaparecerá el sufrimiento del corazón. En su lugar habrá un nuevo ritmo lleno de dulzura, paz, alegría y dicha.

Eso no significa que una persona que esté centrada en su soledad, completa en sí misma, no pueda tener amigos. En realidad, esa es la única persona que puede tener amigos, porque ahora ya no es una necesidad, es un compartir. Tienes mucho que compartir.

Y cuando compartes, ni siquiera surge el apego. Fluyes con la existencia, fluyes con los cambios de la vida, porque da igual con quién la compartas. Puede que mañana sea la misma persona —incluso la misma toda la vida— o pueden ser diferentes personas. No es un contrato, no es un matrimonio; únicamente quieres dar porque estás lleno. Así que das a todo aquel que está cerca de ti. Y dar supone una gran dicha.

Mendigar es algo muy triste. Aunque consigas algo mendigando, seguirás estando triste. Es algo que hiere. Hiere tu orgullo, hiere tu integridad. En cambio, compartir te hace estar más centrado, más integrado, más orgulloso; pero no más egoísta, simplemente orgulloso de que la existencia haya sido compasiva contigo. No se trata del ego; es un fenómeno completamente distinto, un reconocimiento de que la existencia te ha permitido algo que millones de personas están intentando hacer, pero ante una puerta equivocada. Tú estás en la puerta correcta.

Estás orgulloso de tu dicha y de todo lo que la existencia te ha dado. Desaparece el miedo, desaparece la oscuridad, desaparece el dolor, desaparece el deseo del otro. Puedes amar a una persona, y si esa persona ama a otra, no sentirás celos, porque tu amor nacía de una gran dicha. No era apego, no estabas manteniendo a la otra persona en una prisión. No te preocupaba que la otra persona se te escapara de las manos, de que otra persona pudiera iniciar una relación amorosa con ella. Cuando estás compartiendo tu alegría, no creas una prisión para nadie. Simplemente das. Ni siquiera esperas la gratitud o el agradecimiento de nadie porque no estás dando para conseguir algo, ni siquiera gratitud. Estás dando porque estás tan lleno que tienes que dar.

Así que no voy a decirte nada acerca de tu aislamiento. Busca tu soledad. Olvídate del aislamiento, olvídate de la oscuridad, olvídate del dolor. No son más que la ausencia de soledad; la experiencia de la soledad las disipará inmediatamente. El método es el mismo: simplemente contempla tu mente, sé consciente. Sé cada vez más consciente, de modo que al final solo seas consciente de ti mismo. Ese es el momento en el que eres consciente de la soledad.

Intenta siempre pensar en si aquello a lo que te estás enfrentando como un problema es algo negativo o positivo. Si es negativo, no luches contra eso; ni siquiera te molestes por ello. Simplemente busca su parte positiva, y estarás en la puerta correcta. La mayoría de las personas en el mundo se equivocan porque desde el principio luchan con la puerta de la negación. Pero no hay puerta; solo hay oscuridad, solo hay ausencia. Y cuanto más luchan, más fracasan, más abatidos y pesimistas se vuelven, y al final deciden que la vida no tiene sentido, que no es más que una tortura. Su error fue que entraron por la puerta equivocada.

Así que antes de enfrentarte a un problema, obsérvalo. ¿Es una ausencia de algo? Aunque en realidad todos tus problemas son una ausencia de algo. Por lo tanto, una vez que descubras de qué ausencia se trata, busca lo positivo. En cuanto encuentres lo positivo habrás encontrado la luz, y habrá finalizado la oscuridad.

*¿Por qué solo me siento completamente viva cuando estoy enamorada? Me digo a mí misma que debería ser capaz de brillar incluso sin necesidad de otra persona, pero hasta ahora no lo he conseguido. ¿Será que estoy actuando conmigo misma como en* Esperando a Godot? *Cuando mi última relación terminó, me juré que no iba a caer en el mismo proceso de extenuación, pero aquí estoy de nuevo sintiéndome medio viva, esperando a que «él» llegue.*

Se sigue necesitando a la otra persona hasta que se alcanza ese punto, hasta que se tiene esa experiencia en que se entra en contacto con el ser más profundo. A menos que uno se conozca a sí mismo, seguirá necesitando a la otra persona. Pero la necesidad de la otra persona es muy paradójica; su naturaleza es paradójica. Cuando estás sola, te sientes aislada, sientes que falta la otra persona; tu vida parece estar solo a medias. Pierde alegría, fluidez, florecimiento; está desnutrida. Sin embargo, cuando estás con la otra persona, surge un nuevo problema, porque el otro comienza a invadir tu espacio. Empieza a imponerte condiciones, empieza a exigirte cosas, empieza a destruir tu libertad, y eso hace daño.

Así que recuerda esto cuando estés con alguien, durante esos escasos días que dura la luna de miel: cuanto más inteligente seas más breve será la luna de miel. Solo la gente sumamente aburrida puede tener relaciones largas; la gente insensible puede tener relaciones para toda la vida. Pero si eres inteligente, si eres sensible, pronto te darás cuenta de qué has hecho. La otra persona está destruyendo tu libertad, y de repente te darás cuenta de que la necesitas, porque la libertad es algo muy valioso. Entonces decidirás no volver a preocuparte por estar con otra persona.

Cuando estás sola vuelves a estar libre, pero te falta algo porque tu soledad no es verdadera soledad, no es más que aislamiento, es un estado negativo. Te olvidas totalmente de tu libertad. Eres libre, pero ¿qué hacer con esa libertad? No hay amor y ambas cosas son necesarias.

Hasta ahora la humanidad ha vivido de una forma tan desequilibrada que solo te permite satisfacer una necesidad: puedes optar por ser libre, pero entonces tendrás que abandonar la idea del amor. Eso es lo que han hecho los monjes y monjas de todas las religiones: olvídate del amor, eres libre; nadie te obstaculiza, nadie interfiere en lo que haces, nadie te cuestiona, nadie te posee. Pero entonces, su vida se vuelve fría, casi muerta.

Puedes ir a cualquier monasterio y observar la vida de los monjes y las monjas; es horrible. Apesta a muerte; no exhala fragancia de vida. No hay danza, ni alegría, ni canción. Han desaparecido todas las canciones, la alegría ha muerto. ¿Cómo van a bailar si están paralizados? ¿Cómo van a danzar si están mutilados? No hay nada por lo que bailar. Sus energías están estancadas, ya no fluyen. Para que fluyan es necesaria la otra persona; sin la otra persona no hay corriente.

Así que la mayor parte de la humanidad se ha decidido por el amor y ha abandonado la idea de libertad. Pero al hacerlo, las personas viven como esclavas. El hombre ha reducido a la mujer a una cosa, a un objeto; y la mujer, por supuesto, ha hecho lo mismo a su manera sutil: ha hecho que todos los maridos sean sumisos.

Me contaron la siguiente historia:

> En Nueva York, un grupo de maridos sumisos se unieron y crearon una asociación para protestar, para luchar. ¡El Movimiento de Liberación del Hombre! o algo parecido. Evidentemente, eligieron como presidente de la asociación al marido más sumiso.
>
> Convocaron la primera reunión, pero el presidente no apareció. Todos estaban preocupados. Fueron inmediatamente a su casa y le preguntaron: «¿Qué ha pasado? ¿Se te había olvidado?».
>
> Él contestó: «No, es que mi mujer no me dejar ir. Me ha dicho que como me vaya no vuelve a dejarme entrar en casa. Y no puedo arriesgarme».

El hombre ha convertido a la mujer en una esclava y la mujer ha convertido al hombre en un esclavo. Y, evidentemente, ambos odian la esclavitud, ambos se resisten. No hacen más que pelearse; a la más mínima excusa empiezan a pelearse.

Pero la verdadera lucha se produce en un lugar más profundo; la verdadera lucha radica en que están pidiendo libertad. No pueden decirlo claramente; incluso puede que lo hayan olvidado. Los hombres han vivido así durante miles de años. Han visto que sus padres y sus madres vivían de esa manera, han visto que sus abuelos vivían de esa manera. Así es como vive la gente; lo han aceptado, y su libertad queda abolida.

Es como si estuviéramos intentando volar solo con un ala. Algunas personas tienen el ala del amor y otras personas tienen el ala de la libertad, pero ambas son incapaces de volar por separado. Hacen falta las dos alas.

Tú me preguntas: «Por qué solo me siento completamente viva cuando estoy enamorada?». Es totalmente natural; no tiene nada de malo. Así es como debe ser. El amor es una necesidad natural; es como la comida. Si tienes hambre es lógico que te sientas muy inquieta. Sin amor tu alma está hambrienta; el amor es el alimento del alma. Al igual que el cuerpo necesita comida, agua y aire, el alma necesita amor. Pero el cuerpo también necesita libertad, y lo más raro es que todavía no hemos aceptado este hecho.

Si amas, no es necesario que destruyas tu libertad. Ambas cosas pueden coexistir; no hay antagonismo entre ellas. Nuestra locura es la que ha creado ese antagonismo. De ahí que los monjes piensen que las gentes del mundo están locas, y las gentes del mundo piensen que los monjes están locos; se están perdiendo las alegrías de la vida.

Una vez le preguntaron a un sacerdote importante: «¿Qué es el amor?».

El sacerdote contestó: «Una palabra compuesta por dos vocales, dos consonantes y dos tontos».

Es el reflejo de su condena del amor; todas las religiones han condenado el amor, pero han alabado mucho la libertad. En la India llamamos *moksha* a la experiencia suprema; significa libertad absoluta.

Tú dices: «Me digo a mí misma que debería ser capaz de brillar incluso sin necesidad de otra persona, pero hasta ahora no lo he conseguido». Seguirá siendo así, no cambiará. Lo que deberías hacer es cambiar tu condicionamiento acerca del amor y la libertad. Ama a la otra persona pero dale total libertad. Ama a la otra persona, pero deja claro desde el principio que no renuncias a tu libertad.

Y si no puedes conseguir que ocurra en esta comunidad, aquí, conmigo, no lo conseguirás en ningún otro lugar. Aquí estamos experimentando muchas cosas; uno de los aspectos de nuestro experimento consiste en hacer que puedan darse a la vez el amor y la libertad, apoyar su coexistencia. Ama a una persona pero no la poseas y no seas poseída. ¡Sigue reclamando la libertad pero no pierdas el amor! No hace falta. No hay una enemistad natural entre la libertad y el amor; es una enemistad creada. Puesto que ha ocurrido así durante siglos, te has acostumbrado; se ha convertido en algo condicionado.

> Había un viejo ganadero que casi no tenía voz. Un día, apoyado en una cerca que había al lado del camino del pueblo, contemplaba a una docena de cerdos que pacían en una parcela en medio de un bosque. Cada pocos minutos, los cerdos se escapaban por un agujero de la cerca y cruzaban el camino corriendo para ir a otra pradera; al cabo de poco rato volvían corriendo a la cerca.
>
> Un paisano que pasaba por allí le preguntó: «¿Qué les pasa a estos cerdos?».
>
> Con voz baja y quebrada el ganadero respondió: «No les pasa nada. Estos cerdos son míos y antes de perder la voz los llamaba para darles la comida. Tras quedarme sin voz daba golpecitos en los troncos de esta cerca con mi palo cuando llegaba la hora de darles de comer».
>
> Se paró unos segundos y después, moviendo la cabeza con resignación, añadió: «¡Pero ahora esos estúpidos pájaros carpinteros que están ahí en los árboles los están volviendo locos!».

¡Estaban condicionados! Eso es lo que le está ocurriendo a la humanidad.

Uno de los discípulos de Pavlov, el pionero en el desarrollo de la teoría sobre los reflejos condicionados, intentó experimentar algo en esa misma línea. Compró un cachorro de perro y quiso condicionarlo para que se pusiera sobre las dos patas traseras y ladrara para pedir la comida. El discípulo ponía la comida del perro fuera de su alcance, ladraba un par de veces, y después la colocaba en el suelo delante de él. La idea era que el perro asociara ponerse sobre las dos patas y ladrar con conseguir la comida, y lo hiciera cuando tuviera hambre.

Siguió con el experimento durante una semana, pero el perrito no consiguió aprenderlo. A la semana siguiente, el hombre abandonó y se limitó a poner la comida delante del perro, pero el cachorro no comía. ¡Estaba esperando que su amo se pusiera de pie y ladrara! Ahora era él quien estaba condicionado.

No es más que un condicionamiento, se puede eliminar. Lo único que necesitas es ser un poco más meditativa. La meditación consiste simplemente en el proceso de descondicionamiento de la mente. Sea lo que sea lo que te haya hecho la sociedad, hay que deshacerlo. Cuando ya no estés condicionada serás capaz de ver la belleza que poseen el amor y la libertad juntos; son dos caras de la misma moneda. Si realmente amas a una persona, le darás total libertad; ese es el don del amor. Y cuando hay libertad, el amor responde de una manera increíble. Cuando le das libertad a alguien obsequias con el mayor don que puedas ofrecerle, y entonces el amor te llegará con creces.

Tú me preguntas: «¿Será que estoy actuando conmigo misma como en *Esperando a Godot*?». No.

«Cuando mi última relación terminó, me juré que no iba a caer en el mismo proceso de extenuación, pero aquí estoy de nuevo sintiéndome medio viva, esperando a que "él" llegue.» Sin embargo, no puedes cambiar solo porque te lo propongas, porque lo hayas decidido. Tienes que entender esto. El amor es una necesidad básica, tan básica como la libertad, así que hay que satisfacer a ambas. La persona que está llena de amor y que *además* es libre, es el fenómeno más maravilloso del mundo. Y cuando se unen dos personas de tal belleza, su relación no es en absoluto una relación. Es relacionarse. Es constante, como el fluir de un río. Se eleva constantemente hacia cimas más altas.

La máxima cima del amor y la meditación es la experiencia de lo divino. En ella encontrarás un gran amor, un amor absoluto, una libertad absoluta.

*Siempre tengo miedo de estar solo, porque cuando estoy solo empiezo*
*a preguntarme quién soy. Me parece que si sigo preguntando, quizá*
*descubra que no soy la persona que he creído ser durante los últimos*
*veintiséis años, sino un ser, presente en el momento del nacimiento y*
*quizá incluso antes. Por alguna razón desconocida me da muchísimo*
*miedo. Me parece como una especie de locura, y hace que me pierda a*
*mí mismo en cosas externas para sentirme seguro. ¿Quién soy yo y por*
*qué tengo miedo?*

No es tu miedo, es el miedo de todo el mundo. Porque nadie es lo que la existencia tenía reservado para él.

Tanto la sociedad, como la cultura, la religión y la educación, han estado conspirando contra los niños inocentes. Tienen todo el poder; el niño se siente indefenso y dependiente. Así que todo lo que intentan hacer con él, lo consiguen. No permiten que el niño crezca para alcanzar su destino natural. Todos sus esfuerzos están enfocados a lograr que los seres humanos estén al servicio de la sociedad.

Si se deja que el niño crezca por su cuenta, ¿quién sabe si será útil a los intereses creados? La sociedad no está preparada para aceptar este riesgo. Coge al niño y lo moldea hasta convertirlo en algo que le hace falta a la sociedad. En cierto sentido, aniquila el alma del niño y le da una falsa identidad, para que nunca eche de menos su alma, su ser.

La falsa identidad es un sustitutivo. Pero ese sustitutivo solo es útil en el seno de la misma multitud que te lo ha dado. En cuanto estás solo, lo falso empieza a derrumbarse y empieza a manifestarse lo auténtico que estaba reprimido.

De ahí el miedo a estar solo. Nadie quiere estar solo, todo el mundo quiere formar parte de una multitud, no solo de una multitud sino de muchas multitudes. Una persona pertenece a una creencia religiosa, a un partido político, a una asociación de montañismo, y hay muchos otros grupos más pequeños a los que pertenecer. Uno quiere tener apoyo veinticuatro horas al día, porque lo falso, sin apoyo, no puede sostenerse. En cuanto uno está solo, empieza a sentir una extraña locura.

Si me has hecho esta pregunta es porque durante veintiséis años creías que eras alguien, y después, de repente, en un momento en el que estabas solo, empezaste a sentir que no lo eras. Eso te produce miedo; entonces, ¿quién eres? Después de veintiséis años de represión hará falta un poco de tiempo para que lo real pueda expresarse. Los místicos han denominado el espacio entre esos dos estados «la noche oscura del alma»; una expresión muy adecuada. Ya no eres el falso, pero tampoco eres todavía el auténtico. Estás a la espera, no sabes quién eres.

Particularmente en Occidente —y la persona que ha hecho la pregunta es occidental— el problema es mucho más complicado, porque nadie ha desarrollado una metodología para descubrir lo auténtico lo antes posible, de tal modo que se pueda acortar la noche oscura del alma. Occidente no sabe nada de meditación. Pero en realidad la meditación no es más que una forma de denominar el hecho de estar solo, en silencio, esperando a que lo real se afirme. No es un acto, es una relajación silenciosa, porque todo lo que hagas surgirá de tu personalidad falsa. Todo lo que has hecho durante veintiséis años ha surgido de ahí; es una vieja costumbre.

Las costumbres tardan en cambiar.

En la India hubo un gran místico, Eknath. En una ocasión, iba a emprender una peregrinación sagrada con todos sus discípulos. Era un viaje que duraría de tres a seis meses.

Un hombre se le acercó, se postró a sus pies, y le dijo:

—Sé que no soy digno. Tú también lo sabes, todo el mundo lo sabe. Pero sé que tu compasión es mayor que mi indignidad. Por favor, acéptame a mí también como miembro del grupo que va a hacer la peregrinación.

Eknath le respondió:

—Tú eres un ladrón, y no un ladrón común sino un maestro ladrón. Nunca te han cogido, aunque todo el mundo sabe que eres un ladrón. Sin duda, deseo admitirte, pero también tengo que pensar en las otras cincuenta personas que van conmigo. Tendrás que prometerme una cosa; es lo único que te pido: que durante los tres o seis meses que dure la peregrinación no robarás. Después dependerá de ti. Una vez que regreses a tu casa, quedarás libre de la promesa.

—Estoy totalmente dispuesto a prometerte eso, y te estoy inmensamente agradecido por tu compasión —aceptó el hombre.

Las otras cincuenta personas recelaban. Confiar en un ladrón…, pero no podían decirle nada a Eknath, él era el maestro.

La peregrinación comenzó y desde la primera noche ya empezaron los problemas. A la mañana siguiente hubo un gran caos: a uno le faltaba el abrigo, a otro le faltaba la camisa, a otro le había desaparecido el dinero. Todo el mundo gritaba: «¿Dónde está mi dinero?» y le recriminaban a Eknath: «Desde el principio nos preocupó mucho que aceptaras a este hombre. Lleva haciendo lo mismo toda la vida».

Sin embargo, empezaron a buscar y descubrieron que no les habían robado nada. A uno le faltaba el dinero, pero lo encontró en la bolsa de otra persona. A otro le falta el abrigo, pero lo halló en el equipaje de otra persona. Lo encontraron todo, pero era una molestia; ¡todas las mañanas ocurría lo mismo! Nadie podía entender qué pasaba. No había duda de que no lo hacía el ladrón, porque no desaparecía nada.

La tercera noche, Eknath se quedó despierto para averiguar qué pasaba. En mitad de la noche, el ladrón —víctima de la costumbre— se levantó y empezó a coger las cosas de un sitio y a ponerlas en otro.

Eknath le paró y le preguntó:

—¿Qué estás haciendo? ¿Has olvidado la promesa que hiciste?

—No, no la he olvidado —respondió el ladrón—. No estoy robando nada, pero no he prometido que no fuera a cambiar las cosas de un sitio a otro. Dentro de seis meses volveré a ser ladrón, así que estoy practicando. Tú tienes que entenderlo, es una costumbre de toda la vida, no puedo abandonarla así como así. Dame un poco de tiempo. También tienes que entenderme a mí. Durante tres días no he robado nada. ¡Es como ayunar! Esto no es más que un sustitutivo, me estoy distrayendo. Este es mi horario de trabajo, a mitad de la noche, así que me resulta muy difícil quedarme despierto tumbado en la cama. Además, pensar que hay tantos ingenuos durmiendo a mi alrededor y yo sin robar a nadie... Por la mañana encontrarán sus cosas.

—Eres muy raro —le dijo Eknath—. Estás viendo que todas las mañanas hay una gran confusión, y que desperdiciamos una o dos horas buscando dónde has puesto las cosas, en qué bolsa aparece lo de otra persona. Todo el mundo tiene que abrir la suya y preguntar a los demás: «¿De quién es esto?».

El ladrón le contestó:

—Bueno, al menos tienes que permitirme eso.

Veintiséis años de personalidad falsa impuesta por las personas a las que has amado, a las que has respetado. Pero no pretendían intencionadamente hacerte daño; sus intenciones eran buenas, solo que lo hacían sin ninguna conciencia. No eran personas conscientes: tus padres, tus maestros, tus sacerdotes, tus políticos, no eran personas conscientes, eran inconscientes. Sin embargo, hasta las buenas intenciones en manos de una persona inconsciente se vuelven venenosas.

Así que cada vez que estás solo, sientes mucho miedo porque comienza a desaparecer lo falso. Aunque lo auténtico necesitará un tiempo para surgir. Lo perdiste hace veintiséis años. Deberás tener en cuenta que tienes que salvar un espacio de veintiséis años.

Sientes miedo al pensar: «Me estoy perdiendo a mí mismo, mis sentidos, mi cordura, mi mente, todo». Ello se debe a que todo eso forma parte del yo que te han dado. Te da la sensación de que vas a volverte loco. Inmediatamente empiezas a hacer algo solo para estar ocupado. Si no hay otras personas, al menos hay cierta acción. De ese modo lo falso permanece ocupado y no comienza a desaparecer.

Por eso a la gente le resulta más difícil durante las vacaciones. Durante cinco días trabajan, esperando poder relajarse el fin de semana. Pero durante el fin de semana la situación empeora para todo el mundo. La mayoría de los accidentes ocurren durante el fin de semana, hay más personas que se suicidan, más asesinatos, más robos, más violaciones. Es curioso, durante los cinco días en los que esas personas estaban ocupadas no había ningún problema. Sin embargo, de repente, el fin de semana deben elegir: o bien están ocupadas en algo o bien se relajan, pero temen relajarse; desaparece la falsa personalidad. Mantente ocupado, haz cualquier estupidez.

Las personas salen a toda prisa hacia la playa, soportando unos atascos de kilómetros. Y si les preguntas hacia dónde se dirigen, contestan: «Huimos de la multitud». ¡Pero toda la multitud va con ellos! Van en busca de un lugar solitario, silencioso; todos ellos. Si se hubieran quedado en casa habrían disfrutado de más soledad y más silencio, porque todos los idiotas se han ido en busca de un lugar silencioso. Deben correr como locos, porque dos días pasan muy rápido, ¡tienen que llegar donde sea! Puedes verlo en las playas. Ni siquiera los supermercados están tan llenos. Sin embargo, lo raro es que la gente se siente muy bien tomando el sol. Diez mil personas en una pequeña playa tomando el sol, relajándose.

Esa misma persona, si estuviera sola en esa misma playa, no sería capaz de relajarse. Pero sabe que hay miles de personas relajándose a su alrededor. Las mismas personas que antes estaban en las oficinas, las mismas personas que antes estaban en las calles, las mismas personas que antes estaban en los supermercados, ahora están en la playa.

La multitud es esencial para que exista el falso yo. En cuanto estás solo empiezas a ponerte nervioso. Ahí es donde habría que saber un poco de meditación.

No te preocupes, porque aquello que puede desaparecer merece la pena que desaparezca. No tiene sentido apegarse a ello; no es tuyo, no eres tú. Tú eres aquello que queda una vez que ha desaparecido lo falso y en su lugar surge el ser nuevo, inocente, impoluto.

Nadie más puede contestar a tu pregunta: «¿Quién soy yo?». Lo sabrás.

Todas las técnicas de meditación constituyen una ayuda para destruir lo falso. No te proporcionan lo real; lo real no es algo que se pueda dar. Aquello que puede ser dado no puede ser real. Lo real ya lo tienes; solo hay que eliminar lo falso.

La meditación no es más que tener el valor de estar solo y en silencio. Poco a poco empiezas a sentir una nueva cualidad en tu ser, una nueva viveza, una nueva belleza, una nueva inteligencia, que no has pedido prestada a nadie, que está creciendo en tu interior. Tiene raíces en tu propia existencia. Y si no eres un cobarde, llegará a buen término, florecerá.

Solo puede ser religiosa la persona valiente, valerosa, la persona que tiene agallas. No los que van a misa; esos son unos cobardes. Ni los hindúes, ni los musulmanes, ni los cristianos: todos ellos están en contra de la búsqueda. Forman parte de la misma multitud y están intentando hacer que se consolide más su falsa identidad.

Naciste. Viniste al mundo con vida, con conciencia, con gran sensibilidad. Contempla a un niño pequeño. Míralo a los ojos, su frescura. Todo eso ha sido cubierto por una falsa personalidad.

No hace falta tener miedo. Solo puedes perder aquello que es necesario perder. Y es bueno que lo pierdas pronto porque cuanto más tiempo permanezca, más fuerte se hará, y uno no sabe nada del mañana. No mueras antes de lograr tu auténtico ser. Solo son afortunadas las personas que han vivido con un ser auténtico y que han muerto con un ser auténtico; ellas saben que la vida es eterna y que la muerte es una ficción.

¡Así que sal de ahí! Deberías estar siempre atento y si no te sientes feliz en determinada situación, en cierto ambiente, deberías salir de ahí. De lo contrario se convierte en un hábito y poco a poco pierdes sensibilidad. Seguirás siendo infeliz viviendo allí, lo cual únicamente muestra una profunda insensibilidad.

¡No hace falta! Si no te sientes bien en el aislamiento, sal de ahí. Queda con gente, disfruta de la compañía, habla y ríete, pero cuando sientas que estás harto de todo eso, vuelve a aislarte.

Acuérdate siempre de juzgarlo todo según tu sentimiento interior de dicha. Si te estás sintiendo dichoso, está bien. Si no te estás sintiendo dichoso, hagas lo que hagas, hay algo que falla en alguna parte. Cuanto más tiempo permanezcas ahí, más se convertirá en algo inconsciente, y te olvidarás completamente de que el sentimiento de infelicidad persiste gracias a tu cooperación. Necesita tu cooperación; no puede existir por sí solo.

Durante su crecimiento, el ser humano necesita pasear de un polo a otro. En ocasiones es bueno estar completamente solo: necesitas tu propio espacio, necesitas olvidarte del mundo, y ser tú mismo. El otro está ausente para que tú no tengas límites a tu alrededor. El otro es el que crea tu límite, de lo contrario eres infinito.

Al vivir con otras personas, al vivir en el mundo, en la sociedad, poco a poco empiezas a sentirte confinado, limitado, como si tuvieras muros a tu alrededor. Se convierte en un encarcelamiento sutil, y necesitas salir de ahí. En ocasiones necesitas estar completamente solo para que desaparezcan todos los límites, como si el otro no existiera en absoluto, y todo el universo y todo el cielo existiera solo para ti. En ese momento de soledad uno se da cuenta por primera vez de qué es lo infinito.

Pero si vives ahí demasiado tiempo, poco a poco, lo infinito te aburre, se vuelve insulso. Hay pureza y silencio, pero no hay éxtasis. El éxtasis proviene siempre de la otra persona. Entonces empiezas a sentirte hambriento de amor, y quieres escapar de esta soledad, de ese espacio inmenso. Quieres un lugar acogedor en el que estés rodeado por los demás para poder olvidarte de ti mismo.

Esos son los dos polos básicos de la vida: el amor y la meditación. La gente que solo intenta vivir a través del amor y las relaciones, poco a poco se vuelve limitada. Pierde infinitud y pureza, y se vuelve superficial. Vivir siempre en una relación significa vivir siempre dentro de los límites en los que puedes encontrarte con la otra persona. Así que estás siempre de pie en la puerta; no puedes ir a tu palacio, porque la puerta es el único lugar por donde pasa la otra persona. Por tanto, las personas que solo viven en el amor, poco a poco se vuelven superficiales. Su vida pierde profundidad. Y la gente que solo vive en la meditación se vuelve muy profunda, pero su vida pierde color, pierde su danza extática, la cualidad orgásmica de ser.

La auténtica humanidad, la humanidad del futuro, vivirá en ambos polos a la vez, y mi objetivo es compartir este conocimiento. Todo el mundo debería ser libre de pasar de uno a otro, sin que ninguno de los polos se convirtiera en una cárcel. No deberías tener miedo del mercado, ni tampoco deberías temer el monasterio. Deberías sentirte libre para ir del mercado al monasterio, y del monasterio al mercado.

Esta libertad, esta flexibilidad de movimiento, es lo que yo denomino *sannyas*. Cuanto mayor sea la oscilación, más rica será tu vida. Te sientes tentado a permanecer únicamente en uno de los polos porque entonces la vida es más simple. Si siempre permaneces con la gente, en la multitud, es simple. La complejidad surge con lo contradictorio, con el polo opuesto. Si te conviertes en un monje o te vas a vivir al Himalaya, la vida es muy simple. Pero en la vida simple, que no tiene complejidad, se pierde mucha riqueza.

La vida debería ser las dos cosas: compleja y simple. Hay que buscar esta armonía constantemente; de lo contrario la vida solo tiene una nota, una única nota. Puedes seguir repitiéndola, pero no podrás crear ninguna armonía con ella.

Así que cada vez que sientas que algo se está convirtiendo en un problema, avanza inmediatamente, antes que dejes de darte cuenta. Nunca crees tu hogar en ningún sitio, ni en la relación, ni en la soledad. Sigue fluyendo sin hogar, y no residas en ningún polo. Disfrútalo, deléitate en él, y cuando termine, pasa al otro: haz que sea algo rítmico.

Por el día trabajas y por la noche descansas; así al día siguiente estás preparado nuevamente para trabajar, tras haber recobrado la energía. Imagina un hombre que trabajara día y noche, o que estuviera durmiendo día y noche. ¿Qué vida sería esa? La primera sería una locura; la otra, un coma. Entre las dos hay un equilibrio, una armonía. Trabaja intensamente para poder descansar. Descansa profundamente para que puedas ser capaz de trabajar, de ser más creativo.

*Por favor, ¡ayúdame! Mi novio lleva cinco semanas en Goa y durante este tiempo lo he pasado muy bien, disfrutando de libertad e independencia, sin necesidad de enfrentarme a mis celos y a mi posesividad, simplemente, flotando todo el día. Por lo visto volverá pronto y ya me estoy poniendo nerviosa pensando qué estará haciendo, qué pasará, si habrá encontrado a otra chica, etc. ¿A qué se debe este apego a alguien que me crea todas estas sensaciones buenas y muy malas? Realmente no soy una persona meditativa, pero ¿existe alguna posibilidad de superar este apego del corazón y sentirme libre, o la única salida consiste en vivirlo, experimentarlo, sufrirlo y disfrutarlo todo?*

Conozco a tu novio: ¡si se fuera a Goa y se quedara allí para siempre nos haría felices a todos! Él es un desafío, así que es normal que te estés poniendo nerviosa. Y no te preocupes de que vaya a tener una relación con otra chica, porque no hay ninguna chica que vaya a tener una relación con él.

He pensado en él y creo que tú eres la única que puede manejarlo. Está chiflado pero tú lo amas. Tú no puedes amar a una persona simple. Estáis hechos el uno para el otro; ni tú puedes encontrar otro novio, ni él puede encontrar otra novia. Así que no te preocupes por los deseos de posesión ni nada de eso. Puedes ser completamente no posesiva, porque él seguirá siendo tu novio. ¿Adónde va a ir? Estás en una buena posición, segura, garantizada y asegurada.

En primer lugar, es un milagro que lo encontraras. Cuando me enteré pensé: «¡Dios mío! ¡A ver qué pasa ahora! Esas dos personas juntas van a crear muchísimos problemas». Pero él todavía sigue apegado a ti, y tú sigues apegada a él. Vuestro amor consiste principalmente en pelearos, y cuando estáis cansados de pelearos, os amáis, pero eso solo ocurre cuando estáis cansados. Él también se estará poniendo nervioso porque tiene que volver. Yo le aconsejé que se fuera unas cuantas semanas. En cuanto recibió mi mensaje «Vete a Goa» se marchó inmediatamente. ¡No esperó ni un día! Debe de haber disfrutado de esas cinco semanas al igual que tú has disfrutado de ellas. Ahora estás nerviosa, y él también estará nervioso porque finalmente esas semanas se están terminando.

Pero, en lo más profundo, también estás contenta de que vuelva, y a él le ocurre lo mismo. Deja que vuelva. Es tu antiguo novio: lo conoces perfectamente, él te conoce perfectamente. Conocéis muy bien todas vuestras peleas, todos vuestros problemas. No hace falta que te pongas nerviosa, porque no va a ocurrir nada nuevo. Es el mismo tipo, así que deja que vuelva y empieza a vivir de la misma manera.

Hay que entender algo: uno se merece el novio o la novia que le toca. Nunca te toca un novio o una novia que no merezcas; ese tipo de relaciones duran solo uno o dos días. Pero tu relación tiene ya una historia y dura hasta el final, ¡así que relájate y tómatelo con tranquilidad!

Tú te lo mereces a él, y él te merece a ti. Y una vez que te das cuenta de que os merecéis el uno al otro, no sirve de nada lamentarse, quejarse ni refunfuñar. Tú eres suficientemente fuerte, porque ese chiflado no ha hecho mella en ti. Ha tenido todo tipo de reacciones neuróticas. Pero no sabe que tú eres una psicótica, y los neuróticos y los psicóticos hacen buena pareja. Encajan perfectamente.

Una vez le preguntaron a un psicoanalista: «¿Qué diferencia hay entre neurosis y psicosis?» —estas dos palabras parecen muy similares, y solo los expertos conocen la diferencia.

Él contestó: «El psicótico piensa que dos y dos son cinco, y hagas lo que hagas, nunca cambiará de opinión. Está seguro y mantiene su opinión. El neurótico sabe que dos y dos son cuatro pero se pone muy nervioso pensando: "¿Y por qué serán cuatro?".».

Los matrimonios perfectos solo se encuentran en el cielo, pero de vez en cuando también en la tierra. Tu novio y tú sois una combinación perfecta. Déjale que llegue y empezad a maltrataros como de costumbre. Tú estás acostumbrada y bien entrenada, él está acostumbrado y bien entrenado. Cuando tienes una novia nueva te preocupas, nunca sabes qué va a hacer. ¿Hará cosas raras en medio de la noche? Cuando tienes un novio nuevo te preocupas porque no puedes predecir qué tipo de persona va a resultar.

Tú en cambio estás segura. Debes relajarte en esta seguridad y dejar que vuelva. No sé cuál es el problema. Ambos sois totalmente felices en vuestra infelicidad; ¡la gente suele ser totalmente feliz en sus relaciones infelices! Por eso después de cinco semanas de separación te sientes bien. Si la separación fuera más larga empezarías a echarlo de menos.

Le he dado el tiempo suficiente para que tú puedas disfrutar de la libertad, y él pueda disfrutar de la libertad, y justo en el momento en el que os empezáis a echar de menos, vuelve. ¡Limítate a esperar!

Además, no es una persona peligrosa, no te hará daño. Tiene muy buen corazón, solo que le falta algún tornillo. Pero es mejor tener un novio al que le falte algún tornillo que tener otro que sea un monstruo. Sé que no es una relación ordinaria: los dos sois extraordinarios.

# ¿Compañeros del alma
## o compañeros de celda?

❦

Todos vivimos conforme a las novelas, a la poesía, a las películas. Eso ha dado a la humanidad una falsa impresión, la impresión de que cuando hay amor, todo encaja, no hay conflicto. Durante siglos, los poetas han transmitido la idea de que los amantes están hechos el uno para el otro.

Pero nadie está hecho para nadie. Cada uno es diferente a los demás. Puede que ames a una persona sin saber que la amas precisamente porque hay mucha diferencia entre vosotros, mucha distancia. La distancia supone un reto, la distancia es aventura; la distancia hace que valga la pena conseguir a ese hombre o a esa mujer. Pero las cosas no se ven iguales desde la distancia que cuando están cerca.

Cuando estás cortejando a un hombre o a una mujer, todo es maravilloso, todo encaja, porque ambos queréis que todo encaje. No se permite que salga a la superficie nada que desencaje; se reprime en el subconsciente. Así que los enamorados que están sentados en la playa contemplando la luna no saben nada de la otra persona. Prácticamente antes de terminar la luna de miel el matrimonio ya ha acabado.

En Oriente, donde se sigue manteniendo la costumbre de los matrimonios concertados, no existe nada parecido a la luna de miel; al matrimonio no se le da la oportunidad de que se pueda terminar tan pronto. Las parejas continúan viviendo juntas y nunca tienen la impresión de que las cosas no encajen, de que falte algo. No se da la menor oportunidad de que eso ocurra. Los maridos y las esposas no eligen por sí mismos; los matrimonios están organizados por los padres, por los astrólogos, por todo tipo de personas excepto por aquellos que van a casarse.

Ni siquiera después de casarse, la pareja puede verse a solas durante el día, solo se pueden encontrarse en la oscuridad de la noche. Viven con sus familias, y estas son tan numerosas que solo pueden hablar en susurros; por supuesto ni se les ocurre discutir. Tampoco servirá de nada tirarse la ropa el uno al otro; en estas comunidades tradicionales ni el hombre ni la mujer sabe que si no se tiran la ropa el uno al otro no es una relación como Dios manda. O que hay que tirar jarrones al suelo, o que hay que discutir por las cosas más tontas. Tú dices algo, y la mujer entiende otra cosa; ella dice algo, y tú entiendes otra cosa.

En cambio, en los matrimonios modernos basados en la relación amorosa, parece que no hay comunicación. Y eso empieza ya en la luna de miel, porque allí, por primera vez, estáis juntos durante veinticuatro horas al día. No puedes fingir; tienes que ser auténtico. No puedes actuar. Cuando vivís juntos tenéis que ser auténticos con la otra persona; no podéis esconderos, no podéis tener secretos. Desde nuestra infancia se nos ha inculcado la idea de que entre el marido y la esposa hay siempre armonía, siempre encaja todo, siempre están juntos, siempre se aman, no se pelean. El problema son precisamente esas ideas.

Me gustaría decirte la verdad. La verdad es que ambas personas, sean quienes sean, son individuos diferentes. Si amas a alguien, tienes que entender que la persona a la que amas no es tu sombra, no es tu reflejo en el espejo, tiene su propia individualidad. A menos que tengas un corazón lo suficientemente grande para acoger a otra persona que es diferente a ti, que tiene ideas distintas, no deberías meterte en problemas innecesarios. Es mejor hacerse monje o monja. ¿Por qué molestarse? ¿Por qué crear un infierno para ti y para la otra persona?

Pero el infierno se crea porque tú estás esperando el cielo.

Yo te digo que aceptes que la situación es así: la otra persona será diferente. Tú no eres el jefe, y el otro tampoco es el jefe; ambos sois socios que habéis decidido, a pesar de todas vuestras diferencias, vivir juntos. Además, las diferencias añaden encanto a vuestro amor. Si eres capaz de encontrar a una persona que sea exactamente como tú, no te resultará muy atractiva. La otra persona tiene que ser diferente, lejana, un misterio que te invite a explorarla.

Cuando dos misterios se encuentran, una vez que se olvidan de que tienen que estar de acuerdo en todo, ya no hay lucha. La lucha surge porque queréis estar de acuerdo.

Si vivís solo como amigos, ella tiene sus propias ideas, tú tienes las tuyas; ella respeta tus ideas, tú respetas las suyas; ella tiene su camino, tú tienes el tuyo, y nadie intenta imponer ni adoctrinar a la otra persona. De esa manera, no surge el enfrentamiento. Y no se plantea la cuestión de que las cosas no están encajando. ¿Por qué tienen que encajar?

¿Por qué hay que sentir que algo falta? No falta nada; lo único que ocurre es que no coincide con tu idea de armonía. La armonía no es algo tan especial, es aburrida. Aunque os peleéis de vez en cuando, aunque os enfadéis de vez en cuando, no significa que desaparezca el amor; lo único que significa es que el amor es capaz de absorber incluso los desacuerdos, las luchas, es capaz de superar todos estos obstáculos. Pero tus viejas ideas se entrometen en tu percepción de las cosas.

Esto me recuerda una antigua historia bíblica que no se suele contar ya que es peligrosa. En primer lugar, Dios creó a un hombre y a una mujer, pero, como podrás observar con solo echar una mirada al mundo, Dios no parece muy inteligente. Nada encaja; ocurre desde el principio de los tiempos. Creó al hombre y a la mujer, a dos personas, pero les dio una cama pequeña, no una cama doble.

La primera noche, en el principio de los tiempos, tuvieron una terrible pelea porque la mujer quería dormir en la cama. El hombre pensaba que él era quien debía dormir en la cama y ella debía dormir en el suelo. Se pasaron toda la noche peleándose, pegándose y arrojándose cosas; a la mañana siguiente, el hombre le dijo a Dios: «Te había pedido una compañera, no una enemiga. Si esta es la idea que tienes de una compañera, permíteme decirte que estaba mejor solo. No quiero a esta mujer, nunca tendremos paz».

Lo más sencillo habría sido pedir una cama doble. No entiendo qué Dios era ese, ni qué pedían esos tontos. La solución más simple habría sido una cama doble, o dos camas individuales, si las cosas se hubieran puesto muy feas. Pero en vez de eso, Adán dijo: «No quiero a esta mujer. Está intentando ser igual que yo». El machismo surgió esa misma noche.

Así que Dios desmontó a la mujer; porque, naturalmente, Dios también es machista. Su nombre era Lilith. La desmontó igual que se desmonta un mecanismo. Destruyó a la mujer y dijo: «Ahora voy a crear otra mujer que sea inferior a ti y que no reclame la igualdad». Así que creó a la segunda mujer, Eva, cogiendo una de las costillas de Adán. Creó a esa mujer de la costilla de Adán, para que no pudiera exigir la igualdad; no era más que una costilla.

Se cuenta que todas las noches, cuando Adán regresaba a casa, Eva le contaba las costillas porque siempre tenía miedo de que le faltara otra costilla, lo que significaría que por ahí había alguna otra mujer.

Lo único que hace falta es amistad. El amor tiene que ser una relación amistosa en la que nadie sea superior, en la que nadie tome las decisiones, en la que ambos sean completamente conscientes de que son diferentes, de que su visión de la vida es diferente, de que piensan diferente, y a pesar de todas esas diferencias, se aman.

Entonces no tendrás ningún problema. Somos nosotros los que creamos los problemas.

No intentes crear algo sobrehumano. Sé humano, acepta la humanidad de la otra persona con toda la fragilidad a la que es propensa la humanidad. Tu pareja cometerá errores, al igual que los cometes tú, y tienes que aprender. Estar juntos supone un gran aprendizaje: perdonar, olvidar, entender que la otra persona es tan humana como tú. Solo un poco de perdón.

Hay un viejo proverbio que dice: «Errar es humano; perdonar es divino». Yo no estoy de acuerdo. Errar es humano y perdonar también es humano. ¿Perdonar es divino? En ese caso lo estás elevando demasiado alto, más allá del alcance del ser humano. Devuélvelo al alcance del hombre y aprende a perdonar. Aprende a disfrutar el perdón, aprende a disculparte; no pierdes nada diciéndole a tu pareja: «Lo siento, estaba equivocado».

Pero nadie quiere decir: «Estaba equivocado». Siempre quieres tener razón. El hombre intenta demostrar con argumentos que tiene razón, y la mujer intenta demostrar con emociones que tiene razón; gritando, llorando, con lágrimas y sollozos. ¡Y la mayoría de las veces gana! El hombre empieza a tener miedo de que les oigan los vecinos, y con tal de tranquilizarla —porque los niños pueden despertarse— le pide: «Cálmate, quizá tengas razón». Pero en realidad sigue pensando que es él quien tiene razón.

Ser comprensivo significa que puedes estar equivocado, que quizá la mujer tenga razón. Nadie te garantiza que por ser hombre tengas el poder y la autoridad de estar en lo cierto; ni tampoco la mujer. Si tan solo fuéramos un poco más humanos y un poco más amables, y fuéramos capaces de decirle a la otra persona «Lo siento». Además, ¿por qué os estáis peleando? Por cosas tan pequeñas, tan triviales que si alguien te pidiera que se las contaras te daría vergüenza hacerlo.

Olvídate de la idea de que todo tiene que encajar, olvídate de la idea de que habrá una profunda armonía; esas ideas no son buenas. Si todo encaja, os aburriréis; si todo es armonioso, os perderéis el encanto que tiene la relación. Es bueno que las cosas no encajen. Es bueno que exista siempre un espacio para que haya algo que explorar, algo que atravesar, algún puente que construir. Si aceptamos las diferencias, la unicidad básica de cada individuo, y hacemos del amor no una esclavitud sino una amistad, toda la vida puede convertirse en una gran exploración del otro.

Intenta la amistad, intenta ser amistoso; y recuerda siempre que no hay nada que te vaya a molestar. Cuando ves a una mujer guapa, te sientes atraído; deberías ser capaz de entender que cuando tu mujer ve a un hombre guapo, también debe sentirse atraída. Si sois comprensivos, comentaréis de forma cariñosa lo guapa que era esa mujer o lo guapo que era ese hombre.

Sin embargo, en la situación actual puedes adivinar desde kilómetros de distancia si esa pareja que pasa por la calle está casada o no. Cuando una pareja está casada, el marido actúa con suma cautela y precaución; no mira ni a un lado ni a otro, como si tuviera un problema en el cuello. Por su parte, la mujer controla hacia dónde mira el marido, qué está mirando y se da cuenta de todo. Es horrible.

Una vez, me dirigía en tren a Cachemira y en mi compartimiento había una mujer muy guapa. En cada estación su marido le llevaba helados, plátanos, manzanas. En Cachemira hay muy buena fruta.

Le pregunté a la mujer:

—¿Cuánto tiempo llevas casada?

—Siete años —me contestó ella.

—No me mientas.

—¿Qué quieres decir? ¿Por qué iba a mentirte? —preguntó.

—Ese hombre ha estado trayéndote cosas en todas las estaciones, así que para mí está muy claro que no es tu marido —contesté.

Ella me preguntó:

—¿Cómo lo has adivinado?

—Si fuera tu marido, y con más motivo si llevarais casados siete años, una vez que te hubiera instalado en este compartimiento, solo habría vuelto (y eso con un poco de suerte) en la última parada; durante todo el viaje ni siquiera se habría asomado por aquí. ¿Por qué iba a venir en cada estación a traerte todas estas cosas?

Ella me comentó:

—Es curioso, pero tienes razón. No es mi marido; es un amigo de mi marido, pero está enamorado de mí. Y lo que dices sobre los maridos es cierto. Es lo que ha ocurrido entre mi marido y yo. Vivimos juntos pero estamos a muchos kilómetros de distancia; estoy pensando en divorciarme de él.

—No, no te divorcies —le aconsejé—. Sigue viviendo con él pero sigue amando a este hombre, y no permitas que se divorcie de su mujer. Lo más probable es que ella también tenga otra relación con otro hombre, así que no te preocupes. La existencia se ocupa de todo. Pero si te divorcias de tu marido y te casas con este hombre, se acabarán los helados, las frutas, y toda esa atención y amor; todo eso desaparecerá.

Si solo eres un amigo, y no conviertes tu amistad en un compromiso legal entre marido y mujer, las cosas irán mucho mejor, porque no serás una carga para nadie, no serás una atadura. No se planteará la cuestión de que tengáis que encajar. Podéis mantener vuestra individualidad totalmente libre de la otra persona, y a pesar de todo estar enamorados.

En realidad, cuando tienes una individualidad completamente diferente es cuando hay más posibilidad de amor.

*Mientras estoy enamorada de un hombre, nunca me atrae otro, pero a él no le ocurre lo mismo. A pesar de que está feliz y satisfecho y de que quiere mantener esa relación conmigo, cada pocos meses tiene breves aventuras. Comprendo que la naturaleza del hombre y de la mujer son distintas. También comprendo que todas las relaciones amorosas tienen sus altibajos. A pesar de ello, no puedo evitar entristecerme. Yo le dejo bastante cuerda. Mis amigos me dicen que estoy siempre tan disponible que él da por hecho que yo estaré siempre ahí y que por tanto pierdo mi amor propio. Estoy un poco confusa. Yo no espero nada de él. Por favor, ¿te importaría comentar algo al respecto?*

En tu pregunta hay varias cuestiones. En primer lugar, estás confundida en lo referente a la naturaleza del hombre. Tú crees, como mucha gente en el mundo, que el hombre es polígamo y la mujer es monógama, que la mujer quiere vivir con un hombre, amar a un hombre, consagrarse y dedicarse totalmente a un hombre, pero que la naturaleza del hombre es diferente. Él solo quiere amar a otras mujeres, al menos, de vez en cuando.

La realidad es que ambos son polígamos. La mujer ha sido condicionada por el hombre durante miles de años para que crea que es monógama. El hombre ha sido muy astuto; ha explotado a la mujer de muchas maneras. Una de ellas es haberle estado diciendo constantemente que los hombres son polígamos por naturaleza. Todos los psicólogos y los sociólogos están de acuerdo en que los hombres son polígamos, pero ninguno de ellos dice lo mismo de las mujeres.

Yo creo que ambos son polígamos. Si la mujer no se comporta como lo haría alguien polígamo es debido a su educación no a su naturaleza. Ha estado tan absolutamente condicionada durante tanto tiempo que el condicionamiento ha penetrado en su sangre, en sus huesos, en su médula. Durante siglos la mujer ha dependido económicamente del hombre, y el hombre ha cortado sus alas, ha mermado su libertad, ha minado su independencia. Ha cargado las responsabilidades de la mujer sobre sus hombros, mostrando mucho amor y diciendo: «No debes preocuparte de ti misma, yo me ocuparé de todo». Pero en nombre del amor, se ha apoderado de la libertad de la mujer. Durante siglos, a la

mujer no se le permitía que se educara, que estuviera preparada para
ejercer ningún oficio, que tuviera ninguna habilidad; tenía que depender económicamente del marido. Él le ha robado incluso su libertad de
movimiento; no se podía mover libremente como lo hacía el hombre;
estaba confinada en la casa. Su casa era prácticamente su prisión.

Además, sobre todo antiguamente, siempre estaba embarazada,
porque de cada diez niños solían morir nueve. Para tener dos o tres niños que sobrevivieran, la mujer tenía que estar continuamente embarazada, durante toda su época reproductiva. Una mujer embarazada se
vuelve aún más dependiente económicamente; el hombre se convierte
en el que se ocupa de ella. El hombre era culto, la mujer era totalmente inculta. Se la mantenía ignorante porque el conocimiento es poder;
por eso se privaba a las mujeres de conocimiento. Y como es un mundo
de hombres, todos han estado de acuerdo en mantener a la mujer es-
clavizada.

Se le ha dicho que por naturaleza es monógama. No había ninguna
mujer psicoanalista ni socióloga para refutar este argumento y plantear
que si el hombre es polígamo, ¿por qué iba a ser la mujer monógama? El
hombre abrió el camino a su poligamia creando la prostitución. Antiguamente, se daba por sentado que ninguna mujer tenía nada que ob-
jetar si su marido visitaba a alguna prostituta de vez en cuando. Se con-
sideraba que era algo natural en el hombre.

Yo os digo que ambos sois polígamos. La existencia es polígama; tiene que ser así, la monogamia es un aburrimiento. Por muy guapa que
sea una mujer, por muy guapo que sea un hombre, te cansas; siempre
la misma geografía, la misma topografía. ¿Hasta cuándo vas a tener que
ver la misma cara? A veces ocurre que pasan los años y el marido no ha
mirado atentamente a su mujer ni siquiera durante un segundo.

En el nuevo mundo no debería haber matrimonio, solo amantes.
Pueden permanecer juntos mientras les apetezca estarlo; pero en
cuanto sientan que ya llevan juntos demasiado tiempo, vendrá bien un

cambio. No es necesario entristecerse, no es necesario enfadarse, solo aceptar profundamente la naturaleza. Porque si has amado a ese hombre o a esa mujer, deseas concederle toda la libertad posible.

Si no puedes concederle libertad, no es amor.

Tú dices: «A pesar de ello, no dejo de entristecerme. Yo le dejo bastante cuerda». La misma idea es equivocada. ¿Acaso tu novio es un perro para que le pongas una cuerda? Tú no puedes dar libertad, la libertad es un derecho de todo ser humano. La misma idea «le dejo bastante cuerda», quiere decir que todavía tienes la cuerda en la mano. Tú eres quien da la libertad.

Tú no puedes dar la libertad; lo único que puedes hacer es aceptar la libertad de la otra persona. No debes tener un cabo de la cuerda en la mano mientras contemplas cómo el perro hace pis en ese árbol, o hace pis en aquel otro. ¿Crees que eso es libertad? No, esa es una idea equivocada. La otra persona tiene su libertad, tú tienes tu libertad. Ni él ni tú necesitáis tener un cabo de la cuerda en la mano; de lo contrario, ambos estáis encadenados. Su cuerda será tu cadena; tu cuerda será su cadena. Pero tú consideras que le estás dejando «bastante cuerda». ¡Crees que estás siendo muy generosa!

La libertad no es algo que haya que dar a la otra persona. La libertad es algo que hay que reconocer como un derecho de la otra persona.

La libertad de la persona a la que amas no te hará daño. Te hace daño porque no utilizas tu propia libertad. No es su libertad la que te hace daño; lo que te hace daño es que durante siglos de mal condicionamiento has estado incapacitada; no puedes utilizar tu propia libertad. El hombre se ha apoderado de toda tu libertad, ese es el auténtico problema. Tienen que devolverte la libertad, y no te herirá; de hecho, disfrutarás de olla.

La libertad es una experiencia muy dichosa. Tu amante disfruta de libertad, tú disfrutas de libertad; os encontráis en libertad, partís en libertad. Y puede que la vida vuelva a reuniros.

Si tu pareja se interesa por otra mujer, no significa que ya no te ame, solo significa que desea un cambio de sabor. De vez en cuando te apetece ir a una pizzería. Eso no significa que hayas renunciado a la comida de siempre, pero variar de vez en cuando no tiene nada de malo. De hecho, después de ir a la pizzería, volverás a tu mesa mucho más feliz. Te llevará unos días olvidar la experiencia, y después llegará un día en el que volverás a tener ganas de comer pizza. Esas aventuras no tienen demasiada importancia. No se puede vivir únicamente de pizza.

Las parejas que se aman deberían tener de vez en cuando alguna aventura amorosa. Esas aventuras renovarán su relación, la refrescarán. Apreciarás de nuevo la belleza de tu mujer. Puede que empieces a tener fantasías; soñarás con volver a tener a tu mujer. Te darás cuenta de que antes no la entendías bien; esta vez la entenderás. Y lo mismo ocurre con tu marido.

En mi concepto de una comunidad amorosa, la gente será completamente libre de decirle a su pareja: «Me gustaría tener dos días de vacaciones, pero tú también eres libre; no hace falta que te quedes en casa carcomiéndote». Si prefieres meditar, es otra posibilidad; de lo contrario, recuerdas que hace mucho tiempo que te interesa la mujer del vecino. La hierba del otro lado; llevabas tanto tiempo queriendo explorarla... ¡y ahora tu mujer te está dando la oportunidad! Deberías decirle: «¡Eres maravillosa! Vete de vacaciones y disfruta. Yo me voy a casa del vecino, allí la hierba es más fresca». Dentro de dos días te darás cuenta de que la hierba es hierba y de que tu jardín era mucho mejor.

Sin embargo, hace falta una experiencia real, y cuando, después de dos días, volváis a encontraros, será el inicio de una nueva luna de miel. ¿Por qué no tener lunas de miel cada mes? ¿Por qué conformarse con una sola luna de miel en toda la vida? Es extraño y totalmente artificial. El amor no es algo malo o demoníaco; no tienes por qué impedirle a tu mujer que ame a otra persona. Solo es algo divertido; no hay de qué preocuparse. Si quiere jugar al tenis con alguien, ¡déjala que juegue! Yo no creo que hacer el amor tenga más importancia que jugar al tenis. En realidad el tenis es mucho más limpio.

Tú dices: «Yo no espero nada de él». Hasta en tu falta de expectación se ocultan expectaciones no expresadas. Y son más sutiles y más vinculantes. Sencillamente, hay que aceptar un hecho muy sencillo: tu compañero es un desconocido; el hecho de que estéis juntos no es más que pura casualidad y uno nunca espera nada de los desconocidos.

Ama tanto como puedas. No pienses nunca en el momento siguiente, y si tu amante se va a otro lugar, tú también eres libre. No te engañes, ¿hay alguna mujer que pueda decir que mientras está enamorada de una persona, jamás se siente atraída por otras personas? Quizá sea un deseo reprimido, quizá no permita que salga nunca a la superficie, pero es imposible que no se sienta atraída, porque hay muchas personas guapas alrededor. Tú has escogido a un desconocido entre otros muchos desconocidos.

Haz que la libertad sea un valor más importante que el propio amor. Si puedes conseguirlo —y podrás, porque es algo natural— tu vida no será infeliz. Vivirás una emoción continua, una exploración continua de nuevos seres humanos. Todos somos extraños; no hay nadie que sea un marido, no hay nadie que sea una esposa. Un simple funcionario no puede haceros marido y mujer por el mero hecho de estampar su sello en un papel. Y una vez que ese hombre ha puesto el sello, si queréis separaros tendréis que acudir a otro estúpido —a un estúpido mayor— y esperar durante meses o durante años a que os separen. ¡Es extraño! Es una cuestión privada; no es asunto de ningún funcionario, de ningún juez. ¿Por qué dejas continuamente tu libertad en manos de otras personas?

Tú dices: «Mis amigos me dicen que estoy siempre tan disponible, que él da por hecho que estaré siempre ahí y que por tanto pierdo mi amor propio». Tus amigos no entienden nada, y además no son tus amigos porque el consejo que te dan es propio de enemigos.

Uno debería estar completamente disponible. Tus amigos te están diciendo que cuando tu novio quiera hacer el amor contigo, le digas alguna vez que te duele la cabeza. Otro día dirás que estás cansada; al tercer día, que no te apetece. Quieres que esté constantemente a tu alrededor. «No le dejes mucha cuerda»; solo un poco de cuerda, y un bonito cencerro alrededor del cuello en el que ponga tu nombre y en el que diga: «Cuidado. Propiedad privada».

¿Qué es lo que quieres decir con «disponibilidad»? Tú debes estar disponible para la persona que amas, y si de vez en cuando le apetece cambiar, disfruta y deja que se marche, con alegría. Eso te proporcionará amor propio y dignidad.

> Una mujer divorciada, frustrada tras su matrimonio, puso un anuncio en el periódico en el que decía: «Busco un marido que no me pegue, que no me engañe, y que sea un amante fantástico».
>
> Al cabo de una semana, oye el timbre de su casa. Abre la puerta, pero no ve a nadie, así que vuelve a cerrarla, pero cuando se dispone a volverse, vuelve a sonar el timbre.
>
> Al abrir otra vez la puerta, no ve a nadie, pero por casualidad mira hacia abajo y ve que en el felpudo hay un hombre sin brazos y sin piernas.
>
> «Vengo por el anuncio», dice el hombre.
>
> La mujer no sabía qué decir ni qué hacer.
>
> Así que el hombre añade: «Como podrás observar yo no puedo pegarte, y es imposible que te engañe».
>
> Ella contesta: «Sí, ya veo, pero el anuncio también decía que yo quería un "amante fantástico"».
>
> El hombre sonríe pícaramente y dice: «Bueno, he conseguido llamar al timbre, ¿no?».

*A pesar de que me siento totalmente satisfecho y alimentado con mi comida habitual, de vez en cuando siento un gran deseo de probar otro tipo de platos, y de comer pizza italiana, sushi japonés, o beber vino francés. No es que no quiera comer fuera de vez en cuando, pero me gustaría sentir que puedo decidir si hacerlo o no, y no ser víctima de una conspiración hormonal. Por favor, ¿podrías darme la clave para superar estos impulsos biológicos?*

Si permites que la naturaleza siga su propio curso sin ninguna inhibición, trascenderás la biología, el cuerpo y la mente sin ningún esfuerzo, pero estamos llenos de inhibiciones. Incluso los denominados «jóvenes» que creen que se han liberado de las represiones, son en cierto modo represivos. Si eres represivo no puedes trascender los impulsos biológicos de forma natural, sin ningún esfuerzo. Así que lo primero que hay que recordar es que la naturaleza está en lo cierto.

Todas las antiguas tradiciones te han estado diciendo que la naturaleza no está en lo cierto, que tienes que dividir la naturaleza en lo correcto y lo equivocado, pero la naturaleza es indivisible. Así que cuando intentas dividirla, realizas un esfuerzo imposible. Hay que aceptar la naturaleza en su totalidad, con gran alegría y gratitud. La biología no es una atadura, sino determinada fase del crecimiento.

La vida experimentada con profundidad y con comprensión te ayuda a ir más allá de ti mismo sin exigirte ninguna disciplina, ningún esfuerzo, ningún conflicto arduo. Somos hijos de la naturaleza. Sin embargo, todas las religiones se han empeñado en crear una mente dividida, un hombre esquizofrénico que se ve empujado en dos direcciones. Todas os han dado moralidades.

El hombre natural no necesita moralidad. Lo fácil es lo correcto. Ser natural, ser espontáneo es correcto y la trascendencia surge por sí sola. Las personas que están divididas en contra de ellas mismas, que consideran que la biología es algo que hay que trascender, que el cuerpo es algo contra lo que hay que luchar, que la mente es algo que hay que eliminar, están enredadas en todos estos conflictos y nunca trascenderán.

Habría que vivir de forma más relajada. Esto no es un campo de batalla. Tu vida se desarrolla en un crecimiento autónomo. Lo primero que necesitas es la aceptación total, sin ningún tipo de rechazo, sin desgana, sin ninguna condena sutil en tu mente.

Tú dices: «Aunque me siento totalmente satisfecho y alimentado con mi comida habitual...». Dices que estás totalmente satisfecho, pero no entiendes qué conlleva estar profundamente satisfecho. Se convierte en una especie de muerte. Para estar vivo hace falta un poco de descontento, cierta inquietud. Estás totalmente satisfecho, y de esa profunda satisfacción surge tu deseo de cambiar la comida de vez en cuando.

El hombre es una criatura que evoluciona y crece. Si está profundamente satisfecho su vida se para completamente. Tu pareja tiene individualidad, encanto y un corazón cariñoso, por lo que es fácil estar satisfecho con ella; no es una persona que pelee mucho, no es una persona que discuta mucho. Ella está tranquila, y todo aquel que la ame se encontrará tranquilo con ella. Surge una armonía, pero la armonía por un lado es maravillosa, y por el otro es aburrida.

Quizá nunca hayas pensado que la satisfacción es una especie de muerte. Significa que estás dispuesto a repetir lo mismo cada día, que te has olvidado del cambio, de evolucionar.

«... de vez en cuando siento un gran deseo de probar otro tipo de platos, y de comer pizza italiana, sushi japonés, o beber vino francés». Es completamente normal. El problema surge porque te han condicionado para pensar que si estás completamente satisfecho con una mujer, ¿por qué deberías pedir más? ¿Por qué deberías desear a otra persona? Empiezas a desearla debido a tu profunda satisfacción. Esa profunda satisfacción comienza a matarte; nada nuevo, ninguna excitación, ninguna posibilidad de «no»; siempre «sí». Por una parte, es muy dulce; pero por otra, es *demasiado* dulce.

De ahí que de vez en cuando sientas el deseo de tener una aventura con otra mujer. Es completamente natural. Si tu compañera fuese el tipo de persona que se pelea, que fastidia, maliciosa, no habrías sentido tanto ese deseo, ya que ella no te habría permitido estar satisfecho. Te habría mantenido siempre insatisfecho; habría seguido siendo una extraña para ti, alguien todavía por explorar. Yo la conozco. Ella ha sido abierta contigo, ha estado disponible para ti, no te ha ocultado ningún secreto. Eso no es un defecto sino que forma parte de su belleza, pero incluso las rosas más bellas tienen espinas, del mismo modo que incluso las situaciones más satisfactorias tienen sus problemas.

Dado que te sientes demasiado satisfecho, empiezas a pedir un cambio de sabor: pizza italiana, vino francés o sushi japonés. No tiene nada de malo. Todo el antiguo condicionamiento está en contra de lo que te estoy diciendo, pero si eres inteligente, serás capaz de entenderlo.

Acéptalo, pero no se lo ocultes a tu novia. No la hundas. No hagas que sienta que no es suficiente para ti. Dile: «Eres demasiado satisfactoria y mi mente quiere un ligero cambio de aires, un poco de emoción para poder sentir que sigo vivo». Pero recuerda: todo lo que tomes para ti mismo, tienes que dárselo también a ella. No debe ser unilateral, no se trata de que solo tú vayas a la pizzería o al restaurante chino; permite que ella también lo haga. No solo permíteselo. La mujer ha estado tan reprimida por el hombre que tendrás que empujarla para que abandone su condicionamiento. Tendrás que ayudarla a dirigirse, de vez en cuando, a nuevos pastos. Si eres capaz de hacer eso, no solo estarás aceptando tu naturaleza, estarás ayudándola a ella a descubrir la suya.

Como hombre, también eres culpable porque es el hombre el que ha obligado a la mujer, el que ha hecho que sea monógama. En realidad, ella necesita más que tú salir con otras personas. El descubrimiento más asombroso que se ha hecho sobre hombres y mujeres, es que los hombres solo pueden tener un orgasmo y las mujeres pueden tener múltiples orgasmos. La razón es muy simple: el hombre pierde energía en el orgasmo, necesita un tiempo para recuperarse, para poder tener otro orgasmo. Sin embargo, la mujer no pierde nada de energía. Al contrario, su primer orgasmo le da un profundo incentivo para tener más orgasmos; es capaz de tener al menos doce orgasmos en una sola noche.

A causa de ello el hombre tuvo tanto miedo que impidió a la mujer que conociera la existencia del orgasmo. Así que es muy rápido al hacer el amor. A la mujer le lleva un poco más de tiempo; la sexualidad del hombre es local, genital; la sexualidad de la mujer está extendida por todo su cuerpo. Si el hombre quiere que ella tenga un orgasmo tiene que jugar con todo su cuerpo, en el preludio amoroso, para que todo su cuerpo empiece a vibrar con energía.

Pero una vez que ella ha tenido un orgasmo, ya conoce el sabor y sabe que puede tener orgasmos más intensos. Sin embargo, el hombre es sencillamente impotente después del primer orgasmo, al menos durante unas cuantas horas. No puede hacer nada más, se da media vuelta y se echa a dormir. El pobre ya ha terminado. ¡Todas las mujeres lloran, sollozan porque ella todavía no ha empezado y él ya ha acabado!

Para impedir que la mujer conociera el orgasmo —durante siglos a la mujer no se le permitió ni siquiera conocer la belleza y los placeres del orgasmo— el hombre también tuvo que evitar tener orgasmos. Lo único que conoce es la eyaculación; pero la eyaculación no es un orgasmo. La eyaculación no es más que expulsar la energía: el hombre se siente más relajado, desaparecen las tensiones y ronca mejor.

La mujer solo ha sido consciente del orgasmo en este último siglo, y es un mérito que se atribuye a la escuela del psicoanálisis. En los países orientales más tradicionales, el noventa y ocho por ciento de las mujeres todavía desconoce que hacer el amor es una experiencia especial, ya que es algo que no le proporciona ninguna satisfacción, ninguna experiencia. De hecho, lo detesta. Ella no necesita eyacular, es el hombre quien lo necesita, pero ambos han estado privados del sexo y de sus máximas experiencias orgásmicas.

Pero la cuestión es ¿cómo arreglar esta situación? Cualquier solución parece muy inmoral. Puedes invitar a tus amigos para que cinco o seis hagan el amor, por turnos, a tu mujer. Entonces ella se sentirá satisfecha, pero eso minará tu ego. También puedes darle a ella un vibrador, pero en cuanto lo utilice, tú ya no servirás para nada, porque el vibrador le proporciona unas experiencias orgásmicas increíbles que tú no puedes darle.

Parece que ha habido algún error en la naturaleza: los hombres y las mujeres no son iguales en su capacidad orgásmica. Tú estás completamente satisfecho, pero ¿te has preocupado de si tu amante ha tenido algún orgasmo? Gracias a que no ha tenido ni un solo orgasmo seguirá dedicada a ti, monógama. Pero si ella conoce la experiencia orgásmica, ella también querrá, de vez en cuando, estar con otro hombre.

Si realmente quieres a tu novia, la ayudarás a abandonar sus antiguos condicionamientos, que son mucho más profundos que los tuyos porque el responsable es el hombre. Él no tiene esos condicionamientos; su moralidad es muy superficial e hipócrita. Pero la moralidad de las mujeres ha calado muy hondo. El hombre la ha obligado a cumplirla desde su niñez. Si te apetece cambiarla, es tu responsabilidad; un hombre tan inteligente como tú debería ser capaz de entender lo que estoy diciendo. Es tu responsabilidad hacer que Neelam también salga al sol, a la lluvia, al viento, para que pueda abandonar todos sus condicionamientos. Tienes que ayudarla, tienes que enseñarle a disfrutar de la pizzería, y a no seguir comiendo toda su vida comida punjabi. ¿Cómo disfrutar de la comida japonesa o de la china? Si los hombres y las mujeres realmente se aman, se ayudarán a eliminar los condicionamientos del pasado.

El hombre no tiene muchos condicionamientos, y los que tiene son muy superficiales. Los puede eliminar muy fácilmente; es como quitarse uno la camisa. La mujer ha sido tan condicionada que para ella no es como quitarse una camisa, es como arrancarse la piel. Es duro, y a menos que realmente ames a esa mujer, no serás capaz de ayudarla mucho. Será muy difícil que se libre de todos esos condicionamientos por sí sola, así que ayúdala. Deja que sepa que en el mundo hay muchos más tipos de comidas, hay muchos más hombres guapos aparte de ti. Tu mujer debería conocerlos a todos. Que tu mujer se enriquezca con sus experiencias forma parte de tu amor. Y cuanto más se enriquezca, no solo te satisfará, sino que empezará a proporcionarte excitación y éxtasis.

Tú dices: «No es que no quiera comer fuera de vez en cuando, pero me gustaría sentir que puedo decidir si hacerlo o no...». Puedes decidirlo, pero solo puedes hacerlo si tu compañera también puede decidirlo. Yo opino que ambos deberíais tener las mismas oportunidades. No se trata de que tú seas el amo y tu mujer sea tu esclava; ella puede estar satisfecha contigo, y tú puedes salir de vez en cuando, a tontear por los alrededores. Pero ¡ella tiene el mismo derecho de tontear en esos mismos alrededores! Y no hace ninguna falta sentirse culpable; tienes que ayudarla a que no se sienta culpable.

La liberación de la mujer supondrá también la liberación del hombre; su esclavitud supone la esclavitud de ambos. Si no permites que tu novia sea libre, ¿cómo te permitirá ella que tú lo seas? La libertad tienes que ser, para ambas partes, una virtud valiosa; amada, reconocida, respetada.

Tú dices: «... y no ser víctima de una conspiración hormonal». Si quieres ir más allá de las hormonas y de la biología, vive totalmente, agota la vida.

He llegado a la conclusión de que tus hormonas comienzan a trabajar hacia los catorce años, y si les das total libertad, si las vives alegremente hasta los cuarenta y dos años, entonces tendrán ganas de irse a descansar. Y esta trascendencia será natural; no será un celibato impuesto. Será un celibato sagrado que te está llegando desde el más allá, porque has vivido totalmente y ahora ya no te interesa nada de la vida ordinaria. Te interesas por valores más elevados, por una búsqueda más profunda de la vida, de la verdad, de la creatividad. Has superado la edad infantil. En mi opinión, cuando el hombre llega más o menos a los cuarenta y dos años, se vuelve adulto, pero solo si vive de forma natural. Si vive con desgana, le llevará más tiempo, quizá cuarenta y nueve años, quizá sesenta y cinco. O puede incluso que cuando esté muriendo todavía esté pensando en el sexo y en nada más; nunca lo trascenderá.

Vosotros dos sois personas inteligentes y sois capaces de ver las cosas sin antifaces en los ojos, de forma transparente. Amaos totalmente y, ocasionalmente, permitíos algo de libertad. Pero tiene que ser recíproco. Eso no destruirá vuestro amor; lo hará más rico, más profundo, más satisfactorio, más orgásmico. Esas contadas ocasiones en las que os cojáis unas vacaciones el uno del otro, no os separarán; continuarán acercándoos. No tengáis ningún secreto, sed completamente abiertos y respetad la apertura. Nunca, ni siquiera con un gesto, hagáis que la otra persona se sienta culpable. Ese es el mayor crimen que ha estado cometiendo la humanidad, hacer que la gente se sienta culpable. Si la otra persona se siente culpable a causa de concepciones profundamente arraigadas, ayúdale a liberarse de la culpa.

El amor vivido en una atmósfera de libertad, trascenderá el sexo de forma natural, fácilmente, sin esfuerzo. Permanecerá el amor, desaparecerá el sexo, y entonces el amor tendrá una pureza, una belleza y una sacralidad propias.

Una mujer está en la cama con su amante cuando de repente oyen la puerta de la casa y la mujer dice:

—¡Corre, corre, Juan, al armario!

Entra el marido a la habitación y pregunta:

—Pero, María, ¿qué haces desnuda?

Su mujer responde:

—Cariño, es que no me compras vestidos.

Él marido responde:

—¡Cómo que no! —Y se pone a contar los vestidos del armario—.

Uno, dos, tres, buenas tardes, cuatro, cinco...

Tómate la vida con más alegría y diversión. Permite que toda tu vida se convierta en un chiste maravilloso. La naturaleza no tiene nada de malo, y ser natural es ser religioso.

Ambos sois inteligentes, y espero que demostréis mi teoría de que podéis amaros y, a pesar de ello, tener distintas aventuras de vez en cuando; con alegría, no de mala gana. No porque yo lo diga sino porque habéis llegado a esa conclusión.

*Me parece que nunca voy a ser capaz de superar la atracción biológica y sexual a la que tú denominas «deseo» y madurar en el tipo de amor del que hablas. ¿Cómo sucede? ¿Por dónde empezar?*

El sexo es una cuestión sutil y delicada, porque la palabra «sexo» se asocia a siglos de explotación, corrupción, ideas perversas y condicionamientos. La propia palabra está llena de sentidos; es una de las palabras más llenas que existe. Dices «Dios» y parece vacía. Dices «sexo» y parece demasiado llena. Surgen mil cosas en la mente: miedo, perversión, atracción, un gran deseo, también un gran antideseo. Surgen todas esas cosas a la vez. Sexo. La propia palabra crea confusión, caos. Es como si alguien lanzara una piedra en un estanque silencioso, ¡y surgieran millones de ondas solo por pronunciar esa palabra! La humanidad ha vivido bajo la influencia de ideas muy equivocadas.

Así que lo primero que hay que considerar es por qué me estás preguntando cómo superar tus deseos sexuales, por qué quieres trascender tu sexualidad. Estás utilizando un bonito término, «superar», pero hay un noventa y nueve por ciento de probabilidades de que lo que quieras decir sea: «¿Cómo reprimir mis deseos sexuales?».

La persona que ha entendido que se puede trascender el sexo ni tan siquiera se preocupa por superarlo, porque la trascendencia surge de la experiencia. No puedes controlarla. No es algo que puedas *hacer*. Sencillamente, atraviesas muchas experiencias y esas experiencias te hacen cada vez más maduro.

¿Te has dado cuenta de que al llegar a determinada edad el sexo se vuelve importante? No es que tú hagas que sea importante. No es algo que tú *provoques*; es algo que *ocurre*. A los catorce años, más o menos, de repente, tu energía se inunda de sexo. Es como si en tu interior se hubieran abierto las compuertas. Empiezan a manar fuentes sutiles de energía que antes no existían, y toda tu energía se vuelve sexual, queda teñida por el sexo. Piensas sexo, cantas sexo, caminas sexo; todo se vuelve sexual. Todas las acciones quedan teñidas. Esto es algo que *ocurre*; tú no has hecho nada. Es natural. Y la trascendencia también es natural. Si vives el sexo totalmente, sin condenarlo, sin pretender librarte de él, entonces, cuando llegas más o menos a los cuarenta y dos años —al igual que a los catorce años se abrió la puerta del sexo y toda la energía se volvió sexual—, esas compuertas empiezan a cerrarse otra vez. Y eso también es algo tan natural como el nacimiento de la sexualidad; empieza a desaparecer.

La sexualidad no se trasciende haciendo un esfuerzo por tu parte. Si haces algún esfuerzo será un acto represivo, porque no tendrá nada que ver contigo. Es algo inherente; está en tu cuerpo, en tu biología. Naces como ser sexual; no tiene nada de malo. Es la única manera de nacer. Ser humano es ser sexual. Cuando fuiste concebido, tu madre y tu padre no estaban rezando, no estaban escuchando el sermón de ningún cura. No estaban en la iglesia, estaban haciendo el amor. Resulta difícil pensar que tus padres estaban haciendo el amor cuando fuiste concebida, lo sé, pero estaban haciéndolo; sus energías sexuales se estaban encontrando y fundiendo entre sí. De modo que fuiste concebido en ese profundo acto sexual. La primera célula fue una célula sexual, y después de esa célula surgieron otras. Pero cada célula siguió siendo fundamentalmente sexual. Todo tu cuerpo es sexual, está compuesto por células sexuales. Ahora tienes millones de ellas.

Recuerda esto: tú existes como ser sexual. En cuanto lo aceptas, empieza a disolverse el conflicto que se ha creado a lo largo de los siglos. En cuanto lo aceptas profundamente, sin ninguna idea que se interponga, cuando consideras el sexo como algo natural, entonces, lo *vives*. No se te ocurre preguntarme cómo superar el comer; no se te ocurre preguntarme la manera de superar la respiración, porque ninguna religión te ha enseñado a trascender la respiración. Esa es la razón; si no, me estarías preguntando: «¿Cómo puedo trascender la respiración?». Sin embargo, no lo haces, ¡te limitas a respirar! Eres un animal que respira. También eres un animal sexual. Pero hay una diferencia: durante los primeros catorce años de tu vida, eres prácticamente asexual, o como mucho, hay un juego sexual muy rudimentario, que no es realmente sexual; es solo una preparación, un ensayo, eso es todo. Al llegar a los catorce años, la energía está madura.

Reflexión: en cuanto nace un niño, en cuestión de segundos, tiene que respirar; de lo contrario moriría. Después, la respiración permanece durante toda la vida, porque llegó en el umbral de la vida. No se puede trascender. Puede que se pare antes de morir, justo unos segundos antes, pero nunca hasta entonces.

Recuerda siempre esto: ambos extremos de la vida, el comienzo y el final, son simétricos. El niño nace y empieza a respirar en cuestión de segundos. Cuando la persona es mayor y se está muriendo, en cuanto deje de respirar, en cuestión de segundos morirá.

El sexo comienza en una etapa relativamente tardía. Durante doce o catorce años, el niño ha vivido sin sexo. Y si la sociedad no está demasiado reprimida y por tanto obsesionada con el sexo, el niño puede vivir totalmente ajeno al sexo, o algo parecido a él. El niño puede permanecer completamente inocente. Hoy en día no es posible esa inocencia; las personas están muy reprimidas. Cuando hay represión, junto con ella surge la obsesión. Por un lado están los sacerdotes, que no hacen más que condenar el sexo, y por otro están los anticlericales, como Hugo Hefner y otros, que pretenden hacer la sexualidad cada vez más atractiva. El sacerdote y Hugo Hefner coexisten como dos caras de la misma moneda. Solo cuando desaparezcan las iglesias desaparecerá *Playboy*, pero no antes. ¡Son socios en el mismo negocio! Parecen enemigos, pero que no te engañen. Se critican el uno al otro, pero así es como funcionan las cosas.

Me contaron la historia de dos hombres que se quedaron sin trabajo porque su empresa quebró, así que se les ocurrió un nuevo negocio muy sencillo. Empezaron a viajar de una ciudad a otra. Primero iba uno por la noche y echaba alquitrán en las ventanas y las puertas de las casas. Al cabo de dos o tres días iba el otro a la misma ciudad y colocaba un anuncio diciendo que limpiaba todo tipo de suciedad de las fachadas de las casas, incluso el alquitrán, así que mucha gente lo contrataba. Mientras tanto, el otro iba haciendo su parte del trabajo en otra ciudad. De ese modo, empezaron a ganar un montón de dinero.

Eso es lo que está ocurriendo entre la Iglesia y las personas que crean la pornografía.

Una vez me contaron este chiste:

Una chica muy guapa se arrodilla en el confesionario y dice:

—Padre, quiero confesarme porque he dejado que mi novio me besara.

—¿Solo eso? —preguntó el cura, muy interesado.

—Bueno, la verdad es que no, también le dejé que me pusiera la mano en una pierna.

—Y ¿después?

—Después le dejé que me quitara las medias.

—Y después, ¿qué pasó? Dime, ¿qué pasó? —preguntó el cura muy excitado.

—Después entró mi madre en la habitación.

—¡Vaaaya por Dios! —suspiró el cura.

Son cosas que van unidas; son socios de una conspiración. Cuando uno está muy reprimido empieza a sentir un interés perverso. El problema es el interés perverso, no el sexo. Por tanto, el neurótico es el cura, no el sexo. El sexo no es el problema, pero ese hombre sí que tiene problemas.

Dos monjas iban por la calle paseando cuando, de repente, dos hombres las atraparon, las arrastraron a un callejón oscuro y las violaron. Una de ellas empezó a decir:

—Padre, perdónalos porque no saben lo que hacen.

—¡Calla, calla! ¡Que este sí que sabe! —dijo la otra.

Es inevitable que ocurra esto. Así que nunca albergues en tu mente ni una sola idea contra el sexo; de lo contrario no serás capaz de superarlo y convertirlo en amor. Las únicas personas que pueden ir más allá de la «simple atracción biológica y sexual» son aquellas que aceptan el sexo de forma realmente natural. Es difícil, ya lo sé, porque has nacido en una sociedad que se comporta de forma neurótica con el sexo. O bien lo condena, o bien lo glorifica, pero en ambos casos es neurótica. Es muy difícil salir de esa neurosis, pero si estás un poco alerta podrás salir de ella.

Así que no se trata de cómo trascender el sexo, sino de cómo trascender esta ideología perversa de la sociedad; el miedo al sexo, la represión del sexo, la obsesión con el sexo.

El sexo es maravilloso. El sexo en sí mismo es un fenómeno natural, rítmico. Ocurre cuando el joven ya está preparado para concebir, y es bueno que ocurra, de lo contrario, no existiría la vida. La vida existe a través del sexo; el sexo es su médium. Si entiendes la vida, si amas la vida, sabrás que el sexo es sagrado, santo. Entonces lo vives, entonces te deleitas en él; y desaparece por sí solo, de forma tan natural como ha aparecido. Hacia los cuarenta y dos años más o menos, tu interés por el sexo empezará a decaer de una forma tan natural como surgió.

Pero eso no es lo que ocurre habitualmente. Al contrario, te sorprenderás que diga que es algo que sucederá a los cuarenta y dos años. Conoces a personas que tienen setenta u ochenta años y que no han superado su obsesión por el sexo. Conoces a «viejos verdes». Son víctimas de la sociedad; no pudieron ser naturales. Es un lastre que arrastran porque reprimieron su sexualidad cuando deberían haber disfrutado y gozado de ella. No estuvieron presentes plenamente en esos momentos de dicha sexual. No fueron orgásmicos, fueron un poco apáticos.

Cada vez que haces algo con apatía, se prolonga más. Si estás sentada a la mesa comiendo, y comes con desgana, seguirás teniendo hambre. De modo que seguirás pensando en comida todo el día. Intenta ayunar y verás: ¡no harás más que pensar en comida! Pero puedes comer bien, y cuando digo bien, no quiero decir que te atiborres de comida, ya que eso no significa que necesariamente hayas comido bien. Puede que te hayas atiborrado de comida, pero comer bien es un arte. No se trata de hincharte a comer, es todo un arte; saborear la comida, olerla, tocarla, masticarla, digerirla, y digerirla como algo divino. Es divina; es un don.

Los hindúes dicen: *Anam Brahma*, el alimento es divino, un don de Dios. Comes con profundo respeto, y mientras comes te olvidas de todo lo demás, porque comer es rezar. Es una plegaria existencial. Te estás comiendo a Dios, y Dios te va a nutrir. Es un don que hay que aceptar con profundo amor y gratitud.

No te llenes de comida, ya que hacerlo supone atentar contra el cuerpo. Es el polo opuesto. Hay personas que están obsesionadas con el ayuno, y hay personas que están obsesionadas con llenarse de comida. Ambas están equivocadas, porque son dos maneras de que el cuerpo pierda su equilibrio. Aquel que realmente ama su cuerpo come solo hasta que este se siente totalmente tranquilo, equilibrado, sereno, hasta que el cuerpo siente que no se está inclinando hacia la izquierda ni hacia la derecha, sino que está justo en el medio. Entender el lenguaje del cuerpo es un arte; es entender el lenguaje de tu estómago, entender qué es lo que le hace falta y darle solo aquello que necesita; es hacerlo de forma artística, de forma estética.

Los animales comen, el hombre come. ¿Cuál es la diferencia? El hombre convierte el acto de comer en una experiencia maravillosa y estética. ¿Qué sentido tiene decorar la mesa para la cena? ¿Qué sentido tiene encender velas? ¿Qué sentido tiene invitar a los amigos para que participen? Su sentido radica en convertirlo en un arte, no solo en llenarte de comida. No obstante, estos son los signos exteriores del arte; los signos interiores consisten en comprender el lenguaje de tu cuerpo y escucharlo, ser sensible a sus necesidades. Cuando actúas de ese modo comes, pero el resto del día no volverás a pensar en comida. Solo volverás a acordarte cuando el cuerpo tenga hambre de nuevo. Así es natural.

Con el sexo ocurre lo mismo. Si no tienes una actitud contraria a él, lo asumes como algo natural, como un don divino. Lo disfrutas con gratitud, lo disfrutas con espíritu de oración.

El tantrismo dice que antes de hacer el amor con un hombre o con una mujer, deberías rezar porque va a producirse un encuentro divino de energías. Te embargará una fragancia de divinidad. Allí donde hay dos amantes, hay divinidad. Allí donde se encuentran y se funden las energías de dos amantes, hay vida, vida plena, al máximo; te embarga una energía divina. Las iglesias están vacías pero las habitaciones de los amantes están llenas de divinidad. Si has probado el amor tal como el tantrismo dice que lo pruebes; si has conocido el amor tal como el tao dice que lo conozcas, cuando llegues a los cuarenta y dos años, el deseo de sexo empezará a desaparecer por sí solo. Y le dirás adiós con profunda gratitud, porque te sentirás satisfecho. Ha sido maravilloso, ha sido una bendición; le dices adiós.

Además, cuarenta y dos años es la edad de la meditación, la edad adecuada. Desaparece el sexo y esa energía rebosante. Uno se tranquiliza. Ha desaparecido la pasión y ahora surge la compasión. Ahora ya no hay fiebre; uno ya no se interesa por «la otra persona». Al desaparecer el sexo, la otra persona ya no es el objetivo. Uno empieza a volver a su propia fuente; comienza el viaje de regreso.

No trasciendes el sexo a través de tu esfuerzo. Lo trasciendes cuando lo vives totalmente. Así que te aconsejo que abandones todas las condenas, todas las actitudes que van en contra de la vida, y aceptes los hechos: el sexo existe, así que ¿quién eres tú para negarlo? Además, ¿quién es el que está intentando negarlo, superarlo? No es más que el ego.

Recuerda: el sexo es lo que crea más problemas al ego. Existen dos tipos de personas: unas son muy egoístas y siempre están en contra del sexo y otras son humildes y nunca están en contra de él. Pero ¿quién hace caso a las personas humildes? Por otra parte, las personas humildes no van por ahí predicando, solo lo hacen las egoístas.

¿Por qué existe un conflicto entre el sexo y el ego? Porque en el sexo no puedes ser egoísta, la otra persona se vuelve más importante que tú. Tu novio, tu novia, se vuelve más importante que tú. En cualquier otro caso, *tú* eres el más importante. En una relación amorosa, la otra persona se vuelve importantísima, absolutamente importante. Tú te conviertes en un satélite y la otra persona se convierte en el núcleo; y lo mismo le ocurre a la otra persona: tú te conviertes en el núcleo y él o ella se convierte en el satélite. Hay una rendición recíproca. Ambos os rendís al dios del amor, y ambos os volvéis humildes.

El sexo es la única energía que te ofrece indicios de que hay algo que no puedes controlar. Puedes controlar el dinero, puedes controlar la política, puedes controlar la bolsa, puedes controlar el conocimiento, la ciencia, la moralidad, puedes controlarlo casi todo. Pero en cierto modo, el sexo introduce un mundo totalmente diferente; no puedes controlarlo. Y el ego es un gran controlador. Si puede controlar está feliz; si no, se siente infeliz. Así que hay un conflicto entre el ego y el sexo.

Recuerda: es una batalla perdida. El ego no puede ganar, porque el ego es muy superficial. El sexo está muy arraigado. El sexo es tu vida; el ego solo es tu mente, tu cabeza. El sexo tiene sus raíces por todo tu cuerpo; el ego solo tiene raíces en tus ideas; es muy superficial, solo está en la cabeza.

Así que ¿quién está intentando superar la atracción biológica y sexual? La cabeza está intentando controlar al sexo. Si eres muy cerebral querrás superar tus deseos sexuales, porque el sexo te hace descender a lo más terrenal. No te permite atrincherarte estando en la cabeza. Desde ahí puedes controlar todo lo demás, pero no puedes controlar el sexo. No puedes hacer el amor con la cabeza. Tienes que bajar, tienes que descender de tu altura, tienes que acercarte a la tierra.

Para el ego, el sexo es algo humillante, por eso las personas egoístas siempre están en contra del sexo. No hacen más que encontrar medios y maneras de trascenderlo. Sin embargo, no pueden trascenderlo nunca. Como mucho, pueden convertirse en unos pervertidos. Su esfuerzo está abocado al fracaso desde un principio.

El otro día me contaron este chiste:

El jefe de una oficina estaba entrevistando a las candidatas que se habían presentado para sustituir a su secretaria personal, que había pedido una baja por maternidad. El ayudante del jefe se sentó con él mientras entrevistaba a las candidatas. La primera chica era una rubia despampanante y pechugona. Resultó ser inteligente y bastante eficiente como secretaria. La segunda era una morena aún más inteligente y competente que la primera. La tercera era una bizca, con dientes de conejo, gorda como un tonel, y que no tenía prácticamente ninguna habilidad. Después de entrevistar a las tres candidatas, el jefe informó a su socio que contrataría a la tercera candidata.

—Pero ¿por qué? —preguntó el empleado, asombrado.

—En primer lugar, porque a mí me parece muy inteligente —contestó el jefe enfadado—. En segundo lugar, no es asunto tuyo, y en tercer lugar, ¡es la hermana de mi mujer!

Puedes fingir que has vencido al sexo, pero hay una corriente subterránea que sigue fluyendo. Puedes racionalizarlo, puedes encontrar razones, puedes fingir, puedes crear una concha a tu alrededor, pero, en lo más profundo, la verdadera razón, la realidad, permanecerá intacta: «Es la hermana de mi mujer», esa es la verdadera razón. «Me parece inteligente», no es más que una racionalización. Y «no es asunto tuyo», demuestra que estás enfadado y molesto porque tienes miedo de que otro descubra la verdad. Pero la verdad surgirá independientemente de lo que hagas; no puedes ocultarla, no es posible.

Así que puedes intentar controlar el sexo pero hay una corriente subterránea de sexualidad que discurre a través de tu ser y que se reflejará de muchas maneras. Asomará la cabeza continuamente en tu racionalización.

No te aconsejo que hagas ningún esfuerzo para superar tu sexualidad. Te propongo lo contrario: olvídate de superarla. Profundiza en ella todo lo que puedas. Mientras esa energía esté ahí, vive lo más profundamente que puedas, ama lo más profundamente que puedas, y haz de ello un arte. No se trata solo de «acabar».

Este es el sentido del tantrismo: convertir el acto sexual en un arte. Hay matices sutiles, que solo serán capaces de conocer aquellas personas que se adentren en él con un gran sentido estético. De lo contrario, puedes hacer el amor durante toda tu vida y seguir quedándote insatisfecha, porque no sabes que la verdadera satisfacción es algo muy estético. Es como una música sutil que surge de tu alma. Si a través del sexo entras en armonía; si a través del amor, eliminas la tensión y te relajas; si el amor no consiste únicamente en eliminar la energía porque no sabes qué hacer con ella; si no es únicamente un alivio sino una relajación; si te relajas con tu pareja y tu pareja se relaja contigo; si durante unos segundos, durante unos momentos o unas horas olvidas quién eres y te vuelves totalmente inconsciente, saldrás más pura, más inocente, más virgen. Y tendrás un modo diferente de ser: más tranquila, centrada, arraigada.

Si ocurre esto, de repente, un día, verás que ha bajado la marea y te ha dejado muchísimo más enriquecida. No lamentarás que haya desaparecido. Te sentirás agradecida porque ahora se abrirán mundos más ricos. Cuando el sexo te abandona, se abre la puerta de la meditación. Cuando el sexo te abandona, no intentas perderte a ti misma en la otra persona. Te vuelves capaz de perderte a ti misma en ti misma. Entonces surge otro mundo orgásmico, un orgasmo interior, de estar con uno mismo.

Pero eso solo surge estando con la otra persona. Uno crece y madura a través de la otra persona. Entonces llega un momento en el que puedes estar sola y sentirte inmensamente feliz. No necesitas a nadie más. Ha desaparecido la necesidad pero a través de ella has aprendido muchas cosas, has aprendido mucho sobre ti misma. La otra persona se ha convertido en un espejo, ¡y no lo has roto! Has aprendido tantas cosas sobre ti misma que ahora ya no necesitas mirarte al espejo. Puedes cerrar los ojos y ver allí tu rostro. Sin embargo, si al principio no ha habido espejo, no serás capaz de ver tu rostro.

Deja que tu novio sea tu espejo, deja que tu novia sea tu espejo. Mira en los ojos de tu pareja y contempla tu rostro; dirígete hacia tu pareja para conocerte a ti misma. Si lo haces, llegará un día en el que ya no necesitarás el espejo. ¡Pero no tendrás nada en contra del espejo! Te sentirás tan agradecida hacia él que será imposible que estés en contra de él. Se lo agradecerás tanto que ¿cómo vas a estar en contra de él? Entonces, llega la trascendencia.

La trascendencia no es represión. La trascendencia es un crecimiento natural de tu ser; te elevas, vas más allá, al igual que se rompe la semilla y comienza a surgir de la tierra un brote que comienza a crecer. Cuando desaparece el sexo, desaparece la semilla.

Con el sexo, eras capaz de dar la vida a otro ser, a un niño. Cuando desaparece el sexo, toda la energía comienza a darte a luz a ti misma. Es lo que los hindúes denominan *dwija*, el que ha nacido dos veces. Tus padres te dieron un nacimiento; el otro nacimiento está esperando. Tienes que dártelo tú misma. Tienes que ser tu padre y tu madre. Entonces toda tu energía se dirige hacia el interior; se convierte en un círculo interior.

Ahora mismo te resultará difícil hacer un círculo interior. Te será más fácil conectarlo con otro polo —una mujer o un hombre—; entonces se completará el círculo. De ese modo podrás disfrutar las bendiciones de ese círculo. Pero poco a poco *serás* capaz de hacer el círculo interior, porque dentro de ti tú también eres un hombre y una mujer, una mujer y un hombre. No hay nadie que sea solo hombre o solo mujer, porque tú provienes de la comunión de un hombre y de una mujer. Ambos participaron; tu madre te dio algo y tu padre te dio algo. Fueron a medias. Ambos están ahí. Existe la posibilidad de que ambos puedan encontrarse en tu interior. Tu padre y tu madre pueden amarse de nuevo en tu interior. Entonces surgirá tu realidad. Se encontraron en una ocasión, cuando nació tu cuerpo; ahora, si pueden encontrarse en tu interior, nacerá tu alma.

En eso consiste la trascendencia del sexo: en un sexo superior.

Permíteme que te diga lo siguiente: cuando trasciendes el sexo, alcanzas un sexo superior. El sexo ordinario es burdo, el sexo superior no lo es en absoluto. El sexo ordinario se dirige hacia el exterior, el sexo superior se dirige hacia el interior. En el sexo ordinario se encuentran dos cuerpos, y el encuentro se produce en el exterior. En el sexo superior se encuentran tus energías interiores. No es físico, es espiritual, es tantrismo. El tantrismo es trascendencia. Si no entiendes esto, seguirás luchando contra el sexo.

Esta pregunta la ha hecho una chica que, mentalmente, me consta que está atravesando unos momentos críticos. Le gustaría ser independiente, pero es demasiado pronto. Le gustaría no preocuparse por nadie más, pero es demasiado pronto, y demasiado egoísta. Ahora mismo no es posible la trascendencia, solo es posible la represión. Pero si te reprimes ahora, cuando seas mayor, te arrepentirás, porque lo habrás estropeado todo.

Cada cosa tiene su momento. Hay que hacer cada cosa en su momento. Mientras seas joven, no tengas miedo del amor, ni tengas miedo del sexo. Si tienes miedo cuando eres joven, cuando seas mayor estarás obsesionada y entonces será difícil que profundices en el amor, y la mente seguirá estando obsesionada.

He llegado a la conclusión de que si esas personas han vivido de forma correcta, de forma natural, amando, a los cuarenta y dos años, más o menos, empezarán a superar el sexo. Si no han vivido de forma natural y han estado luchando contra el sexo, los cuarenta y dos años será el momento más peligroso, porque cuando tengan esa edad sus energías estarán disminuyendo. Cuando eres joven puedes reprimirlo todo porque tienes mucha energía. ¡Observa qué paradójico! La persona joven puede reprimir la sexualidad muy fácilmente porque tiene energía para reprimirla. Puede aplastarla y sentarse encima de ella. Pero cuando las energías estén disminuyendo, esa sexualidad reprimida se afirmará y no serás capaz de controlarla.

Una vez oí la siguiente anécdota:

> Un señor de sesenta y cinco años fue a la consulta de su hijo médico y le pidió que aumentara su potencial sexual. El hijo le puso una inyección y se negó a cobrársela. Sin embargo, el padre insistió en darle diez euros. Después de una semana, el padre volvió para que le pusiera otra inyección, pero esta vez le dio al hijo veinte euros.
>
> El hijo le dijo:
> —Pero papá, las inyecciones solo valen diez euros.
>
> El padre contestó:
> —¡Cógelo! El resto es de parte de mamá.

Seguirá ocurriendo eso. Así que antes de que te ocurra a ti, por favor, acaba con ello. No esperes a ser mayor, porque entonces todo se vuelve horrible. Todo se pasa de estación.

*Si soy consciente de que mi amor apesta, ¿por qué sigo apegándome al olor?*

Vivimos de acuerdo con el pasado. Nuestras vidas están arraigadas en un pasado muerto, estamos condicionados por él. El pasado es muy poderoso, por eso sigues viviendo de acuerdo con un determinado patrón; aunque apeste, seguirás repitiéndolo. No sabes qué más puedes hacer, has sido condicionado por él. Es un fenómeno mecánico. No es algo que te ocurra únicamente a ti, le ocurre a casi cualquier ser humano, a menos que se convierta en un buda.

Convertirse en un buda significa liberarse del pasado y vivir en el presente. El pasado es inmenso, gigante, enorme. Durante millones de vidas has vivido de determinada forma. Puede que ahora seas consciente de que tu amor apesta, pero esa consciencia tampoco es muy profunda; es muy superficial. Si se vuelve profunda, si penetra hasta el fondo de tu ser, inmediatamente saldrás de ahí.

Si tu casa se está quemando, no le preguntarás a nadie cómo salir. No consultarás la *Enciclopedia Británica*, ni esperarás a que venga un sabio y te lo diga. No te plantearás si es apropiado saltar desde la ventana o no, no te preocuparás por eso. ¡Aunque estés en la bañera desnudo, saltarás desnudo por la ventana! Ni siquiera te preocuparás de vestirte. Cuando se está quemando la casa, tu vida está en peligro; en ese momento, todo lo demás es secundario.

Si tu amor apesta —si realmente experimentas eso—, saldrás de ahí. No te limitarás a preguntarme a mí, saltarás de ahí.

Sin embargo, yo creo que es una idea intelectual porque cada vez que estás enamorado, surge alguna infelicidad. Siempre hay algún tipo de conflicto, de lucha, de pelea, de celos, de deseo de posesión. Así que has empezado a adoptar un punto de vista intelectual: «Si soy consciente de que mi amor apesta, ¿por qué sigo apegándome al olor?». Porque todavía no es realmente una experiencia existencial.

¡Además, es tu propio olor! Uno se acostumbra a su propio olor. Por eso cuando alguien está solo no siente ese olor, solo lo huele cuando está con otra persona. Cuando estás enamorado, comienzas a mostrar tu verdadero rostro. El amor es un espejo. La otra persona comienza a funcionar como un espejo. Toda relación se convierte en un espejo. Cuando estás solo no percibes tu propio olor, no puedes; te vuelves inmune a él. Llevas demasiado tiempo conviviendo con él, ¿cómo vas a olerlo todavía? Únicamente en presencia de otra persona comienzas a sentir que *ella* apesta y la otra persona empieza a sentir que *tú* apestas. Y comienza la lucha. Eso es lo que les ocurre a todas las parejas del mundo.

—Paco, ¿adónde vas con esa cabra?

—Me la llevo a casa, de mascota.

—¿A tu casa?

—Sí.

—¿Y el olor?

—¡Qué más da! A ella no le importa.

A ti no te molesta tu propio olor. De hecho, si de repente desapareciera te sentirías un poco alterado, te sentirías un poco incómodo. No sentirías que tu yo es natural; sentirías que algo va mal. Si amas y no surgen los celos, empezarás a pensar que quizá no es amor. ¿Qué tipo de amor es ese? ¡No parece que haya celos!

Sí, tu amor apesta, y el amor de todo el mundo apesta, pero tú solo lo sientes cuando estás manteniendo una relación. Todavía no te has dado cuenta de que tiene algo que ver contigo. En lo más profundo sigues pensando que es al otro a quien debe de pasarle algo. Así funciona la mente: carga la responsabilidad sobre la otra persona. Se acepta a sí misma y no hace más que buscar faltas en los demás.

En un cine hay unas cuantas personas sentadas en la primera fila. Comienza la película y de repente empieza a oler muy mal. Uno de los espectadores se dirige al hombre que está sentado a su lado y le pregunta:

—¿Qué pasa? ¿Te has «cagao» encima o qué?

El hombre le responde:

—Sí, ¿por qué?

¡La gente se acepta a sí misma totalmente! Todo lo que haga está bien. «¿Qué pasa? ¿Qué tiene de malo?» Son sus pantalones así que ¿por qué te metes? Además, ¡todos tenemos derecho a la libertad!

Si tu amor apesta, trata de descubrir qué es lo que apesta exactamente. No es amor, es otra cosa. El amor tiene una fragancia; no puede apestar, es una flor de loto. Tiene que ser otra cosa; celos, deseo de posesión. Pero tú no has mencionado ni los celos ni el deseo de posesión. Los estás ocultando. El amor nunca apesta; es imposible; no forma parte de la naturaleza del amor. Por favor, intenta entender exactamente qué es lo que provoca el problema. Y no estoy diciendo que lo reprimas. Lo único que necesitas es tenerlo claro, eso es todo.

Si son los celos, te aconsejaría que estés más pendiente de ellos. La próxima vez que surjan, en vez de enfadarte y cerrar tus puertas, siéntate en silencio, siéntate en meditación, y observa tus celos. Distingue de qué se trata exactamente. Te rodearán como un humo, un humo sucio. Te ahogará. Tendrás ganas de salir y hacer algo, pero no hagas nada. Permanece en un estado de no acción, porque todo lo que hagas en un momento de celos será destructivo. Simplemente observa.

Pero no te estoy diciendo que lo reprimas, porque eso supone nuevamente hacer algo. Los hombres pueden ser expresivos o represivos, y ambas cosas están mal. Si te expresas te vuelves destructivo hacia la otra persona. Sea quien sea tu víctima, esta sufre, y se vengará. Puede que no se vengue de forma consciente, pero lo hará inconscientemente.

Hace tan solo unos meses, KB se enamoró de una chica. Eso no tiene nada de especial, ¡pero su novia Deeksha se enfadó muchísimo! No podía aceptarlo. Durante siglos se nos ha dicho que si un hombre o una mujer te ama, y luego se va con otra persona, quiere decir que te ha rechazado.

Eso es una absoluta tontería. No es un rechazo; en realidad, es justo lo contrario. Si un hombre ama a una mujer y disfruta con ella, empieza a fantasear cómo sería con otras mujeres. En realidad es la dicha que le ha proporcionado esa mujer la que despierta su fantasía. No es que esté rechazando a esa mujer, en realidad es una señal de que esa mujer ha supuesto tal alimento para él que ahora le gustaría ver y saber cómo son otras mujeres. Y si se le permite hacerlo, lo más probable es que no vaya muy lejos; volverá, porque puede que la otra mujer sea una novedad, puede que sea algo nuevo, pero no será un alimento, ya que no habrá ninguna intimidad. Será algo vacío. Será sexo sin amor.

El amor necesita tiempo para crecer, necesita intimidad para crecer. Necesita bastante tiempo. No es una flor de temporada que solo florece durante tres o cuatro semanas, y después desaparece. Es un largo proceso durante el cual la intimidad va creciendo. Poco a poco, dos personas se funden y se fusionan; entonces se convierte en algo nutritivo. La otra mujer, o el otro hombre, no pueden ser nutritivos. Lo único que puede ser es una aventura, algo emocionante, pero, de repente, empezará a sentir —será inevitable— que como diversión no ha estado mal, pero que no ha sido muy nutritivo. Y la persona volverá.

KB habría vuelto pero Deeksha se puso histérica. ¡Se comportó como cualquier otra mujer! Yo estaba esperando a ver si se vengaría. Y ahora es cuando se está vengando. KB se puso enfermo, estaba en el hospital, y Deeksha tuvo un poco de libertad; ¡se enamoró de un manitas que iba a hacerles arreglillos en casa! ¡No quedó la menor duda de que era un auténtico «manitas»! Así que ahora KB está sufriendo mucho.

No hay de qué preocuparse. Le he enviado a KB un mensaje: «Espera un poco, no te preocupes. Deja que ella se vengue. Es bueno que libere ese peso inconsciente».

Si nos entendiéramos el uno al otro un poco más, si entendiéramos algo mejor la naturaleza humana, no habría celos. Pero es un antiguo legado de siglos. No es fácil librarse de él, no pretendo que lo abandones ahora mismo. Tendrás que meditar sobre él. Cuando te posea, medita sobre él. Poco a poco, la meditación creará una distancia entre tú y los celos. Y cuanto mayor sea la distancia, menos celos tendrás. Un día, cuando ya no haya celos, de tu amor emanará tal fragancia que ninguna flor podrá competir con él. Todas las flores son vulgares comparadas con el florecimiento del amor.

Pero tu amor está tullido por los celos, el deseo de posesión y la ira. No es que el amor apeste. Recuérdalo, porque conozco a personas que piensan que es el amor el que apesta así que se cierran, se vuelven herméticas, dejan de amar. Eso es lo que les ha ocurrido a millones de monjes y monjas a lo largo de los siglos: se cerraron al amor, eliminaron por completo la idea de amor. En vez de eliminar los celos, lo cual habría supuesto una revolución; en vez de eliminar el deseo de posesión, lo cual habría sido algo muy valioso, eliminaron el amor. Eso es fácil, no es muy complicado; cualquiera puede hacerlo.

Es muy fácil ser monje o monja, pero amar y no ser celoso, amar y no ser posesivo, amar y dejar que la otra persona tenga su libertad, es un auténtico triunfo. Solo entonces experimentarás el amor y su fragancia.

# El amor y el arte de no hacer

～

HAY COSAS QUE SOLO OCURREN, que no pueden hacerse. Hacer es el camino de las cosas ordinarias, de las cosas triviales. Puedes hacer algo para ganar dinero, puedes hacer algo para ser poderoso, puedes hacer algo para tener prestigio, pero no puedes hacer nada en lo referente al amor, a la gratitud, al silencio. Es importante entender que «hacer» significa el mundo, y no hacer significa aquello que está más allá del mundo; donde las cosas *ocurren*, donde solo la marea te puede conducir a la orilla. Si nadas, no lo conseguirás. Si *haces* algo, lo *desharás*, porque toda acción es mundana.

Muy pocas personas llegan a conocer el secreto del no hacer y permitir que las cosas ocurran. Si quieres grandes cosas, cosas que están más allá del pequeño alcance de las manos humanas, de la mente humana, de las habilidades humanas, tendrás que aprender el arte de no hacer. Yo lo denomino meditación.

Es un problema, porque en cuanto le pones un nombre la gente empieza a preguntar cómo «hacerlo». Pero no puedes porque la misma palabra «meditación» crea la idea de hacer. Son personas que han hecho un doctorado, que han hecho mil cosas, cuando oyen la palabra «meditación» dicen: «Pues dinos cómo se hace». Sin embargo, la meditación alude fundamentalmente al principio del no hacer, relajarse, dejarse llevar por la marea; limitarse a ser una hoja mecida por la brisa, o una nube que se mueve con el viento.

Nunca le preguntes a una nube: «¿Adónde vas?». Ni siquiera ella misma lo sabe; no tiene dirección, no tiene destino. Estaba yendo al sur, pero si el viento cambia, irá hacia el norte. La nube no le dice al viento: «Esto no tiene ni pies ni cabeza. Estábamos yendo hacia el sur y ahora vamos hacia el norte. ¿Qué sentido tiene?». No, simplemente empieza a moverse hacia el norte tan fácilmente como se estaba moviendo hacia el sur. A ella le da igual norte, sur, este u oeste. Simplemente se mueve con el viento, sin ningún deseo, sin ningún objetivo, sin tener que llegar a ningún lugar; simplemente disfruta del viaje. La meditación te convierte en una nube; una nube de la conciencia. No hay ningún objetivo.

No le preguntes nunca a un meditador: «¿Por qué meditas?». Esa pregunta no tiene ninguna importancia. La meditación es en sí misma tanto el objetivo como el camino.

Lao Tsé es una de las figuras más importantes en el terreno del no hacer. Si se escribiera bien la historia, debería haber dos tipos de historia. La historia de los hacedores, que incluye a Gengis Jan, Tamerlán, Nadir Shah, Alejandro Magno, Napoleón Bonaparte, Iván el Terrible, Iósiv Stalin, Adolf Hitler, Benito Mussolini; todas estas personas pertenecen al mundo de la acción. Y debería haber otra historia; una historia más amplia, una historia real, de la conciencia humana, de la evolución humana. Esa es la historia de Lao Tsé, Chuang Tsé, Lieh Tsé, Gautama Buda, Mahavira, Bodhidharma; un tipo de personas totalmente diferentes.

Lao Tsé halló la iluminación sentado bajo un árbol. Una hoja empezó a caer; era otoño y no tenía prisa; la hoja empezó a descender en zigzag mecida por el viento, lentamente. Él contempló la caída de la hoja. La hoja se posó en la tierra, y mientras contemplaba cómo caía la hoja y cómo se asentaba en el suelo, algo se asentó en él. Desde ese momento se convirtió en un no hacedor. Los vientos vienen por sí solos, y la existencia se ocupa de todo.

Lao Tsé extrajo sus enseñanzas del curso del agua: fluye con el agua allá donde vaya, no nades. Pero la mente siempre quiere *hacer* algo, porque de ese modo el mérito le corresponde al ego. Si dejas que la marea te lleve, el mérito lo tiene la marea, no tú. Si nadas, existe la posibilidad de que tu ego se vuelva más grande: «¡Conseguí cruzar el canal de la Mancha!».

Sin embargo, la existencia te da el nacimiento, te da la vida, te da el amor; te da todo aquello que es invalorable, todo aquello que no puedes comprar con dinero. Solo aquellos que están dispuestos a atribuir todo el mérito de sus vidas a la existencia descubren la belleza y la bendición del no hacer.

No es cuestión de hacer. Es cuestión de que el ego esté ausente, de dejar que las cosas ocurran.

«Deja que las cosas fluyan»; en estas palabras se resume toda la experiencia.

En la vida estás intentando hacerlo todo. Por favor, deja algunas cosas para el no hacer, ya que esas son las únicas cosas valiosas.

Hay personas que están intentando amar porque desde el principio la madre no hace más que decirle al niño: «Tienes que amarme porque soy tu madre». Está convirtiendo el amor en un principio lógico: «porque soy tu madre». No está permitiendo que el amor surja por sí solo, está forzándolo.

El padre dice: «Ámame, soy tu padre». Y el niño se siente tan impotente que lo único que puede hacer es fingir. ¿Qué otra cosa puede hacer? Sonríe, da un beso, pero sabe que todo es fingido: en realidad no lo siente, todo es falso. No está surgiendo de él sino que lo hace porque tú eres su padre, tú eres su madre, tú eres eso, tú eres aquello. Están destruyendo una de las experiencias más maravillosas de la vida.

Las mujeres dicen a sus maridos: «Tienes que amarme, soy tu mujer». Es muy raro. Los maridos dicen: «Tienes que amarme. Soy tu marido. Tengo derecho». El amor no se puede exigir. Si se cruza en tu camino, da gracias; si no, espera. Ni siquiera debes quejarte durante la espera, porque no tienes derecho a él. El amor no es un derecho de nadie, ninguna constitución puede darte el derecho a la experiencia del amor. Pero están destruyéndolo todo; las mujeres están sonriendo y los hombres están abrazando.

Uno de los escritores estadounidenses más famosos, Dale Carnegie, dice que todos los maridos deberían decir a sus mujeres al menos tres veces al día: «Te quiero, cariño». Pero ¿está loco? Sin embargo, lo dice en serio, y funciona; mucha gente, millones de personas, son seguidores practicantes de Dale Carnegie. «Cuando llegues a casa, lleva helado, flores, rosas, para demostrarle tu amor a tu mujer», como si hubiera que demostrar el amor, como si hubiera que probarlo materialmente, pragmáticamente, lingüísticamente, como si hubiera que verbalizarlo una y otra vez para que nadie lo olvide. Si durante unos días no le dices a tu mujer «te quiero» contará cuántos días han pasado, y empezará a sospechar que se lo estás diciendo a otra, porque estás reduciendo su cuota. El amor es cuantificable. «Si ya no trae helado quiere decir que ese helado debe de estar yendo a parar a otro lugar, y eso es intolerable.»

Hemos creado una sociedad que solo cree en los «actos», mientras que la parte espiritual de nuestro ser permanece muerta de hambre, porque necesita algo que no se hace sino que *ocurre*. No se trata de que consigas decir «te amo» sino que de repente te encuentras a ti mismo diciendo que amas. Tú mismo te sorprendes de lo que estás diciendo. No es algo que primero hayas ensayado mentalmente y luego hayas dicho; no, es algo espontáneo.

De hecho, los verdaderos momentos de amor no se expresan. Cuando realmente estás enamorado, esa misma sensación crea a tu alrededor una especie de aura que dice todo aquello que tú no puedes decir, que nunca se puede decir.

Sin embargo, nosotros lo controlamos todo, lo convertimos todo en «hacer» y el resultado final es que poco a poco la hipocresía se convierte en nuestra principal característica. Nos olvidamos completamente de que es hipocresía. Y en la mente, en el ser de la persona que es hipócrita, cualquier cosa del ámbito del no hacer es imposible. Puedes seguir haciendo cada vez más cosas; te convertirás en un robot.

Así que cada vez que de repente tengas una experiencia en la que algo *ocurra*, acéptala como un don de la existencia y convierte ese momento en el heraldo de un nuevo estilo de vida. Deja que de veinticuatro horas, haya algunos momentos en los que no estés haciendo nada, únicamente estés permitiendo que la existencia haga algo en ti. Verás cómo empiezan a abrirse ventanas en ti, ventanas que te conectarán con lo universal, con lo inmortal.

*Creo que gran parte de mi «acción» consiste en evitar el aburrimiento. ¿Podrías hablar de la naturaleza de las experiencias que denominamos aburrimiento e inquietud?*

El aburrimiento y la inquietud están profundamente relacionados. Siempre que estás aburrido estás inquieto. La inquietud es una consecuencia del aburrimiento.

Intenta comprender el mecanismo. Siempre que estás aburrido quieres alejarte de esa situación. Si alguien está contando algo y tú te estás aburriendo, empiezas a ponerte nervioso. Es una indicación sutil de que quieres alejarte de ese lugar, de esa persona, de esa conversación estúpida. Tu cuerpo empieza a moverse. Evidentemente, lo reprimes por educación, pero el cuerpo ya se está moviendo porque es más auténtico que la mente; el cuerpo es más honesto y sincero que la mente. La mente está intentando ser educada, sonreír. Dices: «¡Qué interesante!», pero por dentro estás pensando: «¡Qué aburrimiento! Ya he oído esa historia un montón de veces y ahora vuelves a contarla otra vez!».

Me contaron una anécdota sobre la mujer de Albert Einstein. Los amigos de Albert Einstein solían ir a visitarlo y, por supuesto, él siempre les contaba anécdotas y chistes, y ellos se reían. Pero uno de sus amigos sintió curiosidad porque se dio cuenta de que cada vez que iba a casa de Einstein, y este empezaba a contar historias, su mujer se ponía a hacer punto o cualquier otra cosa. Así que le preguntó: «¿Por qué hace punto cada vez que su marido empieza a contar una historia?».

Ella contestó: «Si no hiciera algo, me resultaría tremendamente difícil soportarlo, porque ya he oído esas historias y esos chistes miles de veces. Usted solo viene de visita de vez en cuando, pero yo *siempre* estoy aquí. Cada vez que viene alguien, cuenta los mismos chistes y las mismas historias. Si no hiciera nada práctico, me pondría tan nerviosa que resultaría maleducada. Así que tengo que calmar mi nerviosismo haciendo algún tipo de trabajo. De ese modo oculto mi inquietud en mi trabajo».

Siempre que estés aburrido te sentirás inquieto. La inquietud es una señal del cuerpo; el cuerpo te está diciendo: «Sal de aquí. Vete donde sea pero no permanezcas aquí». Sin embargo, la mente continúa sonriendo, los ojos continúan brillando y tú sigues diciendo que estás escuchando y que nunca has oído una historia tan interesante. La mente es educada; el cuerpo sigue siendo salvaje. La mente es humana, el cuerpo sigue siendo animal. La mente es falsa; el cuerpo es sincero. La mente conoce las normas y las reglas, cómo comportarse y cómo no comportarse. Así que aunque te encuentres a una persona muy aburrida, le dirás: «¡Qué alegría verte!». Pero en lo más profundo, si pudieras, ¡lo asesinarías! Tienes ganas de matarlo. Así que te inquietas, te pones nervioso.

Si escuchas a tu cuerpo y sales corriendo, desaparecerá la inquietud. ¡Inténtalo! Cuando alguien te esté aburriendo, simplemente empieza a saltar y a correr. Observa qué ocurre; tu inquietud desaparecerá, porque lo único que intenta hacerte saber la inquietud es que la energía no quiere estar ahí. La energía ya se está marchando; la energía ya ha abandonado ese lugar. Ahora estás siguiendo los pasos de la energía, así que desaparece la inquietud.

Lo fundamental es entender el aburrimiento, no la inquietud. El aburrimiento es un fenómeno muy significativo. Solo el hombre se aburre, no hay ningún otro animal que se aburra. No puedes aburrir a un búfalo, es imposible. El hombre es el único que se aburre, porque es consciente. La causa de que se aburra es la conciencia. Cuanto más sensible eres, cuanto más alerta estás, más consciente eres, más te aburrirás, y en más situaciones. La mente mediocre no se aburre tan fácilmente. Lo soporta; acepta todo lo que ocurre como bueno. No está alerta. Cuanto más alerta estés, cuanto más fresco estés, más sentirás que determinada situación es solo una repetición, te resulta intolerable, te parece estancada. Cuanto más sensible eres, más fácilmente te aburres.

El aburrimiento es una señal de sensibilidad. Los árboles no se aburren, los animales no se aburren, las piedras no se aburren porque no son lo suficientemente sensibles. Esta es una de las cosas más importantes que debes entender sobre tu aburrimiento: ocurre porque eres sensible.

Sin embargo, los budas tampoco se aburren. No puedes aburrir a un buda. Los animales no se aburren y los budas no se aburren, así que el aburrimiento es un fenómeno intermedio entre el animal y el buda. Para aburrirse hace falta un poco más de inteligencia y de sensibilidad de la que tienen los animales. Y para superar el aburrimiento tienes que volverte *totalmente* sensible. Entonces, vuelve a desaparecer el aburrimiento. Pero entre estos dos estados hay aburrimiento.

Si te asemejas a un animal, desaparece el aburrimiento. Así que observarás que las personas que viven una vida muy animal se aburren menos. Comer, beber, casarse; no se aburren, pero tampoco son muy sensibles. Viven al mínimo, solo con la conciencia necesaria para la rutina de la vida cotidiana.

Descubrirás que los intelectuales, las personas que piensan mucho, se aburren más porque piensan, y al pensar se dan cuenta de que hay algo repetitivo.

Tu vida está llena de repeticiones. Cada mañana te levantas prácticamente igual a como llevas haciéndolo toda la vida. Desayunas casi de la misma manera. Después, vas a la oficina; la misma oficina, la misma gente, el mismo trabajo. Después vuelves a casa; la misma mujer, el mismo marido, la misma pareja. Es normal que te aburras. Te resulta muy difícil ver aquí alguna novedad; todo parece viejo, polvoriento.

Una vez escuché la siguiente anécdota:

> Un día, mientras estaba en su casa, la amante de un banquero oyó el timbre. Abrió la puerta, pero al darse cuenta de que quien llamaba era la mujer del banquero, intentó cerrar rápidamente.
>
> La mujer se apoyó en la puerta y dijo:
> —Déjame pasar. No tengo intención de organizar ninguna escena, solo quiero que hablemos tranquilamente.
>
> La amante, muy nerviosa, la dejó pasar y le preguntó con recelo:
> —¿Qué quieres?
>
> Ella contestó:
> —Nada importante. Solo quería que me respondieras a una pregunta. Entre nosotras, ¿qué le ves a ese estúpido?

El mismo marido, al cabo de tantos días, se convierte en un estúpido; ver a la misma mujer, todos los días, hace que prácticamente olvides su aspecto. Si te dicen que cierres los ojos y que recuerdes el rostro de tu mujer, te resultará imposible recordarlo. Te vendrán muchas otras mujeres a la mente, todo el barrio, pero no tu mujer. La relación se ha convertido en una repetición continua. Haces el amor, abrazas a tu mujer, la besas, pero ahora todos estos gestos son vacíos. Hace mucho que desapareció el esplendor y el brillo.

El matrimonio se acaba prácticamente al mismo tiempo que termina la luna de miel; después finges. Pero detrás de esa falsedad, se acumula un profundo aburrimiento. Ves a la gente andando por la calle y ves que están completamente aburridos. Todo el mundo está aburrido, aburrido como una ostra. Contempla sus rostros: no tienen un aura de dicha. Contempla sus ojos: están apagados, sin ningún destello de felicidad interior. Van de la oficina a casa, de casa a la oficina y, poco a poco, su vida se convierte en una rutina mecánica, en una constante repetición. Y llega un día en el que mueren. La mayoría de la gente muere sin haber estado viva.

Se dice que Bertrand Russell confesó: «Si vuelvo la vista atrás, solo puedo encontrar unos cuantos momentos en mi vida en los que estuve realmente vivo, ardiendo». ¿Puedes recordar cuántos momentos de tu vida han sido realmente ardientes? Es algo que ocurre muy pocas veces. Soñamos con esos momentos, imaginamos esos momentos, esperamos esos momentos, pero casi nunca ocurren. Incluso aunque ocurran, tarde o temprano también se volverán repetitivos. Cuando te enamoras de una mujer o de un hombre te parece como si hubiera ocurrido un milagro, pero poco a poco el milagro desaparece y todo se convierte en una rutina.

El aburrimiento es la consciencia de la repetición. Los animales no pueden aburrirse porque no pueden recordar el pasado. No pueden recordarlo, así que no pueden sentir la repetición. El búfalo sigue comiendo la misma hierba todos los días con la misma alegría. Tú no puedes. ¿Cómo podrías comer la misma hierba todos los días con la misma alegría? Acabas hartándote.

De ahí que la gente intente cambiar. Cambian de casa, compran un coche nuevo, se divorcian del antiguo marido, tienen una aventura. Pero de nuevo, tarde o temprano, ese elemento nuevo se volverá repetitivo. Cambiar de lugar, cambiar de pareja, cambiar de casa, no servirá de nada.

Cuando una sociedad se vuelve muy aburrida, la gente empieza a cambiar de una ciudad a otra, de un trabajo a otro, de una mujer a otra, pero tarde o temprano se dan cuenta de que es una tontería. Sucederá lo mismo con todas las mujeres, con todos los hombres, con todas las casas, con todos los coches.

Entonces, ¿qué se puede hacer? Ser más consciente. No se trata de cambiar de situación. Transforma tu ser, sé más consciente. Si te vuelves más consciente serás capaz de ver que cada momento es nuevo. Pero para eso, hace falta mucha energía, una gran energía de conciencia.

Recuerda, la mujer no es la misma. Vives una ilusión. Vuelve a casa y contempla de nuevo a tu mujer; no es la misma. Nadie puede ser el mismo; solo las apariencias nos engañan, los árboles no son los mismos que eran ayer. ¿Cómo van a serlo? Han crecido. Algunas hojas se han caído, y otras han salido. Contempla los árboles de tu calle. ¿Cuántas hojas nuevas han brotado? Todos los días caen hojas viejas y brotan hojas nuevas. Pero tú no eres lo suficientemente consciente.

Hay dos maneras de escapar del aburrimiento: o bien no seas consciente para que no puedas sentir la repetición, o bien sé tan consciente que en cada repetición puedas ver algo nuevo.

Cambiar las cosas externas no te servirá de nada. Es como si en tu casa cambiaras continuamente los muebles de sitio. Puedes ponerlos de una manera u otra, pero hagas lo que hagas, serán los mismos muebles. Hay muchas personas que piensan continuamente cómo ordenar las cosas, dónde ponerlas, cómo colocarlas, dónde no ponerlas, y van cambiando las cosas de acuerdo con sus ideas. Pero es la misma habitación y son los mismos muebles. ¿Hasta cuándo podrás engañarte de esta manera? Poco a poco todo se asienta, desaparece la novedad.

No tienes un tipo de conciencia que pueda ir descubriendo lo nuevo una y otra vez. Para la mente aburrida todo es viejo; para una mente completamente viva, no hay nada viejo bajo el sol, no puede haberlo. Todo fluye. Cada persona está fluyendo, es como un río. Las personas no son cosas muertas, ¿cómo van a ser lo mismo? ¿Acaso *tú* eres el mismo? Desde que te has levantado esta mañana y has salido hasta que has vuelto a casa, han ocurrido un montón de cosas. Algunos pensamientos han desaparecido de tu mente, otros han entrado. Puede que hayas logrado una nueva percepción de las cosas. Es imposible que vuelvas a casa siendo igual a como has salido. El río está fluyendo constantemente; parece el mismo, pero no lo es. El viejo Heráclito dijo que no puedes bañarte dos veces en el mismo río porque el río, nunca es el mismo.

Por un lado *tú* no eres el mismo, y por otro lado *todo* está cambiando…, así que hay que vivir con la máxima *conciencia*. Vive, o bien como un buda, o bien como un búfalo, entonces no te aburrirás. Tú eliges.

No he visto nunca a nadie que constantemente sea el mismo. Siempre me sorprende la novedad que muestras cada día. Aunque puede que no seas consciente de ella.

Sigue siendo capaz de sorprenderte.

Permíteme que te cuente una anécdota:

Un hombre entra en un bar sumido en sus pensamientos, y después de pedir una cerveza le pregunta a la camarera:

—Perdone, ¿cuánto es?

La camarera le contesta a voz en grito:

—¡Cómo se atreve a hacerme esa proposición!

El hombre se queda paralizado del susto y al darse cuenta de que todo el mundo le está mirando, se siente incomodísimo y dice entre dientes:

—Señorita, solo le estaba preguntando que cuánto valía.

La mujer le contesta chillando aún más fuerte:

—¡Como diga una palabra más llamo a la policía!

El hombre coge su cerveza y se sienta a una mesa al fondo del bar, agazapado, conteniendo la respiración, y deseando salir del bar.

Al cabo de medio minuto, la camarera se le acerca y en un tono muy sereno le dice:

—Disculpe, siento mucho haberle avergonzado, pero estudio psicología en la universidad y estoy haciendo la tesis sobre la reacción de los seres humanos a las afirmaciones repentinas y chocantes.

El hombre se queda mirándola durante unos segundos, después se hecha hacia atrás y dice a voz en grito:

—¿Y pasarías toda la noche conmigo haciéndome todo eso por solo dos euros?

La chica se desmaya del susto.

Es probable que no permitamos que nuestra conciencia se eleve más porque entonces la vida sería una sorpresa constante. Puede que no seas capaz de controlarla. Por eso has aceptado una mente aburrida, has invertido en ella. No es que seas aburrido porque sí; tienes tus razones: si estuvieras realmente vivo, todo sería sorprendente y chocante. Si eres aburrido, nada te sorprende, nada te choca. Cuanto más aburrido eres, más aburrida te parece la vida. Si te vuelves más consciente, la vida también se volverá más viva, más ajetreada, y tendrás dificultades.

Siempre vives con falsas expectativas. Cada día llegas a casa y esperas cierto comportamiento de tu mujer. Date cuenta de que eres tú quien creas tu propia infelicidad. ¿Esperas un comportamiento concreto de tu pareja y pretendes que al mismo tiempo sea nueva? ¡Estás pidiendo algo imposible! Si realmente quieres que tu mujer, tu marido o tu pareja sea constantemente nuevo para ti, no esperes nada. Vuelve siempre a casa dispuesto a sorprenderte y a asombrarte; entonces, la otra persona *será* nueva.

Sin embargo, en vez de eso, esperamos que la otra persona cumpla ciertas expectativas. Y nosotros no permitimos que la otra persona conozca nuestra frescura, plena y fluida. No hacemos más que ocultar-nos, no nos exponemos porque tememos que la otra persona no sea ca-paz de entendernos. Tanto el marido como la mujer, esperan que el otro se comporte de determinada manera, y, por supuesto, cada uno de ellos representa bien su papel. No estamos viviendo la vida, estamos repre-sentando un papel. El marido vuelve a casa y se obliga a cumplir deter-minado papel. Cuando entra en casa ya no es una persona viva, no es más que un marido.

Ser un marido conlleva determinado tipo de comportamiento. En casa, la mujer es una esposa, y el hombre es un marido. Así que cuando se unen, en realidad son cuatro personas: el marido y la esposa —que no son auténticas personas sino personajes, máscaras, falsos patrones, comportamientos esperados, deberes—, y las auténticas personas, que se ocultan tras la máscara.

Esas auténticas personas están aburridas.

Pero has invertido demasiado en tu personaje, en tu máscara. Si realmente quieres una vida que no sea aburrida, quítate la máscara, sé sincero. A veces te resultará difícil, ya lo sé, pero vale la pena. Sé since-ro. Si te apetece hacer el amor con tu mujer, hazlo; de lo contrario di que no te apetece. Lo que está ocurriendo es que el marido continúa haciendo el amor con su mujer, pero pensando en una actriz. En su imaginación, no está haciendo el amor con su mujer, lo está hacien-do con otra. Y lo mismo le sucede a la mujer. Así que las cosas se vuel-ven aburridas porque ya no están vivas. Se ha perdido la intensidad, la agudeza.

Mientras un matrimonio estaba en la estación esperando el tren, el marido se pesó en una de esas máquinas en las que introduces el dinero y sale una tarjeta con el peso y en el dorso te dice tu horóscopo.

En cuanto salió la tarjeta, la mujer se la quitó de las manos y co-menzó a leerla:

—A ver. Dice que eres firme y resolutivo, que tienes una personalidad resuelta, que eres emprendedor para los hombres y atractivo para las mujeres.

Le dio la vuelta al papel, y después de mirarlo durante unos segundos dijo:

—También se han equivocado en el peso.

Ninguna mujer puede soportar que su marido se sienta atraído por otras mujeres. Ahí está el meollo, el quid. Si no se interesa por otras mujeres, ¿cómo puede esperar que se interese por ella? Solo si se interesa por otras mujeres se sentirá atraído por ella, porque ella también es una mujer. Pero la mujer quiere que se sienta atraído por ella y por nadie más. Es pedir algo absurdo. Es como si estuvieras diciendo: «Te permito que respires en mi presencia pero en la de nadie más. ¿Cómo te atreves a respirar en otra parte?». Respira solo cuando tu mujer esté delante, respira cuando tu marido esté delante, pero solo entonces. Evidentemente, si hicieras eso morirías, y por tanto tampoco podrías respirar delante de tu pareja.

El amor tiene que ser una forma de vida. Tienes que amar. Solo entonces podrás amar a tu mujer o a tu marido. Pero la mujer dice: «No, no deberías mirar a nadie más con ojos amorosos». Por supuesto, lograrás controlarte porque si no tendrías muchos problemas, pero poco a poco desaparece el brillo de tus ojos. Si no puedes mirar a nadie más con amor, poco a poco tampoco podrás mirar a tu mujer con amor. Pierdes la capacidad de hacerlo. Y lo mismo le ha ocurrido a ella. Lo mismo le ha ocurrido a toda la humanidad. De modo que la vida es un aburrimiento; todo el mundo está esperando la muerte. Hay gente que está constantemente pensando en el suicidio.

Marcel ha dicho que el único problema metafísico al que se enfrenta la humanidad es el suicidio. Y así es, porque la gente está muy aburrida. Es asombroso que no haya más personas que se suiciden, que sigan viviendo. La vida no parece darles nada, parece haber perdido todo el sentido, pero aun así la gente sigue arrastrándose, esperando que algún día ocurra un milagro y todo se enderece.

Sin embargo, eso no ocurre nunca. Eres *tú* quien tiene que enderezarlo; nadie puede hacerlo por ti. No va a venir ningún Mesías, no esperes que venga ninguno. Tú tienes que ser una luz para ti mismo.

Vive de forma más auténtica. Quítate las máscaras; son un peso en tu corazón. Elimina toda falsedad. Exponte. Evidentemente, será difícil, pero merece la pena, porque solo después de la dificultad crecerás y madurarás. Y entonces ya nada estará sujetando la vida. Cada momento te muestra su novedad, es un milagro constante que tiene lugar a tu alrededor; lo único que ocurre es que tú te estás ocultando tras hábitos muertos.

Conviértete en un buda si no quieres aburrirte. Vive cada momento tan alerta como puedas, porque solo si estás completamente alerta serás capaz de quitarte la máscara. Te has olvidado completamente de cómo es tu verdadero rostro. Incluso cuando estás solo en el baño frente al espejo, y no hay nadie más, incluso en ese momento eres incapaz de ver reflejado tu rostro original. Allí también sigues engañándote a ti mismo.

La existencia está a la disposición de aquellos que están a la disposición de la existencia. Y yo te aseguro que cuando eso ocurre no hay aburrimiento. La vida es una dicha inagotable.

*¿Te importaría hablar un poco más sobre lo que entiendes por intimidad? Particularmente, cuándo es positivo permanecer juntos en los momentos difíciles en un matrimonio o en una pareja y cuándo es negativo.*

El matrimonio es una forma de evitar la intimidad. Es un ardid para crear una relación formal. La intimidad es informal. Si el matrimonio surge de la intimidad es maravilloso pero si estás esperando que la intimidad surja del matrimonio esperas en vano. Por supuesto, ya sé que mucha gente, millones de personas, se han conformado con el matrimonio en detrimento de la intimidad; porque la intimidad conlleva un crecimiento y es dolorosa.

El matrimonio es muy seguro. No hay ningún peligro. En él no hay crecimiento. Se está estancado. El matrimonio es un acuerdo sexual; la intimidad es una búsqueda de amor. El matrimonio es una especie de prostitución de carácter permanente. Casarse con un hombre o con una mujer es una prostitución permanente. Es un acuerdo económico, no psicológico, no del corazón.

Así que ten presente esto: si el matrimonio surge de la intimidad, es maravilloso. Lo que significa que todas las personas deberían haber vivido juntas antes de casarse. La luna de miel no debería tener lugar después del matrimonio sino antes. Una pareja debería haber vivido las noches oscuras, los días maravillosos, los momentos tristes, los momentos alegres, juntos. Uno debería haber mirado profundamente en los ojos de su pareja, en el ser de la otra persona.

¿Cómo puedes decidir? Si tu intimidad te está ayudando a crecer y a ser más maduro, entonces es positiva, buena, saludable y sana. Si es destructiva y no te está permitiendo madurar, sino que por el contrario te está obligando a permanecer infantil, inmaduro, entonces es malsana. Toda relación que te mantenga en un estado infantil es destructiva. Sal de ella. Pero conserva una relación que te plantee retos para crecer, para vivir aventuras, para profundizar y elevarte en la vida. No estoy diciendo que en una relación o un matrimonio positivo no vaya a haber problemas; habrá *más* problemas que en el negativo. Una relación positiva tendrá más problemas porque cada día habrá nuevos retos. Pero cada vez que resuelvas un problema habrás ascendido un poco; cada vez que aceptes un reto, descubrirás que algo se ha integrado en tu ser.

Una relación negativa no tiene problemas, a lo sumo tiene seudoproblemas, supuestos problemas; no problemas reales. ¿No te has dado cuenta? Las parejas se pelean por tonterías. No son problemas auténticos, y discutir por ellos no te aportará nada, no te ayudará en tu crecimiento. Fíjate en las parejas, fíjate en ti mismo. Quizá eres un marido, una esposa; limítate a observar. Si estás peleándote por tonterías, por pequeñas cosas sin importancia, seguirás siendo inmaduro e infantil.

Los problemas reales, los problemas auténticos, a los que realmente hay que enfrentarse, crean un gran torbellino en tu ser; provocan un ciclón en ti. Uno tiene que enfrentarse a ellos, no tiene que evitarlos nunca. Sin embargo, las cuestiones triviales son un escape para rehuir las verdaderas. El marido y la esposa se pelean por cosas muy pequeñas; qué película ir a ver, de qué color comprar el coche, qué modelo, de qué marca, a qué restaurante ir a cenar. ¡Por cosas tan tontas! Son detalles irrelevantes. Estás creando demasiados problemas por esas cosas y si te centras en ellas, tu relación no te ayudará ni te dará ninguna integridad, ningún centro. Yo considero que esa relación así es negativa.

La relación positiva afrontará problemas auténticos. Por ejemplo, si estás enfadado o triste, también lo estarás delante de tu mujer, no fingirás una sonrisa. Por el contrario, dirás: «Estoy triste». Hay que afrontarlo. Si mientras caminas por la calle con tu mujer, ves pasar a una mujer guapa y sientes un gran deseo y una gran ansiedad en tu corazón, le dirás a tu mujer que esa mujer ha despertado un gran deseo en ti, que ha removido tu corazón. No evitarás mirarla. No volverás la vista y harás como que no has visto a esa mujer. Aunque disimules, ¡tu mujer ya se ha dado cuenta! Para ella es imposible no darse cuenta porque inmediatamente tu energía, tu presencia, han cambiado. Esos son verdaderos problemas.

Casarse con una mujer no significa que ya no estés interesado en ninguna otra mujer. Es más, el día que ya no estés interesado en ninguna otra mujer, tampoco estarás interesado en tu esposa. ¿Por qué? ¿Para qué? ¿Qué tiene tu esposa de especial? Si ya no estás interesado

en ninguna mujer, tampoco estarás interesado en tu esposa. Estás enamorado de ella porque todavía estás enamorado de las mujeres. Tu
esposa es una mujer. Y a veces conoces a alguna otra mujer que te cau-
tiva. Se lo dirás y afrontarás el torbellino que cause. No es una tontería,
ya que será algo que producirá celos, provocará una pelea, te arrebata-
rá la paz y no podrás dormir por la noche. ¡Tu esposa te estará dando
almohadazos!

Ser sincero crea problemas reales. Ser auténtico crea problemas
reales. Di lo que corresponda en cada ocasión. No pongas objeciones,
no mires hacia otro lado. Mira de frente y sé sincero, y ayuda a tu pareja a ser sincera.

Sí, en la auténtica intimidad hay problemas, más problemas que en
un estado negativo. Si tienes verdadera intimidad con tu pareja, ¿por
qué evitar que te interese otra persona? Tienes que decírselo. Eso forma parte del amor, parte de la intimidad. Te expones totalmente, no te
reservas nada. Incluso, si sueñas con la otra persona por la noche, por
la mañana puedes compartirlo con tu pareja.

Una vez me contaron que una noche un director de cine empezó a
hablar en sueños con su amante. Le estaba diciendo cosas muy bonitas,
y su mujer se despertó. Se quedó mirando a su marido y escuchando
atentamente todo lo que decía. Cuando estás casado, tienes miedo de tu
mujer hasta en sueños, por lo que, de repente, él se despertó y se asus-
tó. ¿Qué estaba diciendo? Presintió que su mujer le estaba mirando y
con mucha sangre fría, sin abrir los ojos para que no se diera cuenta de
que estaba despierto, dijo: «¡Corten! Siguiente escena». ¡Como si estuviera dirigiendo una película!

Si realmente amas a tu mujer, por la mañana le contarás tu sueño,
le dirás que por la noche, en sueños, hiciste el amor con otra mujer.
Tienes que compartirlo todo. Tienes que compartir todo tu corazón.

La intimidad significa que no hay privacidad. Ahora no tienes nada
privado; al menos con la persona con la que tienes intimidad, desapa-

rece la privacidad. Estás desnudo, despojado; bueno, malo, seas lo que seas, abres tu corazón. Y a pesar del coste que tenga, a pesar de los problemas que debas superar por ello, será algo que te hará crecer.

Además, también ayudas a que la otra persona abandone todas las inhibiciones, los antifaces, las máscaras. En una relación íntima, uno consigue ver el verdadero rostro de la otra persona y llega a mostrar su verdadero rostro. Si una relación te ayuda a encontrar tu verdadero rostro entonces es meditativa, es espiritual. Si tu relación simplemente hace que crees cada vez más máscaras e hipocresías, no es religiosa.

Intenta entender esta definición. Si comprendes realmente esta definición, verás que, de cien matrimonios, noventa y nueve no son religiosos, porque lo único que hacen es crear más falsedad. La falsedad comienza desde el principio.

Me contaron la siguiente anécdota:

> El sacerdote, tras dirigir una mirada inquisitiva a la pareja de novios que estaba ante él y a todos los congregados en la ceremonia, dijo:
> —Si alguien conoce algún motivo por el que estas dos personas no deban unirse en santo matrimonio, que hable ahora o que calle para siempre.
> Entonces se oyó una voz clara y rotunda que decía:
> —Yo tengo algo que decir.
> —Tú cállate —le amonestó—. Tú eres el novio.

¡Ya desde el principio! Ni siquiera se habían casado todavía. Así es como empieza la vida de un matrimonio. La gente se queda callada. No dicen nada. No cuentan la verdad. Sueltan mentiras. Sonríen cuando no quieren sonreír, besan cuando no quieren besar. Evidentemente, cuando besas y no quieres hacerlo, el beso es venenoso. Evidentemente, cuando no quieres sonreír y sonríes, tu sonrisa es falsa, es diplomática. Sin embargo, en cierto modo te acostumbras a estas cosas; uno se

conforma con la falsedad, con la falta de autenticidad de la vida. Y uno
se consuela a sí mismo de mil maneras.

> Nosotros somos muy felices —insistía el marido—. Por supuesto, de
> vez en cuando ella me lanza algún que otro plato. Pero eso no cambia la
> situación en absoluto, ¡porque si acierta, ella está feliz, y si no acierta,
> soy yo quien está feliz!

Poco a poco uno llega a ese tipo de acuerdos; ambos están felices.

> Una pareja de ancianos iba en un coche, cuando de repente el coche
> se desvió y cayó por un precipicio. Fue un accidente terrible.
> —¿Dónde estoy? —balbuceó el marido cuando abrió los ojos—. ¿En
> el cielo?
> —No —contestó la mujer, aturdida—, todavía estoy a tu lado.

Estos acuerdos son terribles. Aquello que denominas relación no es
más que un juego de falsedad y de hipocresía.

Así que recuerda: si estás creciendo y te estás convirtiendo en un individuo, si la vida es más intensa, si te estás volviendo más abierto, si
ves más belleza en la existencia, si está surgiendo más poesía en tu corazón, si fluye más amor a través de ti, más compasión, si te estás volviendo más consciente, quiere decir que la relación es buena. Sigue con
ella. En ese caso no es un matrimonio. Es intimidad.

Pero si ocurre lo contrario: si está desapareciendo toda la poesía y la
vida se está volviendo prosaica; si está desapareciendo todo el amor
y la vida se está convirtiendo en una carga, en un peso muerto; si está
desapareciendo toda la melodía y estás viviendo como si fuera un deber,
es mejor que escapes de esa prisión; es mejor para ti y mejor para la persona con la que estás viviendo.

*Estoy hecha un lío. Tú no haces más que decirme, de un modo u otro, que estoy completamente chiflada por seguir con mi novio, pero a pesar de ello hay algo muy fuerte en mí que quiere permanecer en esta relación. Si me ayuda a ser realmente y sinceramente yo misma, no entiendo por qué debería estar sola. Me dolería mucho pensar que esta relación se estuviera interponiendo en ello. ¿Qué es lo que todavía no entiendo?*

La cuestión no es qué es lo que no estás entendiendo, sino que hay demasiadas cosas que estás interpretando a tu manera, y que no tienen nada que ver con lo que yo he dicho. Así que permíteme que te diga muy claramente que yo no estoy en contra de ninguna relación; ¡y mucho menos de la tuya con tu novio, que encajáis tan bien! Él está chalado y tú estás chiflada; yo jamás me opondría a esa relación. De lo contrario el chalado molestará a otra persona y la chiflada fastidiará a otra persona, por lo que habrá otras dos personas más con problemas.

Por pura compasión quiero que estéis juntos, que os aferréis el uno al otro, pase lo que pase. ¿Qué más puede ocurrir? Él se ha vuelto chalado; más allá de eso, el camino se acaba. Tú estás chiflada. Salid juntos, ¡os hacéis compañía mutuamente! Sí, os peleáis pero también hay momentos en los que os amáis. Tú estás muy apegada a él, y él está apegado a ti. Siempre que un loco se enamora de otro, por muy infernal que sea la relación, permanecen juntos. Para ellos, ese infierno es su cielo.

Yo no estoy en contra de vuestra relación. Lo que estoy diciendo es que tu novio debería dejar de estar chalado y convertirse en un ser humano, y que tú deberías dejar de estar chiflada y convertirte en un ser humano; relacionaros como seres humanos, amaros como seres humanos. Yo soy la última persona que me entremetería en la relación de otra persona. Si me meto con vosotros, lo hago únicamente para llevaros a un punto más elevado, para conducir vuestro amor a un lugar más interesante.

Lo has entendido al revés, pero es comprensible. Estaba esperando que me hicieras esta pregunta. Podría haberla escrito yo mismo, porque intuía lo que iba a pasar por estas dos mentes extrañas. Y fuiste tú misma la que me dijiste que durante las semanas en las que tu novio estuvo en Goa, te sentiste muy contenta y tranquila.

Cuando él te dijo que volvería al cabo de una semana, a pesar de que todavía faltaban unos días, volviste a entrenarte. Tenías que estar preparada para recibirlo, así que empezaste a ser infeliz. Durante esos siete días, mientras estabas esperando que volviera, perdiste de nuevo toda la alegría, toda la paz. Ahora que está aquí, habéis vuelto a las andadas, y eso es destructivo para ambos.

No quiero separaros, pero me gustaría que te olvidaras de todas esas ideas de estar chiflada o estar chalado. Son ideas peligrosas, y si las mantienes durante demasiado tiempo, empiezan a convertirse en realidad. Creas la realidad a tu alrededor con tus ideas; es una proyección.

Limitaos a renunciar a vuestro pasado como si fuerais extraños. Dile a tu novio: «Hola», y no repitas en tu mente: «Es ese chalado». Evita hacerlo. Los chalados no son malas personas, pero están chalados. Encajáis muy bien, pero debéis hacerlo de forma dichosa. Tendría que ser una gran bendición; deberíais ayudaros mutuamente en vuestro crecimiento.

Deberíais dejar de pelearos. Tú tienes un buen corazón, y él también. Conozco a muchos locos que en su interior son buenos. Abandonad todas vuestras protecciones, vuestras personalidades, y no choquéis entre vosotros.

Yo no estoy en contra de vuestra relación, pero la finalidad de una relación no es estar chocando entre vosotros. Luchar no es amar. De vez en cuando sois cariñosos, pero solo para poder seguir peleándoos.

No hace ninguna falta que os peleéis. Y cuando sintáis que tenéis demasiada energía podéis practicar la Meditación Dinámica. ¿Por qué creéis que he inventado esas meditaciones para todo tipo de chalados?

¡Para que puedan disfrutar durante una hora estando locos, pero con la ilusión de que están haciendo meditación espiritual! Se trata simplemente de una forma de liberar la locura sin hacerlo sobre otra persona, para que con los demás puedan tener una relación, más tranquila, pacífica y amorosa.

Yo no estoy en contra del amor, pero si el amor crea un infierno, no os aconsejaría que vivierais en esa infelicidad. Es mejor para vosotros; si no sois capaces de crear un espacio maravilloso entre ambos, puede que no estéis hechos el uno para el otro. Intentadlo y sed conscientes de que si siempre estáis de mal humor, con aspecto triste, os aconsejaré que os separéis.

Tú simplemente estás loca. Él está un paso más allá: está *reloco* (él me entiende).

No hace falta que perdáis la esperanza. Intentadlo, pero esta vez aseguraos de que vuestra vida se vuelva pacífica y dichosa y si no, separaos en paz y con alegría.

En el mundo todos somos extraños. De repente, nos encontramos en el camino por casualidad. Esto es bueno si nos ayuda a ser más auténticos, más sinceros, más cariñosos, más meditativos, a estar más alertas, más conscientes. Entonces nuestra relación de amor es un fenómeno espiritual. Pero si lo único que hacemos es destruirnos el uno al otro, ni siquiera es amistad; es pura enemistad.

Así que tenéis que tomar una decisión. Sentaos juntos al aire libre, no en vuestra habitación, porque allí empezaréis a pelearos. Sentaos al aire libre, en un lugar donde pase gente, donde no podáis pelearos. Mantened una conversación distendida. Los amantes siempre se olvidan de cómo tener una conversación distendida; empiezan todos a hablar marathi. ¿Has oído alguna vez el marathi? Me resulta difícil creer que se pueda querer a alguien hablando en marathi; suena siempre como si estuvieras peleándote. Ocurre justo lo contrario con otra lengua india: el bengalí; no puedes pelearte en bengalí. Aunque te estés peleando, suena como si estuvieras teniendo una conversación maravillosa.

Mantened una conversación extensa y decisiva, y seguid una regla muy sencilla: estamos juntos para ayudarnos el uno al otro, no para destruirnos el uno al otro; para crearnos el uno al otro, no para matarnos el uno al otro. Entonces todo será perfecto. Por separado, no hay nada de malo en ti, ni nada de malo en Om. Pero cuando os juntáis, ambos os convertís en guerreros.

Cuando digo que vuestro amor debería consistir en dejar que las cosas fluyan, en no hacer, en ser libres, lo que quiero decir es que no debería ser forzado. No debería ser algo que dependiera de la ley, de las convenciones sociales. Quiero decir que la única atadura entre dos amantes es el amor, y nada más. Puede que ese amor dure mucho o que dure poco. Puede que ese amor dure toda la vida o que se acabe mañana. Eso es lo que quiero decir con dejar que fluya.

Hay personas que quieren practicar el libertinaje. Para mí, dejar que las cosas fluyan no significa eso. Yo no estoy diciendo que deberías estar cambiando de pareja todos los días. Eso también sería forzado. Eso sería pasar del extremo del matrimonio, en el que no puedes cambiar de pareja, al otro extremo, en el que *tienes* que cambiar de pareja.

Lo que digo es que permitáis que haya libertad. Si queréis estar juntos, muy bien. Y si un día queréis separaros, hacedlo con amor, agradeciéndoos el uno al otro los momentos maravillosos que os habéis proporcionado.

La separación debería ser tan bella como vuestro encuentro. Debería ser incluso *más* bella porque habéis vivido mucho tiempo juntos, habéis arraigado el uno en el otro a pesar de que ahora hayáis decidido dejaros. Pero conservaréis vuestros recuerdos. Os habéis amado; da igual que ahora sintáis que os resulta difícil estar juntos; hubo un tiempo en el que queríais permanecer juntos toda la vida. Así que separaos sin ningún conflicto, sin pelearos. Fuisteis dos extraños que se conocieron, y ahora estáis volviendo a ser extraños pero con un gran tesoro que se creó entre vosotros. Al separaros, tenéis que sentiros agradecidos el uno con el otro.

No obstante, si sigue habiendo amor, no pretendo que rompáis la relación. He dicho que no tenéis que hacer nada contra ella. Si dura toda la vida, hasta que estéis en la tumba, también está muy bien. Y si solo dura una noche y a la mañana siguiente sentís que no sois el uno para el otro, pero, a pesar de ello, habéis pasado una noche maravillosa juntos, tenéis que estar agradecidos.

Hay muchas personas que me han malinterpretado. Piensan que le estoy diciendo a la gente: «Cambiad de pareja lo más rápido y lo más frecuentemente que podáis». Pero yo no estoy diciendo eso. Lo único que aconsejo es que permanezcáis juntos mientras lo que os una sea el amor. En cuanto empecéis a sentir que hay algo que se ha convertido en pasado, que ya no es presente... podéis seguir arrastrándoos, pero os estaréis engañando el uno al otro. Es horrible engañar al hombre al que has amado; es horrible engañar a la mujer a la que has amado. Es mejor ser honestos y reconocer: «Ha llegado el momento de separarnos porque ha desaparecido el amor y no somos capaces de retenerlo».

Hay cosas que vienen y van por sí solas. Cuando te enamoras de alguien, no fuiste tú, *tú* no lo decidiste. Fue algo que ocurrió de repente; no podrías encontrar una razón por la que ocurrió. Lo único que puedes decir es: «Me descubrí enamorado». Recuerda vuestro primer encuentro, y recuerda también cómo llegó el amor; pero, del mismo modo, el amor se va. Un día, de repente, te levantas por la mañana sintiendo que el amor se ha ido. Tu marido está ahí, tú estás ahí, pero había entre vosotros un puente, un flujo constante de energía que ha desaparecido. Sois dos, pero tú estás solo y la otra persona está sola. Ese «juntos» ya no está ahí, y el misterio que os mantenía unidos no está en tus manos. No puedes forzarlo a que vuelva.

Hay millones de parejas que están haciendo eso, esperando que vuelva, esperando que rezar ayude, que ir a la iglesia ayude, que recibir la bendición de alguien ayude, que algún terapeuta de pareja ayude; pero no hay nada que vaya a ayudarte. Incluso aunque pudieras retener a ese hombre, descubrirías que ya no es el mismo, y él descubriría que tú ya no eres la misma. Es mejor volver a ser extraños. ¿Qué tiene de malo? Antes, cuando erais extraños no había nada de malo. Cuando no conocías a esa mujer, cuando no conocías a ese hombre, todo iba bien. Ahora, ha vuelto a ocurrir; sois nuevamente extraños. ¡No es nada nuevo! Deberíais haber sido conscientes desde el principio de que ocurrió algo misterioso. No fue algo que tú hicieras. Evidentemente, puede desaparecer en cualquier momento y tú no puedes retenerlo.

Todo depende del amor. Si dura mucho tiempo, bien. Si solo dura unos instantes, también está bien, porque el *amor* está bien. Da igual su duración. En solo unos minutos puedes vivir una intensidad amorosa mayor que la que has experimentado en años. Y esa intensidad te proporcionará algo de lo desconocido, que muchos años acabarían disolviendo. Así que la duración es irrelevante; en lo único que hay que pensar es en la profundidad.

Cuando estés enamorado, sumérgete totalmente en el amor. Y cuando haya desaparecido el amor, dile adiós, termina totalmente con él. No dejes que esa idea siga rondando tu mente. Hay muchos desconocidos disponibles en el mundo. ¿Quién sabe? El amor te ha abandonado simplemente para que puedas encontrar a otra pareja mejor.

Los caminos de la vida son extraños. Confía en la vida. Puede que encuentres a alguien que resulte ser un gran amor, y entonces te darás cuenta de que el amor anterior no era nada comparado con este.

Pero recuerda: puede que llegue un día en el que también desaparezca este gran amor. Confía en la vida que te ha estado dando continuamente regalos sin que tú los pidieras. Sigue estando disponible.

El mundo está lleno de gente maravillosa; no hay ninguna escasez. Y cada individuo tiene algo único que nadie más tiene. Cada individuo da a su amor un color, una poesía, una música propios, que nadie más puede dar.

Confía en la vida; esta es mi idea fundamental: confiar en la vida porque nacemos de la vida, somos hijos de la vida.

Confía en ella. La vida nunca ha destruido a nadie. Puede que hayas hecho el primer curso y que ahora hayas pasado al segundo, a un curso superior, a un amor más delicado, a un fenómeno más complejo, ¿quién sabe? Limítate a tener el corazón abierto; la vida nunca defrauda a nadie.

# III

## DE LA RELACIÓN A RELACIONARSE
## EL AMOR COMO ESTADO DE SER

*La capacidad de estar solo es la capacidad de amar. Puede que te parezca paradójico, pero no lo es. Es una verdad existencial; solo aquellas personas que son capaces de estar solas son capaces de amar, de compartir, de llegar a lo más profundo de la otra persona; sin poseer a la otra persona, sin depender de ella, sin reducirla a una cosa, y sin volverse adictos a ella. Permiten que la otra persona tenga total libertad porque saben que si se marcha, ellos seguirán siendo tan felices como son ahora. La otra persona no puede arrebatarles su felicidad, porque no es quien se la dio.*

*Entonces, ¿por qué quieren estar juntos? Ya no se trata de una necesidad; se trata de un lujo. Intenta comprenderlo. Las personas auténticas se aman porque es un lujo, no una necesidad. Disfrutan compartiendo; tienen mucha alegría, les gustaría derramarla en alguien más. Y saben cómo interpretar su vida como solistas.*

*El solista de flauta sabe cómo disfrutar a solas de su flauta. Y si por casualidad se encuentra con un tablista, con un solista de tabla, disfrutarán tocando juntos y creando una armonía entre la flauta y la tabla. Ambos disfrutarán: ambos derramarán su riqueza en la otra persona.*

# «Amar» es un verbo

EL AMOR ES EXISTENCIAL; el temor no es más que la ausencia de amor. Y el problema que plantea cualquier ausencia es que no puedes actuar en ella directamente. El temor es como la oscuridad. ¿Qué puedes hacer directamente contra la oscuridad? No puedes alejarla, no puedes eliminarla, no puedes crearla. No hay manera de relacionarse con la oscuridad sin que entre en juego la luz. El camino a la oscuridad pasa por la luz. Si quieres oscuridad, apaga la luz; si no quieres oscuridad, enciende la luz. Pero lo que hagas tendrá que ver con la luz, no con la oscuridad.

Lo mismo ocurre con el amor y el temor: el amor es luz; el temor es oscuridad. La persona que se obsesiona con el miedo nunca será capaz de resolver el problema. Es como luchar con la oscuridad; terminarás agotándote tarde o temprano, y acabarás cansado, derrotado. Pero lo asombroso es ¡que has sido derrotado por algo que no estaba ahí! Y una vez que te derrotan, sientes lo poderosa que es la oscuridad, lo poderoso que es el miedo, lo poderosa que es la ignorancia, lo poderoso que es el inconsciente. Sin embargo, no son en absoluto poderosos, porque no existen.

Nunca luches con lo no existencial. Ahí es donde se equivocaron todas las antiguas religiones. Una vez que empiezas a luchar contra lo no existencial, estás condenado al fracaso. Tu pequeño río de conciencia se perderá en el mar no existencial, y este es infinito.

No conviertas el temor en un problema. La cuestión es el amor. Se puede hacer algo sobre el amor, inmediatamente; no hace falta esperar ni posponer nada. ¡Empieza a amar! Es un don natural de la existencia, o de Dios, o de la totalidad, como prefieras. Si has sido educado en la religión provendrá de Dios; si no has sido educado en la religión, provendrá de la totalidad, del universo, de la existencia.

Recuerda: el amor nace contigo; es una cualidad intrínseca. Lo único que necesitas es abrirle camino; dejarle paso, permitir que fluya, que ocurra.

Todos nosotros lo bloqueamos, lo contenemos. Somos realmente tacaños con el amor, por la sencilla razón de que nos han inculcado el sentido del ahorro. Está muy bien tener este sentido del ahorro en lo referente al mundo exterior; si solo tienes una determinada cantidad de dinero y no haces más que repartirlo, pronto te convertirás en un mendigo. Si das dinero, lo perderás. Este sentido del ahorro, este concepto matemático se te ha metido en la sangre, en los huesos, en la médula. Es verdad en lo que se refiere al mundo exterior, y no tiene nada de malo, pero no es verdad en el viaje interior. En él se aplica un tipo de matemáticas totalmente distinto: cuanto más das, más tienes; cuanto menos das, menos tienes. Si no das nada, perderás tus cualidades naturales. Se quedarán estancadas, cerradas; quedarán soterradas. Al no encontrar ningún medio de expresión se reducirán y morirán.

Es como un músico: si toca la guitarra o la flauta, cada vez le llegará más música. Al tocar la flauta no pierde la música; al contrario, está ganando. Es como un bailarín: cuanto más baile, más habilidoso será. Es como la pintura: cuanto más pintes, mejores cuadros crearás.

Un día, mientras Picasso estaba pintando, apareció un crítico amigo suyo que le interrumpió para decirle: «Hace tiempo que me ronda una duda y ya no puedo esperar más, necesito aclararla. Me gustaría saber una cosa: tú has pintado cientos de cuadros, ¿cuál es el mejor?».

Picasso le contestó: «Este que estoy pintando ahora mismo».

El crítico inquirió: «¿Este? Y ¿qué me dices de los que has pintado antes?».

Picasso le contestó: «Todos ellos están contendidos en este. Y el próximo que haga será incluso mejor, porque cuanto más pintas más habilidad tienes, mayor es tu arte».

Lo mismo ocurre con el amor, lo mismo ocurre con la alegría, ¡compártelas! Al principio llegará con cuentagotas, porque tu avaricia existe desde hace mucho tiempo, es muy antigua. Pero una vez que hayas compartido unas gotas de amor, pronto serás capaz de compartir todo el flujo oceánico de tu ser, y es infinito.

Una vez que hayas conocido las matemáticas supremas de dar y recibir, descubrirás que solo con dar, recibes. No es que te devuelvan algo; al dar te vuelves más rico. Después, el amor comienza a extenderse, a irradiar. Y un día te sorprenderás. ¿Dónde está el temor? Aunque quieras encontrarlo, no serás capaz de hacerlo.

El amor no es una relación. El amor se relaciona, pero no es una relación. La relación es algo acabado. La relación es un nombre; ha llegado el punto y final, ha terminado la luna de miel. Ya no hay alegría, ya no hay entusiasmo, todo ha terminado. Puedes continuar esa relación, solo para cumplir tus promesas. Puedes continuar con ella porque es cómodo, conveniente, confortable. Puedes continuar con ella porque no puedes hacer otra cosa. Puedes continuar con ella porque si la terminas, te creará muchos problemas.

Una relación significa algo completo, terminado, cerrado. El amor no es nunca una relación; el amor es relacionarse. Es siempre un río, fluyendo, interminable. El amor desconoce el punto y final; la luna de miel comienza pero nunca termina. No es como una novela, que empieza en un punto determinado y termina en otro punto determinado. Es un fenómeno que está ocurriendo continuamente. Los amantes terminan; el amor continúa. Es un *continuum*. Es un verbo, no es un nombre.

¿Por qué reducimos la belleza de relacionarse a una relación? ¿Por qué tenemos tanta prisa? Porque relacionarse es algo inseguro, y la relación es una seguridad; la relación tiene una certeza. Relacionarse no es más que el encuentro de dos extraños, puede que únicamente paséis juntos una noche y por la mañana os digáis adiós. ¿Quién sabe lo que va a ocurrir mañana? Sin embargo, nos da tanto miedo que queremos convertirlo en una certeza, queremos que sea predecible. Nos gustaría que el mañana se ajustara a nuestras ideas; no le damos libertad para que exprese su opinión. Así que inmediatamente lo reducimos todo a un nombre.

En cuanto te enamoras de una mujer o de un hombre empiezas a pensar en casarte, en establecer un contrato legal. ¿Por qué? ¿Por qué surge la ley en el amor? La ley surge en el amor porque no hay amor. No es más que una fantasía, y tú eres consciente de que la fantasía desaparecerá. Antes de que desaparezca, asiéntate. Antes de que desaparezca, haz algo para que sea imposible separarse.

En un mundo mejor, en el que haya más personas meditativas, en el que haya un poco más de iluminación, la gente amará, amará muchísimo, pero su amor seguirá siendo relacionarse, no una relación. No estoy diciendo que su amor vaya a ser solo momentáneo. Es muy probable que su amor profundice más que tu amor, que posea una cualidad de intimidad mayor, que tenga algo de poesía y algo de divinidad. Es muy probable que su amor dure más de lo que puedan durar nunca tus denominadas «relaciones». Pero no estará garantizado por la ley, por los juzgados, por un policía. La garantía será interior. Será un compromiso del corazón, será una comunión silenciosa.

Si disfrutas estando con alguien, te gustaría disfrutarlo cada vez más. Si disfrutas de la intimidad, te gustaría explorar cada vez más esa intimidad. Hay algunas flores de amor que solo florecen después de una larga intimidad. También hay flores de temporada; durante seis semanas viven bajo el sol, pero al cabo de seis semanas vuelven a desaparecer. Hay flores que tardan muchos años en florecer, pero cuando lo hacen continúan floreciendo durante muchos años. Cuanto más tarde en producirse, más profundo será el florecimiento.

Pero tiene que existir un compromiso de corazón a corazón. Ni siquiera tiene que verbalizarse, porque verbalizarlo es profanarlo. Tiene que ser un compromiso silencioso: de mirada a mirada, de corazón a corazón, de ser a ser. Hay que entenderlo, no pronunciarlo.

Es horrible ver cómo la gente va a la iglesia o al juzgado a casarse. Es horrible, es inhumano. Lo único que demuestra es que no pueden confiar en ellos mismos, confían en las autoridades más que en su voz interior. Eso demuestra que al no poder confiar en su amor, confían en la ley.

Olvídate de las relaciones y aprende a relacionarte. Cuando mantienes una relación empiezas a dar por descontado a la otra persona. Eso es lo que destruye todas las relaciones amorosas. La mujer piensa que conoce al hombre, el hombre piensa que conoce a la mujer. ¡Nadie se conoce! Es imposible conocer a la otra persona, el otro sigue siendo un misterio. Y dar al otro por descontado es insultante, es una falta de respeto.

Pensar que conoces a tu pareja es ser muy desagradecido. ¿Cómo puedes conocer a una mujer? ¿Cómo puedes conocer a un hombre? Son procesos, no son cosas. Esa mujer a la que conociste ayer ya no está allí hoy. Ha discurrido demasiada agua por el Ganges; es otra persona, totalmente diferente. Relaciónate de nuevo, empieza de nuevo, no la des por descontado.

Vuelve a contemplar por la mañana el rostro del hombre con el que dormiste anoche. Ya no es la misma persona, ha cambiado mucho. ¡Ha cambiado mucho, muchísimo! Esa es la diferencia entre una cosa y una persona. Los muebles de la habitación son los mismos, pero el hombre y la mujer, ya no son los mismos. Explora de nuevo, empieza de nuevo. Eso es lo que quiero decir con relacionarse.

Relacionarse significa que siempre estás empezando, siempre estás intentando familiarizarte. Una y otra vez, te estás presentado a la otra persona. Estás intentando ver las muchas facetas de su personalidad. Estás intentando penetrar cada vez más profundamente en su reino de sentimientos interiores, en los profundos recovecos de su ser. Estás intentando aclarar el misterio que no puede ser aclarado.

En eso consiste la dicha del amor: en la exploración de la conciencia.

Si te relacionas, en vez de reducirlo a una relación, el otro se convertirá en un espejo para ti. Al explorar a la otra persona, sin darte cuenta, también te estarás explorando a ti mismo. Al profundizar en la otra persona, al conocer sus sentimientos, sus pensamientos, aquello que le conmueve más profundamente, conocerás también aquello que te conmueve más profundamente a ti. Cada uno de los amantes se convierte en un espejo para el otro, y el amor se convierte en una meditación.

La relación es algo horrible; relacionarse es maravilloso.

En la relación dos personas se vuelven ciegas la una para la otra. Piensa en cuánto hace que no miras a tu pareja a los ojos. ¿Hace cuánto que no miras a tu pareja? ¡Quizá años! ¿Quién mira a su propia mujer? Has dado por hecho que la conoces. ¿Qué más tendrías que ver en ella? Te interesan más los extraños que la gente que conoces, ya que conoces toda la topografía de su cuerpo, sabes cómo responde, sabes que todo lo que ha ocurrido volverá a ocurrir una y otra vez. Es un círculo vicioso.

Pero no lo es; en realidad no lo es. Nada se repite; todo es nuevo cada día. Lo único que ocurre es que tus ojos envejecen, tus suposiciones envejecen, tu espejo acumula polvo y al final eres incapaz de reflejar a la otra persona.

Por eso hablo de relacionarse. Cuando digo relacionarse, me refiero a estar continuamente de luna de miel. Seguid buscándoos e investigándoos el uno al otro, seguid descubriendo nuevas maneras de amaros. Cada persona es un misterio tan infinito, tan inagotable, tan insondable, que nunca podrás decir: «Ya la conozco» o «Ya lo conozco». A lo sumo, podrás decir: «He hecho todo lo posible, pero el misterio sigue siendo un misterio».

De hecho, cuanto más conoces a la otra persona, más misteriosa se vuelve. Entonces, el amor es una aventura constante.

# Terapia de pareja

## IDEAS PARA CRECER Y VIVIR ENAMORADOS*

### Cuando falla la telepatía

Normalmente las parejas no se dicen las cosas claramente. Esperas que la otra persona lo entienda, y lo mismo le ocurre a la otra persona: cree que tú lo entenderás. ¡Nadie va a entender nada! No hay comunicación, nunca se han expuesto los problemas claramente. Tienes que expresar las cosas de forma clara: «No me estoy metiendo contigo; tú puedes ser como quieras —te amo y te seguiré amando— pero, y yo, ¿qué?». Solo así encontraréis alguna forma de resolver las dificultades. Podréis permanecer juntos y seguir teniendo vuestra individualidad y vuestra libertad. Si las dos personas se aman realmente, serán capaces de enfrentarse a los problemas. Pero lo que ocurre en realidad es que nunca nos decimos las cosas claras. Siempre esperamos que el otro lo adivine por telepatía. ¡Nadie sabe las cosas por telepatía! La otra persona no es clarividente, tienes que explicárselo claramente: «Dos y dos son cuatro». Sin embargo, lo que ocurre es que no se habla del auténtico problema.

---

* Los extractos del presente capítulo han sido seleccionados de las charlas vespertinas en las que Osho hablaba directamente con uno o con ambos miembros de la pareja, o bien con personas que habían acudido a él para que les aconsejara en sus problemas de pareja. *(N. del E.)*

*Entender la necesidad de espacio*

Cread comprensión, hablad entre vosotros, y entended que a veces la otra persona necesita su espacio. Aunque hay un problema: puede que no os suceda a los dos a la vez. A veces tú quieres estar con tu pareja y él quiere estar solo; no puedes hacer nada. En ese caso tienes que ser comprensiva y dejarle solo. A veces tú quieres estar sola y él quiere acercarse a ti; entonces dile que no puedes evitarlo, ¡necesitas tu espacio!

Simplemente, cread cada vez más comprensión. Eso es lo que suele faltar en las parejas: tienen suficiente amor, pero no tienen comprensión en absoluto, nada. Por eso su amor muere ante los escollos de los malentendidos. El amor no puede sobrevivir solo, sin comprensión. Por sí solo, el amor es muy tonto; con comprensión, el amor puede tener una larga vida, una buena vida en la que compartir muchas alegrías, muchos buenos momentos, grandes experiencias poéticas. Pero eso solo ocurrirá gracias a la comprensión.

El amor puede darte una breve luna de miel, eso es todo. El entendimiento es el único que te puede dar una profunda intimidad. Entonces, aunque os separéis algún día, la comprensión seguirá con vosotros, y será un don de vuestro amor a la otra persona. Las parejas pueden separarse pero la comprensión que se ha alcanzado a través de la otra persona, en compañía de la otra persona, permanecerá siempre en vosotros. Permanecerá como un don, no puede haber ningún otro don. Si amas a la otra persona, el único don valioso que puedes ofrecerle es un poco de comprensión.

*Enfrentarse a los sentimientos negativos*

Al principio, el amor siempre es maravilloso, porque no vuelcas en él tus energías destructivas. Al principio vuelcas en él tus energías positivas; ambos hacéis un fondo común con vuestras energías positivas, todo va muy bien. Pero, poco a poco, empiezan a surgir las energías negativas; no puedes contenerlas para siempre. Así que una vez que tu energía positiva se ha agotado, termina la luna de miel y comienza la parte negativa. Entonces el infierno abre sus puertas y no eres capaz de entender qué ha ocurrido. ¿Cómo puede estar a punto de terminarse una relación tan maravillosa?

Si uno está alerta desde el principio, se puede salvar. Derrama en ella tus energías positivas, pero recuerda que tarde o temprano comenzará a surgir lo negativo. Y cuando empiece a surgir, tendrás que liberar por tu cuenta la energía negativa. Vete a una habitación solo, y libera lo negativo; no hace falta que lo vuelques en la otra persona.

Si quieres chillar, gritar y enfadarte, vete a una habitación y cierra la puerta; grita, enfádate, golpea la almohada. Pero nadie tiene que llegar a un estado de violencia en el que lance cosas a las otras personas. No te han hecho nada, así que ¿por qué tienes que lanzarles cosas? Es mejor tirar todo lo negativo a la basura. Si permaneces alerta, te sorprenderá ver que es posible hacerlo; una vez que se elimina lo negativo, vuelve a rebosar lo positivo.

Solo más adelante seréis capaces de eliminar lo negativo juntos, cuando la relación ya esté muy estabilizada. E incluso en ese momento solo debe hacerse como una medida terapéutica. Cuando los dos miembros de la pareja están muy alerta, son muy positivos, se han consolidado en un ser y son capaces de tolerar —y no solo de tolerar sino de utilizar la negatividad de la otra persona— deben llegar a un acuerdo para ser negativos juntos, como medida terapéutica.

Aquí también mi consejo es que seáis muy conscientes, no inconscientes; que sea algo deliberado. Estableced que todas las noches durante una hora seréis negativos con la otra persona —convertidlo en un juego— en vez de ser negativos en cualquier lugar, en cualquier ocasión. Porque las personas no están tan alerta —no están alerta durante las veinticuatro horas— pero durante una hora podéis estar juntos y ser negativos. Entonces será un juego, ¡será como una terapia de grupo! Después de una hora habréis acabado con la negatividad, no os quedará ningún resto, y por tanto no la llevaréis a vuestra relación.

El primer paso consiste en liberar lo negativo a solas. El segundo paso consiste en liberar lo negativo en determinado momento, cuando hayáis acordado que ambos vais a liberar lo negativo. Solo en un tercer paso podréis ser naturales, porque entonces no tendréis miedo de dañar a la relación o de herir a la otra persona. Entonces ambos podréis ser negativos y positivos, y ambas cosas son maravillosas, pero solo en el tercer paso.

Llegará un momento en el primer paso en el que empezarás a sentir que ya no surge la ira. Te colocarás ante la almohada, y no sentirás ira. Surgirá durante meses, pero llegará un día en el que descubrirás que ya no fluye, ya no tiene sentido, no puedes estar enfadado a solas. Entonces habrá terminado el primer paso. Pero espera a que la otra persona también descubra que ha terminado el primer paso. Si tu pareja también ha completado el primer paso, comienza el segundo paso. Ahora, durante una o dos horas —podéis escoger vosotros si por la mañana o por la noche— establecéis un tiempo para expresar vuestros sentimientos negativos, de forma deliberada. Tomáoslo como un psicodrama, es impersonal. No atacáis con dureza; atacáis, pero no a la otra persona. De hecho, lo único que estás haciendo es eliminar tu negatividad. No estás acusando a la otra persona, no le estás diciendo: «Eres malo». Lo único que estás diciendo es: «Yo siento que eres malo». No le dices: «Me insultaste», sino que le dices: «Me sentí insultado». Eso es algo totalmente diferente, es un juego deliberado: «Me estoy sintiendo insultado, así que voy a liberar mi ira. Tú eres la persona que tengo más cerca, así que, por favor, deja que te utilice». Y la otra persona hace lo mismo.

Llegará un momento en el que descubrirás que esta negatividad deliberada ya no funciona. Os sentaréis juntos durante una hora y no se te ocurrirá nada, a tu pareja no se le ocurrirá nada. Entonces habréis acabado con el segundo paso.

Ahora viene el tercer paso, y el tercer paso, es la vida misma. Ahora estáis preparados para ser negativos y positivos según surjan esos sentimientos; podéis ser espontáneos.

Así es como el amor se convierte en relacionarse, se convierte en una forma de amar, se convierte en el estado natural de tu ser.

## Romper los viejos patrones de relación

Dedica veinticuatro horas a anotar todo lo que puedas recordar de cómo has saboteado tus relaciones en el pasado; escríbelo con todo detalle. Contémplalo desde todos los ángulos y no lo repitas. Se convertirá en una meditación, y el hecho de que en una nueva relación permanezca el amor o no será irrelevante. Si puedes ser consciente en la relación, valdrá la pena.

Tú lo sabes muy bien, todo el mundo lo sabe, porque es imposible no saber qué haces en tus relaciones. Durante los momentos de lucidez lo sabes muy bien. En los momentos de locura, lo olvidas; ya lo sé. Así que antes de que lleguen esos momentos de locura, observa. Anota todo lo que hayas hecho siempre para sabotear tus relaciones, y guarda una copia. Cada vez que surja alguna situación en la que puedas repetir el antiguo patrón, repásala.

Uno debería volverse alerta poco a poco; entonces todo sería maravilloso. El amor es absolutamente maravilloso pero puede convertirse en un infierno. Así que primero localiza esos actos de sabotaje y después, evita hacerlos. Te sentirás muy feliz, por el mero hecho de ser capaz de no hacerlos sentirás una especie de liberación. Esos actos son obsesivos; son como una neurosis, una especie de locura.

Y cuando dos personas están enamoradas lo que desean es ser felices: nadie pretende ser infeliz. Pero la mayoría de la gente sigue siendo estúpida. Tarde o temprano, empiezan a hacerse infelices el uno al otro, y pierden el objetivo. Se derrumban todos los sueños y una y otra vez aparecen heridas.

## La sensación de que «falta algo»

Todo enamorado siente que falta algo, porque el amor está incompleto. Es un proceso, no una cosa. Cualquier enamorado está condenado a sentir que falta algo, pero no me malinterpretes. Lo único que ello demuestra es que el amor es dinámico en sí mismo. Es como un río, siempre fluyendo, siempre fluyendo. La vida del río está en su movimiento. En cuanto se para, se convierte en agua estancada; ya no es un río. La misma palabra «río» conlleva un proceso, el mismo sonido da la sensación de movimiento.

El amor es un río; no es una cosa, ni un objeto. Así que no pienses que falta algo; forma parte del proceso del amor. Y es bueno que no esté completo. Cuando falta algo tienes que reaccionar, moverte. Esa sensación de que «falta algo» es una llamada a cumbres cada vez más altas. No quiere decir que cuando las alcances vayas a sentirte satisfecho. El amor nunca se siente satisfecho. Desconoce la satisfacción, pero es maravilloso porque permanece siempre vivo.

## Afinado y desafinado

Siempre sentirás que hay algo que está desafinado. Es natural, porque cuando se encuentran dos personas, se encuentran dos mundos distintos. Esperar que vayan a encajar perfectamente es esperar demasiado, es esperar lo imposible, y eso creará frustración. Siempre habrá algo que esté desafinado. Si encajas completamente y no hay nada desafinado, la relación se estancará. A lo sumo, habrá algunos momentos en los que todo esté afinado, muy raras veces. Puede que incluso seas incapaz de atraparlos cuando lleguen, ya que son muy veloces, muy escasos. Apenas han llegado y ya se han ido; son solo un destello. Y ese destello puede hacer que te sientas todavía más frustrado porque descubrirás cada vez más cosas que están desafinadas.

Así es como tiene que ser. Esfuérzate al máximo para conseguir afinar, pero mantente siempre preparado por si no lo consigues totalmente. Y no te preocupes por eso, de lo contrario desafinarás aún más. La sensación de estar afinado solo surge cuando no te preocupas por ella. Solo ocurre cuando no estás tenso, cuando ni siquiera la estás esperando; ocurre por casualidad. Es una gracia, un don de la existencia, un don del amor.

El amor no es algo que tú puedas hacer. Pero al ocuparte de otras cosas, ocurrirá el amor. Hay pequeñas cosas que podéis hacer —sentaros juntos, contemplar la luna, escuchar música—, pero no es nada que tenga que ver directamente con el amor.

El amor es muy delicado, muy frágil. Si lo miras, si lo contemplas directamente, desaparecerá. Solo surge cuando eres inconsciente, cuando estás haciendo otra cosa. No puedes dirigirte a él directamente, como una flecha. El amor no es un objetivo. Es un fenómeno muy sutil. Es muy tímido. Si vas directamente, se oculta. Si haces algo directo, fallarás.


## Atemperar las pasiones

Si el amor se vuelve profundo, al final los maridos y las mujeres se convertirán en hermanos y hermanas. Si el amor se vuelve profundo, la energía solar se convertirá en energía lunar. Habrá desaparecido el calor, estará templado. Sin embargo, aunque el amor sea profundo, también puede haber algún malentendido, porque nos hemos acostumbrado a esa fiebre, a esa pasión, a esa excitación, y ahora todo parece una tontería. ¡Es una tontería! Ahora si haces el amor parece estúpido; pero si no haces el amor parece que falta algo, porque es una antigua costumbre.

Así que tendrás que entender esta tibieza que está surgiendo. Y por supuesto, cuando empezáis a sentiros uno, surge el miedo. Miedo a lo que está ocurriendo, porque si os convertís demasiado en una sola persona, empezaréis a olvidar a la otra persona. El otro solo podrá ser recordado como «el otro». Dicen los psicólogos que cuando el niño comienza a hablar, si la primera palabra que dice es «papá» la madre se ofende porque ella ha estado cuidándolo y lo ha llevado en su seno durante nueve meses. ¿Ella está con el niño veinticuatro horas, pero la primera palabra que dice el niño es «papá»? El padre está en la periferia y ella está muy cerca. ¡Siente como si el niño la estuviera traicionando!

Pero existe una razón: la madre está tan unida al niño que él todavía no puede nombrarla; esa es la razón. Está tan unida al niño que él no tiene la sensación de que ella sea «otra persona». El padre no está tanto con el niño, viene y va; por la mañana se va a la oficina y vuelve por la tarde; a veces juega con el niño, pero vuelve a irse. Siempre está marchándose, así que se le puede considerar «otro». La madre siempre está ahí, así que no puede verla como algo separado. De modo que primero dice «papá» y después, poco a poco, un día aprende a decir «mamá». Solo en tercer lugar aprenderá su propio nombre porque eso es lo más difícil para él.

Ahora es capaz de entender que la madre también es algo separado. A veces tiene hambre y ella no acude, y a veces está mojado y ella está hablando con alguien y no se da cuenta. Empieza a sentir que ella es «otra persona», que no es totalmente una con él. Pero él es uno consigo mismo, así que lo último que aprende es su propio nombre.

De modo que cuando dos amantes empiezan a convertirse en uno, surge el miedo: «¿Estás perdiendo a la otra persona?». En cierto modo la estás perdiendo porque no la sentirás como otra; de ahí el concepto de amor fraternal. ¿Por qué? En el amor fraternal no hay excitación; es algo templado. Es algo muy templado y sereno; no hay pasión, no hay sensualidad, no hay sexualidad.

Y otra cosa es que el hermano y la hermana no se han elegido; es un fenómeno dado. De repente, un día descubres que eres la hermana o el hermano de alguien; no es algo que hayas elegido. Pero sí que eliges a tus amantes. Al elegir a un amante, el ego se implica. Con una hermana, con un hermano, el ego no está implicado. No lo has elegido; es un don de la existencia. No puedes cambiarlo, no puedes acudir a un juez y declarar que ya no quieres ser un hermano. Aunque decidas no ser un hermano, seguirás siéndolo. Da igual lo que quieras, no hay forma de cambiarlo. Es irrevocable, no puedes revocarlo.

Cuando el marido y la mujer empiezan a sentir una gran unidad, surge el miedo. ¿Has empezado a dejar de prestar atención a la otra persona? ¿Se ha convertido en un hermano o en una hermana y ya no puedes elegirla, ya no tiene que ver con tu ego, ya no es una forma de satisfacer el deseo de tu ego? Surgen todos esos miedos. Sin embargo, en otro tiempo erais muy apasionados el uno con el otro, había mucha pasión. Ahora sabes que es una tontería, pero, a pesar de todo, es la vieja costumbre… A veces, empiezas a sentir que falta algo en alguna parte, una especie de vacío. Pero no lo contemples desde el pasado. Contémplalo desde el futuro.

En ese vacío van a ocurrir muchas cosas, en esa intimidad van a ocurrir muchas cosas, ambos desapareceréis. Se convertirá en algo totalmente asexual, desaparecerá todo el calor, y entonces conoceréis un tipo de amor totalmente diferente. Esa cualidad que surgirá en vosotros es lo que yo denomino espíritu de oración, espíritu meditativo, pura conciencia. Pero eso llegará en el futuro, todavía no ha ocurrido.

Estás dirigiéndote hacia allí. El pasado se ha ido y el futuro no ha llegado todavía.

Este período intermedio será un poco difícil, pero no pienses en el pasado. Se ha ido y lo ha hecho para siempre; aunque lo intentes no podrás recuperarlo. Sería una estupidez, sería una tontería. Puedes forzarlo a que vuelva, puedes intentarlo, pero no lo conseguirás y eso te producirá más frustración. Así que ni siquiera lo intentes. Limítate a amar de una forma nueva. Deja que salga esta luna nueva.

Abrazaos, amaos, cuidaos y no ansiéis el calor porque ese calor era una especie de locura, era un arrebato; es bueno que haya desaparecido. Así que debéis sentiros afortunados. No me malinterpretéis.

Eso os ocurrirá a todos los amantes si realmente me escucháis y profundizáis. Esta es la profundidad por la que me preguntas cuando dices que quieres que tu amor sea más profundo, ¡esta es la profundidad! El amor apasionado está en la periferia, el amor compasivo está en el centro. Esa es la profundidad.

Disfrutadla: sentíos dichosos, meditad juntos, danzad juntos. Si desaparece el sexo, dejad que desaparezca; no lo obliguéis a que se quede. Si a veces ocurre, dejad que ocurra.

## Cuando desaparece la emoción

Resulta muy difícil estar enamorado mucho tiempo. Requiere una gran transformación de tu ser. Solo de este modo puedes estar enamorado mucho tiempo. El amor común es una experiencia momentánea; viene y se va, empieza y acaba, tiene un principio y un final. Así que, en vez de racionalizarlo, observa el fenómeno de que ya no estás enamorado. ¡Será difícil! No es que el amor ya no esté ahí sino que en cierto modo ya no fluye la energía. ¿Cómo puede ocurrir eso? El amor es la energía, si el amor está ahí, fluirá la energía.

Quizá estés enamorado de tu amor anterior, es posible. Quizá estés enamorado de tus antiguos recuerdos; de lo maravillosas que eran las cosas y de cómo fluía la energía entre vosotros, y ahora no fluye. Es un vestigio del pasado. Estás pensando constantemente en el pasado, y quieres que el presente sea también como el pasado, pero eso no se puede conseguir. El presente es totalmente diferente al pasado, ¡y está bien que así sea! Si solo fuera una repetición del pasado, estarías harto, completamente aburrido.

Así que los dos miembros de la pareja tienen que observar la realidad e intentar descubrir la verdad. Si ya no estáis enamorados, podéis hacer una cosa: podéis ser amigos. No hace falta que os forcéis a ser amantes, además el amor no se puede forzar. Si lo fuerzas, será una hipocresía y no satisfará a nadie.

Limitaos a observar. Habéis sido amantes en el pasado, así que al menos podéis ser amigos. ¡Fijaos! A lo mejor, si decidís ser amigos, vuelve a fluir el amor, porque volveréis a ser libres, volveréis a ser individuos, desaparecerá nuevamente la seguridad, desaparecerán nuevamente esos elementos que destruyeron vuestro amor. Existe la posibilidad de que vuestro amor vuelva a fluir otra vez.

Al igual que un día os unisteis, ahora os separáis y sois solo amigos. Primero nació vuestra amistad; erais amigos, y después os unisteis. El amor surgió de la amistad, pero tarde o temprano se convierte en una relación, aunque sin amistad; entonces muere. Si realmente quieres revivirla —no estoy diciendo que vaya a ocurrir seguro, nadie puede afirmarlo—, existe la posibilidad de hacerlo. O, aunque no reviva, podéis revivir vuestras energías amorosas con otra persona; tu pareja puede amar a otra persona.

Recuerda siempre una cosa: es bueno estar enamorado; es una gran virtud. Si no fluye con determinada persona, es mejor que fluya con otra, pero no te quedes estancado; de lo contrario, sufrirás y harás que tu pareja sufra, sufriréis los dos. Y el problema es que si sufres demasiado, te volverás adicto a tu sufrimiento. Entonces empezarás a sentir una especie de placer en el sufrimiento. Puedes volverte masoquista, y será muy difícil salir de ahí. Será un gran problema.

## Es el momento de decir adiós

Habla con tu pareja, sé sincero, y pídele a ella que también sea sincera. Os habéis amado, así que al menos os debéis eso el uno al otro, ser sinceros, totalmente sinceros. Poned todas las cartas sobre la mesa y no intentéis ocultaros, porque eso no será de ayuda. Solo la verdad ayuda. La mentira nunca ayuda, solo sirve para posponer el problema y mientras tanto el problema irá arraigando más en ti. Cuanto antes, mejor.

Habla con tu pareja; sé honesto, aunque duela. Dile que le dolerá, pero que no debe preocuparse. Habéis sido felices juntos; si duele, también tenéis que enfrentaros a eso. Sed completamente sinceros; sin buscar chivos expiatorios ni otros culpables, sin racionalizarlo. Mirad dentro de vosotros, mostrad vuestro corazón y ayudad a vuestra pareja a que también sea sincera. Si se ha terminado el amor, sed amigos, no hace falta que forcéis nada.

Nunca traicionéis al amor. Los amantes cambian. Eso no es un problema, no debería serlo; no deberíamos apegarnos demasiado a las personas. Dejad que solo haya un compromiso ¡y que solo sea con el amor! Enamoraos del amor; todo lo demás será secundario.

Y sed valientes, la valentía os ayudará. De lo contrario ambos fingiréis que, por cualquier motivo, debéis seguir estando juntos y seguiréis siendo infelices. No seáis infelices ni un momento. Vivid peligrosamente; es la única forma de vivir.

## La agonía y el éxtasis de la honestidad

Se dice que si todo el mundo empezara a decir la verdad no habría amistad en el mundo, no existiría; no habría amantes, no habría amistad, no habría matrimonio, nada. Todas esas cosas desaparecerían. Si ocurriera, sería como un grupo de encuentro, la vida sería como un grupo de encuentro, en todas las situaciones.

No obstante, podéis trabajar poco a poco, particularmente en las relaciones íntimas. Si ambos estáis deseando profundizar en la sinceridad y en la honestidad, vale la pena. Vuestro amor se volverá más profundo; tendrá algo del más allá. Si podéis ser honestos y seguir estando juntos, si podéis sufrir la agonía que conlleva la honestidad, un día llegará el éxtasis que la honestidad y únicamente ella proporciona.

## El miedo no es siempre algo malo

A veces tu energía necesita quedarse sola, algo está ocurriendo en tu interior que hace que necesites estar solo. Y cuando piensas en relacionarte con alguien hay dudas que pueden parecer miedo. Pero el miedo no siempre es algo malo, recuérdalo. No hay nada que sea siempre malo; depende. La gente tiene la idea de que el miedo siempre es algo malo, pero no lo es. Sí, a veces es malo, pero a veces no lo es. No hay nada que siempre esté bien, ni nada que siempre esté mal; todo depende del contexto.

Ahora mismo tu miedo está totalmente justificado. Simplemente te está diciendo: «No mantengas una relación». No es el miedo a lo nuevo, en absoluto; esa es una mala interpretación. No es más que miedo a que si mezclas tu energía con la otra persona, perderás el centro que está creciendo en ti. Te estás centrando más, te estás asentado más en tu ser. Estás aceptando tu soledad, y si inicias una relación, te arrastrará hacia fuera. Ahora que tu movimiento se dirige hacia el interior, la relación te sacará al exterior y eso creará una contradicción. De ahí el miedo. En este caso, el miedo es realmente útil; te avisa de que no seas tonto.

Sigue estando solo. Cuando desaparezca el miedo mantén una relación; entonces será totalmente correcto. Desaparecerá cuando llegue el momento, cuando te hayas asentado, cuando en tu interior la energía sea exactamente como debería ser; entonces podrás permitirte salir. Primero hay que asentarse; después será fácil salir y no será una distracción. De hecho, el contraste hace que lo interior salga realzado. Se convierte en unas pequeñas vacaciones del interior, pero volverás. No es algo destructivo, es creativo. En ese caso, el amor ayuda a la meditación.

Así que limítate a esperar. Escucha a tu miedo y no lo reprimas. Desaparecerá por sí solo. Cuando la energía esté preparada para salir verás que un día de repente estás con alguien y no tienes miedo, todo tu ser está contigo. Cuando eso ocurra, mantén una relación. Hasta entonces, evítalo.

## Obsesionado

¡No hace falta olvidar! ¡Sigue recordando! Estás intentando olvidar a tu ex amante. ¿Quién es capaz de olvidar por el mero hecho de desearlo? Cuanto más intentes olvidar, más lo recordarás, ¡porque incluso para olvidar tienes que recordar! No intentes olvidar. Conviértelo en una meditación. Cada vez que recuerdes a tu ex pareja, cierra los ojos y recuérdala todo lo que puedas; verás como muy pronto la olvidas.

*Ajuste imperfecto*

Solo dos cosas muertas pueden encajar totalmente. La vida se reafirma a sí misma, lucha, pelea, grita para llamar la atención, intenta dominar. La vida es deseo de poder, de ahí el conflicto. Forma parte de la vida misma. Nadie quiere ser dominado; todo el mundo quiere dominar. La relación se produce entre estos dos deseos.

Una relación es un milagro. En realidad, no debería ocurrir; científicamente, no debería ocurrir. Ocurre porque todavía no somos científicos. Y es bueno que todavía no seamos científicos; nunca lo seremos totalmente. Siempre habrá algo ilógico en el corazón del hombre. Eso mantiene viva la llama de la humanidad; de lo contrario el hombre se convertiría en una máquina. Solo las máquinas están completamente ajustadas; una máquina nunca está desajustada.

Así que este es el problema al que se enfrenta toda pareja: cuando hay un conflicto total, se destruye todo. No hay ningún puente entre tú y la otra persona; no existe una relación. Si hay un ajuste total, también desaparece la relación, porque ya no hay flujo, ya no hay esperanza. Justo entre los dos, exactamente en el medio del ajuste y el conflicto —un poco más de ajuste, un poco más de conflicto—; van juntos. Parecen contradictorios pero son complementarios.

Si eres capaz de recordar eso, permanecerás sano; de lo contrario una relación puede hacer que te vuelvas loco. Hay momentos en los que vuelve loca a la gente, es más de lo que se puede soportar. Así que no pidas nunca un ajuste total. Con un poco es más que suficiente. Siéntete agradecido por ello, y deja que la relación siga fluyendo. Permaneced juntos, pero no intentéis convertiros en uno. Permaneced juntos, pero no os desconectéis totalmente. Seguid siendo dos pero en contacto. Eso es lo que entiendo por estar en el medio. Y manteneos alerta. Cuando uno se dirige hacia el amor tiene que ser un poco más consciente y tiene que tener cuidado con la otra persona. Todo lo que haces le afecta a la otra persona.

*Da y recibe*

Si en una relación uno no hace más que dar y el otro no hace más que recibir, ambos sufren. No solo la persona que da —porque se siente engañada— sino también la persona que recibe —porque no puede crecer a menos que se le permita dar—. Se convierte en un mendigo y la imagen que tiene de sí mismo se viene abajo. Necesita ser reforzado y que le den la oportunidad de dar. Entonces se siente humano; tiene seguridad en sí mismo.

*No solo sexo*

Permanece muy atento, ama, y si a veces surge el sexo como parte del amor, no hay nada de qué preocuparse. Pero no debería ser el objetivo. El objetivo debería ser el amor. Amas a una persona, compartes su ser, compartes tu ser con ella, compartes el espacio.

En eso consiste exactamente el amor: en crear un espacio entre dos personas, un espacio que no pertenezca a ninguno de los dos o que pertenezca a ambos; un pequeño espacio entre dos personas en el que ambas puedan encontrarse, mezclarse, fundirse. Ese espacio no tiene nada que ver con el espacio físico. Es espiritual. En ese espacio tú no eres tú, y el otro no es el otro. Ambos vais a ese espacio y os encontráis. En eso consiste el amor. Si crece, el espacio común se hace cada vez más grande y ambos miembros se disuelven en él.

Así que en ocasiones, si compartes el espacio con alguien —un marido o un amigo o quien sea—, y surge el sexo de forma espontánea —no como algo preparado, no como algo buscado, no como algo que estuvieras planeando— entonces no es sexual.

Hay un tipo de sexo que no es en absoluto sexual. El sexo puede ser maravilloso pero la sexualidad nunca puede ser maravillosa. Por «sexualidad» quiero decir sexo cerebral; pensar en él, planearlo, dirigirlo, manipularlo, porque en el fondo de la mente permanece la idea fundamental de que uno se está acercando a un objeto sexual.

Cuando contemplas a una persona a través de los ojos de este tipo de sexualidad, reduces a la otra persona a un objeto. Ya no es una persona; se trata de un juego de manipulación. Terminaréis en la cama tarde o temprano. Solo dependerá de cuánto juguéis con la idea y de cuánto prolonguéis los preludios. La sexualidad de la que estoy hablando es esa en la que, al final, en la mente no hay más que sexo. Cuando la mente no tiene nada que ver con el sexo, entonces es sexo puro, inocente. Es sexo virgen.

En ocasiones, ese sexo puede ser más puro que el celibato, porque si un célibe piensa constantemente en el sexo, no es celibato. Cuando una persona vive una relación de amor profundo con otra, sin pensar en el sexo, pero ocurre porque lo compartís absolutamente todo, entonces el sexo también tiene cabida, está bien y no hay nada de qué preocuparse. No te sientas culpable por ello.

## Tiempo tormentoso

Una persona puede cambiar completamente en un instante. Era muy feliz pero puede pasar a ser muy infeliz. Hace solo un momento estaba dispuesta a morir por ti, y de repente está dispuesta a matarte. Pero así es la humanidad. Le da profundidad, sorpresas, emoción. De lo contrario la vida sería muy aburrida.

Todo es maravilloso. Son notas que contribuyen a crear una gran armonía. Y cuando amas a una persona, amas esa armonía y aceptas todo lo que compone esa armonía. A veces llueve, a veces el cielo está nublado y oscuro, y a veces brilla el sol y las nubes han desaparecido. A veces hace mucho frío, y otras mucho calor. Del mismo modo, el clima humano cambia, todo cambia. Cuando amas a una persona, amas todas las posibilidades. Las posibilidades son infinitas y tú amas todas las sombras y los matices.

Así que sé sincero y ayuda a que tu pareja también lo sea. Si lo haces, el amor se convertirá en un crecimiento. De lo contrario, puede volverse en algo venenoso. Al menos no corrompas el amor. No lo corrompe el odio; recuerda: lo corrompe la falsedad. No lo destruye la ira, nunca, lo destruye un ser falso, un rostro falso.

El amor solo es posible cuando hay libertad para ser uno mismo sin ninguna protección, sin ninguna reserva. Simplemente fluyes. ¿Qué puedes hacer? Cuando te sientes lleno de odio, eres odioso. Cuando hay nubes y brilla el sol, ¿qué puedes hacer? Si la otra persona te entiende y te ama, lo aceptará; te ayudará a salir de las nubes, porque sabe que es circunstancial, que viene y va. No es más que un estado de ánimo, una fase pasajera, y detrás de esas fases pasajeras está la realidad, el espíritu de la persona, el alma. Cuando aceptas todas esas fases, poco a poco empiezan a brillar destellos de tu alma auténtica.

## Dulce tristeza

La soledad conlleva una especie de tristeza, una especie de pena, y también una paz y un silencio muy profundos. Depende de cómo lo mires.

Cuando estés alejado de tu pareja, considera que es una gran oportunidad para estar solo. Entonces cambiará tu perspectiva. Contémplalo como una gran oportunidad para tener tu propio espacio. Resulta muy difícil tener tu propio espacio, pero, a menos que lo tengas, nunca te familiarizarás con tu ser, nunca llegarás a saber quién eres. Siempre estás comprometido, siempre estás ocupado en mil cosas —en una relación, en asuntos cotidianos, en ansiedades, planes, futuro, pasado—. Vives continuamente en la superficie.

Cuando estás solo puedes empezar a asentarte, a sumergirte en ti mismo. Al no estar ocupado, no te sentirás como sueles sentirte siempre. Será diferente, y esa diferencia puede parecer extraña.

No hay duda de que cuando se está separado, se echa de menos al amado, al amante, al amigo, pero esta situación no durará siempre. No es más que una pequeña disciplina. Si te amas profundamente y te sumerges en ti mismo, estarás dispuesto a amar incluso más profundamente, porque aquel que no se conoce a sí mismo no puede amar con profundidad. Si vives en la superficie, tu relación no puede ser profunda. Al fin y al cabo, es *tu* relación. Si tienes profundidad, tu relación también la tendrá.

Así que acepta esta oportunidad como una bendición y vívela. Disfrútala. Si te sientes triste, desperdiciarás la oportunidad.

Y no es algo que vaya en contra del amor, recuerda. No te sientas culpable. En realidad es la verdadera fuente del amor. El amor no es lo que normalmente conocemos como tal. No es eso. No es una mezcla de sentimentalismo, emociones, sensaciones. No es eso. Es algo muy profundo, realmente fundacional. Es un estado mental, y ese estado mental solo se alcanza cuando penetras en tu propio ser, cuando empiezas a amarte a ti mismo. En eso consiste la la meditación cuando uno está solo: en amarse tan profundamente que por primera vez te vuelvas el objetivo de tu amor.

Así que estos días en los que estés solo, sé narcisista; ¡ámate a ti mismo, disfruta de ti mismo! Deléitate en tu cuerpo, en tu mente, en tu alma. Disfruta del espacio vacío que tienes a tu alrededor y llénalo de amor. Si tu amante no está ahí; ¡llénalo de amor! Derrama tu amor por todo tu espacio, y comenzará a ser luminoso; brillará. Y cuando tu ser amado se acerque a ti, te darás cuenta por primera vez de que ahora es un tipo de amor totalmente diferente. Tienes algo que dar, que compartir. Ahora puedes compartir tu espacio porque *tienes* tu espacio.

Normalmente las personas piensan que comparten pero no tienen nada que compartir; no tienen poesía en su corazón, no tienen amor. En realidad, cuando dicen que quieren compartir no quieren dar, porque no tienen nada que dar. Están tratando de lograr algo de la otra persona, al igual que el otro. Él está tratando de obtener algo de ti, y tú estás tratando de obtener algo de él. En cierto modo, ambos estáis tratando de quitarle algo a la otra persona. De ahí el conflicto que surge entre los enamorados, la tensión; la continua tensión para dominar, para poseer, para explotar, para convertir al otro en un medio para tu placer, para utilizar al otro para tu satisfacción. Por supuesto, lo ocultamos detrás de bellas palabras. Decimos: «Queremos compartir», pero ¿cómo vas a compartir si no tienes?

Así que disfruta del espacio, de la soledad. No lo llenes con recuerdos del pasado, no los llenes con imaginaciones y fantasías futuras. Deja que sea tal como es: puro, simple, silencioso. Deléitate en él; mécete, canta, baila. Pura dicha de estar solo.

Y no te sientas culpable. Ese es otro problema: los amantes siempre se sienten culpables. Si están solos y están contentos se sienten un poco culpables. Piensan: «¿Cómo puedes estar contento cuando tu ser amado no está contigo?», como si estuvieras engañando a la otra persona. Pero si no estás contento cuando estás solo, ¿cómo vas a estar contento cuando estéis juntos? Así que no se trata de engañar a nadie. La rosa se gesta por la noche, cuando nadie contempla el rosal. En lo más profundo de la tierra, las raíces están creando a la rosa. Nadie está mirando hacia allí. Si el rosal pensara: «Solo mostraré mis rosas cuando haya gente alrededor», no habría nada que mostrar. No tendría nada que compartir, porque todo lo que quieras compartir primero tiene que ser creado, y toda la creatividad surge de las profundidades de la soledad.

Así que permite que esta soledad sea un vientre, y disfruta, deléitate en ella; no sientas que estás haciendo algo malo. Es una cuestión de actitud y de enfoque. No la interpretes equivocadamente. No tiene que ser triste. Puede ser enormemente pacífica y dichosa. Depende de ti.

238 APRENDER A AMAR

## La prueba de fuego de la verdad

Ninguna relación puede crecer realmente si tú no haces más que contenerte. Si sigues siendo astuto y no haces más que salvaguardarte y protegerte, si solo se encuentran los personajes, pero el centro esencial permanece solo. Entonces solo se relaciona tu máscara, no tú. Cuando ocurre eso, hay cuatro personas en la relación, no dos. Las que se encuentran son dos falsas personas, y las dos auténticas permanecen en mundos aparte.

Ahí está el riesgo. Si eres sincero, verás que nadie puede saber si esa relación será capaz de entender la verdad, la autenticidad; si esa relación será lo suficientemente fuerte para soportar la tormenta. Existe un riesgo, y a causa de él, la gente se protege mucho. Dicen lo que debe decirse; hacen lo que debe hacerse. El amor se convierte prácticamente en un deber. Pero en ese caso la realidad sigue hambrienta, y la esencia no se alimenta. Así que la esencia se entristece cada vez más. Las mentiras de la personalidad son un peso demasiado grande en la esencia, en el alma. Es un riesgo real, y no hay ninguna garantía, pero yo te digo que vale la pena correr el riesgo.

A lo sumo, la relación puede romperse, a lo sumo. Pero es mejor estar separado y ser auténtico que ser falso y estar juntos, porque eso nunca te satisfará. De ahí nunca surgirá una bendición. Seguirás hambriento y sediento, y seguirás arrastrándote, esperando que ocurra un milagro.

Para que ocurra un milagro tienes que hacer algo: empezar a ser sincero, aunque corras el riesgo de descubrir que quizá la relación no es lo suficientemente fuerte y no resistirá. Puede que la verdad sea excesiva, insoportable, pero entonces esa relación no vale la pena. Así que hay que pasar esa prueba.

Una vez que eres sincero, todo lo demás se vuelve posible. Si eres falso —solo una fachada, una cosa pintada, una careta, una máscara—

nada es posible. Porque con lo falso solo ocurre lo falso, con la verdad, la verdad.

Comprendo tu problema. Es el problema de todas las parejas, que en el fondo tienen miedo. No hacen más que preguntarse si esa relación será lo suficientemente fuerte para soportar la verdad. Pero ¿cómo puedes saberlo de antemano? No existe un conocimiento a priori. Hay que investigar para saberlo.

¿Cómo vas a saber, sentado en tu casa, si serás capaz de soportar la tormenta y el viento que hay fuera? Nunca has estado en medio de la tormenta. Sal y compruébalo. El único camino es el de probar y errar; sal y compruébalo. Puede que seas derrotado, pero incluso con esa derrota te habrás vuelto más fuerte que ahora.

Si una experiencia te derrota, y después otra, y después otra, poco a poco, seguir caminando en medio de la tormenta, te hará cada vez más fuerte. Llegará un día en el que empieces a disfrutar de la tormenta, en el que empieces a bailar en medio de la tormenta. Entonces esta ya no será el enemigo. También es una oportunidad —una oportunidad salvaje— *ser*.

Recuerda: nunca se llega al ser de forma confortable; de lo contrario les habría ocurrido a todas las personas. No es algo que pueda ocurrir cómodamente; en tal caso todo el mundo tendría un ser propio y auténtico sin ningún problema. *Ser* ocurre solo cuando te arriesgas, cuando te diriges al peligro. Y el amor es el mayor peligro que existe. Te exige totalmente.

Así que no tengas miedo; lánzate. Si la relación sobrevive a la verdad, será maravillosa. Si muere, también estará bien porque habrá terminado una relación falsa, y entonces estarás más capacitado para dirigirte a otra relación más sincera, más sólida, que tenga más que ver con la esencia.

*No pidas nunca compasión*

Limítate a ser feliz. Una relación no es tan importante como llegar a ser feliz. Y si eres feliz, ¿qué más te da la relación?

Una relación no es creativa, solamente refleja lo que ocurre. Es como un espejo; si hay algo que reflejar, el espejo lo refleja. Si no hay nada que reflejar, el espejo no puede crear nada; es pasivo. Así que acuérdate siempre de ser feliz, de disfrutar, y si algo surge en el camino, muy bien. Y *surgirá*, porque la persona feliz tiene que compartir. Pero tiene que esperar un poco, ya que solo una persona feliz atrae a otra persona feliz.

Si eres infeliz, atraerás a muchas personas, porque ellas también son infelices, así que algo encaja. En cada persona hay un mesías, un terapeuta. Así que cuando eres infeliz, alguien se acerca, se compadece y se siente muy bien, como drogado. Una persona es infeliz y quiere ayudarte; se siente muy importante al hacerlo. Así es como las personas se interesan las unas por las otras. Alguien está padeciendo, alguien está sufriendo; esa persona atraerá a muchos simpatizantes, amantes, amigos.

Serán de muchos tipos. Puede que sean sádicos que estén interesados en que los demás sean infelices. ¡En el mundo hay muchos sádicos! O puede que sea únicamente una cuestión del ego. La persona infeliz les ayuda a sentirse relativamente felices en comparación con ella, así que les gusta tener siempre a su alrededor a gente infeliz. Es la única forma que conocen.

Recuerda: la compasión no es amor, y si alguien siente compasión por ti, ¡cuidado! No es amor, y la compasión solo permanecerá mientras seas infeliz. Una vez que seas feliz, desaparecerá la compasión, porque esta no puede ir cuesta arriba. Es como el agua que cae por la ladera de la montaña; se dirige hacia las personas que son más infelices que tú. La compasión nunca asciende, no puede ascender. No tiene un sistema de bombeo; tu compasión no puede dirigirse hacia una persona que esté más arriba que tú.

Así que no exijas nunca compasión, ya que eso te corrompe a ti y a la otra persona. Si te acomodas en la compasión y empiezas a pensar que es amor, te habrás acomodado en algo que es como una falsa moneda. Solo te dará la sensación de amor, pero no será amor.

El auténtico amor no siente compasión. El auténtico amor siente *empatía*. Es empatía, no compasión. Compasión significa: «Tú eres infeliz y a mí me gustaría ayudarte. Yo permanezco fuera. Te doy la mano. No me afectas. De hecho, en el fondo, disfruto con ello. Me encanta que alguien me esté dando la oportunidad de sentirme tan drogado». Esto es algo violento.

La empatía es totalmente diferente. Empatía significa: «Me siento igual que tú. Si eres infeliz, siento tu infelicidad. Me roza, me afecta. No como alguien que está fuera sino como si yo formara parte de tu ser».

El amor es empatía, no es compasión.

Así que recuerda esto y resiste la tentación de pedir compasión. La tentación surge porque cuando sientes que el amor no está sucediendo, empiezas a conformarte con menos. Empiezas a vivir con tristeza y a exigir compasión de forma sutil. No la exijas nunca. Esa es la mayor vileza en la que puede caer un ser humano. Nunca hagas eso. Sé feliz.

Hará falta un poco de tiempo para que haya amor, porque la mayor parte de las personas son sádicas, ellas son infelices y están intentando probar que son mesías, auxiliadores que resuelven las infelicidades de los demás. Pero si tú eres feliz, atraerás a gente que no tenga estas paranoias; gente que simplemente es feliz y a la que le gustaría compartir su felicidad contigo.

Ahí radica su belleza: si eres feliz y te encuentras con una relación, te sientes bien, compartes, pero no dependes de ella. No te conviertes en un esclavo, no te vuelves adicto a ella, porque puedes ser feliz sin ella.

Tener una buena relación es compartir; no hay dependencia. Los dos miembros de la pareja permanecen totalmente libres e independientes. Nadie posee, no hace falta. Es un don gratuito. Tengo mucho, así que te lo doy. No hace falta, puedo estar solo y sentirme completamente feliz. Cuando dos personas están enamoradas y ambas son capaces de estar solas y felices, tiene lugar un amor realmente maravilloso porque no se están obstaculizando de ninguna manera el crecimiento de la una y de la otra.

## Sé consciente en ese preciso instante

Cada vez que hay un cambio, cualquier tipo de cambio, las cosas se ven mucho más claras. Cuando el cambio te altera, se remueven todas tus molestias interiores. Observa cuando ambos os sentís molestos y estáis intentando culpar a la otra persona. Observa en tu interior; la otra persona nunca tiene la culpa. Recuerda esto como si fuera un mantra: la otra persona nunca tiene la culpa.

Limítate a contemplarlo, limítate a contemplarlo. Si en ese momento te vuelves sabio, no habrá ningún problema. Todo el mundo se vuelve sabio cuando el momento ya ha pasado, y la sabiduría retrospectiva no sirve de nada. Sé consciente justo en el momento en el que estés culpando a la otra persona, y permite que funcione tu conciencia. Inmediatamente dejarás de hacerlo.

Pero cuando te vuelves sabio después de haber reaccionado, de haber luchado, fastidiado y molestado, ya es demasiado tarde. No tiene sentido, ya has causado el mal. Esta sabiduría es seudosabiduría. Te da la sensación de que has entendido. Esa es una trampa del ego. Esta sabiduría no te servirá de nada. La conciencia debería haber surgido antes, deberías haber visto que era inútil cuando estabas haciéndolo, en ese preciso instante.

Si eres capaz de darte cuenta de eso cuando esté ahí, no podrás hacerlo. Uno nunca puede ir en contra de la conciencia, y si va en contra de ella quiere decir que la conciencia no es conciencia. Se está confundiendo con otra cosa.

Así que recuerda: la otra persona nunca es responsable de nada. Es algo que procede de *ti*. Y por supuesto, la persona a la que amas es la más cercana a ti. No puedes descargarlo sobre cualquier desconocido que pase por la calle, así que la persona más cercana a ti se convierte en la receptora, donde derramas tu estupidez. Pero hay que evitar eso porque el amor es muy frágil. Si lo haces con frecuencia, en exceso, puede que el amor desaparezca.

La otra persona nunca es culpable. Intenta convertir esto en un estado de conciencia permanente, que te lo recuerde cada vez que empieces a encontrar algo malo en la otra persona. Te pillarás a ti mismo con las manos en la masa, y lo soltarás en ese mismo instante y en ese mismo lugar.

## Solo el amor permanece

❧

SOLO DESPUÉS DE QUE HAYAS VIVIDO CON PROFUNDO AMOR y de que hayas eliminado el ego —y hay algo muy valioso que solo puedes conseguir si eliminas el ego; ese es el precio—, cuando realmente hayas amado profundamente, surgirá en ti un nuevo tipo de integración.

El amor hace dos cosas: en primer lugar, se lleva el ego; en segundo lugar, te da un centro. El amor es una gran alquimia.

Hay tres tipos de amor. Yo los denomino amor uno, amor dos y amor tres. El primer amor está orientado a un objeto; se centra en un objeto del amor. Ves a una mujer maravillosa, realmente encantadora, con un cuerpo proporcionado. Estás emocionado. Crees que te estás enamorando. El amor ha surgido en ti porque la mujer es maravillosa, porque es guapa, porque está bien. Hay algo en ese objeto que ha provocado tu amor. Tú no eres realmente el amor; el amor proviene del exterior. Puede que seas una persona muy poco amorosa, puede que no tengas esa cualidad, puede que no goces de esa bendición, pero como la mujer es maravillosa, crees que el amor está surgiendo en ti. Está orientado a un objeto.

Este es el amor común, es lo que se conoce como eros. Es deseo. ¿Cómo poseer ese bello objeto? ¿Cómo explotar ese maravilloso objeto? ¿Cómo hacer que sea tuyo? Pero recuerda, si la mujer es maravillosa, no solo lo será para ti, será maravillosa para muchas personas. Así que habrá muchas personas que se enamoren de ella. Habrá celos, competitividad, y todo tipo de cosas horribles que afectarán a tu amor, a lo que tú llamas «amor».

Cuenta la historia que Mulla Nasruddin se casó con una mujer muy fea, la más fea que encontró. Naturalmente, sus amigos estaban asombrados y le preguntaron a Mulla: «Tienes dinero, tienes prestigio, podías haber conseguido a cualquier mujer bella que hubieras deseado, ¿por qué has elegido a esta mujer tan fea?».

Él contestó: «Hay una razón. Nunca tendré celos. Esta mujer me será siempre fiel. No creo que nadie vaya a enamorarse de ella. De hecho, ni siquiera yo estoy enamorado de ella. Es imposible. Así que sé que nadie se enamorará de ella».

Entre los musulmanes ortodoxos existe la tradición de que la mujer tiene que guardar *purdah*, llevar el velo; no puede mostrar su rostro a los demás. La recién casada tiene que preguntarle al marido: «¿A quién puedo mostrar mi rostro y a quién no puedo?».

Así que cuando la mujer de Nasruddin le preguntó: «¿A quién puedo mostrar mi rostro y a quién no puedo?». Él contestó: «¡A todos menos a mí!».

Si te estás enamorando de una mujer guapa o de un hombre guapo, tendrás problemas. Habrá celos, habrá asesinatos, cualquier cosa. Tendrás problemas. Desde el principio intentarás poseer a esa persona para que no haya ninguna posibilidad de que algo salga mal o se descontrole. Empezarás a destruir al hombre o a la mujer. Dejarás de darle libertad. Acorralarás a esa persona e intentarás cerrar las puertas.

Sin embargo, la mujer era bella porque estaba libre. La libertad es un ingrediente de la belleza que hace que cuando ves volar un pájaro en el cielo, sea determinado pájaro, pero si lo ves en una jaula ya no sea el mismo. El pájaro que vuela en el cielo tiene su propia belleza. Está vivo. Está libre. Todo el cielo es suyo. Ese mismo pájaro en una jaula es feo. Ha desaparecido la libertad, ha desaparecido el cielo. Ahora esas alas carecen de sentido, son una carga. Son restos del pasado y le crean infelicidad. Ya no es el mismo pájaro.

Cuando te enamoraste de esa mujer ella estaba libre; te enamoraste de la libertad. Cuando la llevas a casa destruyes todas las posibilidades de que sea libre; en esa misma destrucción estás destruyendo la belleza. Entonces, un día, de repente, descubres que ya no amas a esa mujer porque ya no es bella. Eso ocurre constantemente. Así que empiezas a buscar a otra mujer y no te das cuenta de lo que ha ocurrido; no observas el mecanismo, cómo has destruido la belleza de la mujer.

Este es el primer tipo de amor, amor uno. Cuidado con él. No vale mucho, no es muy importante. Y si no eres consciente de ello quedarás atrapado en el amor uno.

El amor dos: el objeto no es importante, lo importante es tu subjetividad. Eres una persona amorosa así que brindas tu amor a alguien. Pero el amor es tu cualidad, no está orientado a un objeto. El sujeto está rebosante de amor, el propio ser es amoroso. Incluso aunque estés solo eres amoroso. El amor es una especie de sabor de tu ser.

Cuando te enamoras con el segundo tipo de amor, habrá más alegría que con el primero. Y sabrás —porque este tipo de amor lo sabrá— cómo hacer que la otra persona siga siendo libre. El amor significa dar al amado todo lo que es bello. La libertad es el objetivo más bello de la conciencia humana, el más preciado. ¿Cómo puedes arrebatárselo a nadie? Si realmente amas a un hombre o a una mujer, el primer regalo, el primer don, será el don de la libertad. ¿Cómo puedes arrebatárselo? Tú no eres su enemigo, eres su amigo.

El segundo tipo de amor no irá en contra de la libertad, no será posesivo. Y no te preocuparás mucho porque otra persona también aprecie a tu mujer o a tu hombre. De hecho, te sentirás feliz de tener una mujer a la que los demás también aprecian, de haber escogido una mujer a la que los demás también desean. Lo único que prueba ese deseo es que has escogido un diamante, algo valioso, que tiene un valor intrínseco. No te sentirás celoso. Cada vez que veas que alguien mira a tu mujer con ojos amorosos te sentirás emocionado. Volverás a enamorarte de tu mujer a través de esos ojos.

Este segundo tipo de amor será más una amistad que lujuria, y será más enriquecedor para tu alma.

En este segundo tipo de amor hay otra diferencia. En el primer tipo de amor, el orientado hacia un objeto, habrá muchos amantes que rodeen al objeto, y tendrás miedo. En el segundo tipo de amor, no tendrás miedo y te sentirás libre de ofrecer tu amor no solo a tu ser amado sino también a otras personas.

En el primer tipo, el objeto será uno y los amantes serán muchos. En el segundo tipo, el sujeto será uno y fluirá en muchas direcciones, ofreciendo su amor de muchas maneras a muchas personas, porque cuanto más ame, más crecerá el amor. Cuando amas a una sola persona, evidentemente, tu amor no puede ser muy rico; si amas a dos personas, será el doble de rico. Si amas a muchas personas, o eres capaz de amar a toda la humanidad, o de amar incluso al reino animal, o de amar incluso a los árboles, al reino vegetal, entonces tu amor seguirá creciendo. Y a medida que crezca tu amor, crecerás tú, te expandirás. Esto sí que será una expansión real de la conciencia. Las drogas solo te dan una falsa idea de expansión; el amor es la droga básica y fundamental que te da la auténtica idea de expansión.

Esta es una posibilidad: Albert Schweitzer habló de «reverencia por la vida», hay que amar a todo lo que vive. En la India, Mahavira dijo lo mismo. Su filosofía de la *ahimsa*, la no violencia, habla de amar a todos los seres vivos. Y existe la posibilidad de ir incluso más lejos que Mahavira y Schweitzer. También se pueden reverenciar las cosas. Ese es el máximo amor. No solo amas aquello que vive sino que amas incluso todo aquello que existe. Amas a la silla, a los zapatos, a la puerta por la que has entrado en tu casa, a los platos en los que te sirven la comida. Amas a las cosas, porque también tienen una especie de ser. Cuando uno ha llegado a este punto en el que ama a toda la existencia independientemente de lo que sea, el amor se vuelve incondicional. Se está convirtiendo en oración, se está convirtiendo en meditación.

El primer amor es bueno, porque siempre es mejor vivir una vida con algo de amor que no amar. Sin embargo, el segundo amor es mucho mejor que el primero y provocará menos ansiedad, menos angustia, menos torbellino, conflicto, agresión, violencia. El segundo tipo de amor será más amor que el primero, será más puro. En el primero, hay tanta lujuria que lo destruye todo, pero el segundo tampoco es el último. Hay un tercer amor, en el que el sujeto y el objeto desaparecen.

En el primer tipo de amor el objeto es importante; en el segundo el sujeto es importante; en el tercero hay trascendencia. Ya no eres ni sujeto ni objeto, ya no divides la realidad de ninguna manera: sujeto, objeto, conocedor, conocido, amante, amado. Todas las divisiones desaparecen. Simplemente amas.

En el segundo tipo de amor, eres el amante. Cuando eres un amante siempre hay algo a tu alrededor: una frontera, una definición. Con el tercer tipo, desaparecen todas las definiciones. Solo hay amor; tú no estás. A eso es a lo que se refería Jesús cuando decía: «Dios es amor»; el amor tres. Si interpretas erróneamente el primero, nunca serás capaz de interpretar correctamente qué es lo que quiere decir Jesús. No es ni siquiera el segundo, es el tercero. Dios es amor. Uno es simplemente amor. No es que uno ame, no se trata de una acción; es la verdadera cualidad de uno.

No es que por la mañana ames y por la tarde no ames; tú *eres* amor, es tu condición. Has llegado a casa. Te has convertido en el amor. Ahora ya no hay división. Ha desaparecido la dualidad.

El primer tipo de amor es «yo-eso». Se considera al otro una cosa. Así lo denomina Martin Buber: «yo-eso». La otra persona es como una cosa que tienes que poseer. «Mi» mujer, «mi» marido, «mi» hijo, y en esa misma posesión aniquilas el espíritu de la otra persona.

El segundo tipo de amor es el que Martin Buber denomina: «yo-tú». El otro es una persona. Sientes respeto hacia el otro. ¿Cómo puedes poseer a alguien a quien respetas? Pero Martin Buber se detiene en el segundo; no ha alcanzado el tercero. Llega hasta el «yo-tú»; desde el «yo-eso» al «yo-tú» hay un gran paso pero no es nada comparado con el paso que hay desde el «yo-tú» al no dualismo, a la unidad, donde solo el amor permanece.

Incluso el «yo-tú» es un fenómeno que crea cierta tensión. Tú y el ser amado todavía estáis separados, y toda separación crea infelicidad. A menos que te conviertas completamente en uno con el ser amado, con la persona amada, es inevitable que siga acechando algún tipo de infelicidad. En el primero la infelicidad está muy clara, en el segundo la infelicidad no está tan clara; en el primero está muy cerca, en el segundo no está tan cerca, está lejos, pero está ahí. En el tercero ya no está.

Así que me gustaría que aprendieras más acerca del amor. Pasa del primero al segundo, pero sé consciente de que el objetivo es el tercero. Con el segundo tipo de amor se trata de ser. Tú amas. Amas a todas las personas que están disponibles. Y amas de diferentes maneras: a una persona la amas como esposa, a otra como amigo, a otra como hija, a otra como hermana, a otra como madre. Y también es posible que puedas compartir algún tipo de amor con muchas personas. Así que logra primero el segundo tipo de amor.

Con el tercer tipo, sencillamente, eres amor. Al llegar a ese punto, puedes seguir amando, no tiene fin.

PARA MÁS INFORMACIÓN:
www.osho.com

Un amplio sitio web en varias lenguas, que ofrece una revista,
libros, audios y vídeos Osho y la Biblioteca Osho con el archivo
completo de los textos originales de Osho en inglés e hindi,
además de una amplia información sobre las meditaciones
Osho. También encontrarás el programa actualizado de la Mul-
tiversity Osho e información sobre el Resort de Meditación
Osho Internacional.

Website:
http://OSHO.com/resort
http://OSHO.com/magazine
http://OSHO.com/shop
http://www.youtube.com/OSHO
http://www.oshobytes.blogspot.com
http://www.twitter.com/OSHOtimes
http://www.facebook.com/osho.international
http://www.flickr.com/photos/oshointernational

Para contactar con OSHO International Foundation, dirígete a: www.osho.com/oshointernational

RESULTA DIFÍCIL CLASIFICAR LAS ENSEÑANZAS DE OSHO, que abarcan desde la búsqueda individual hasta los asuntos sociales y políticos más urgentes de la sociedad actual. Sus libros no han sido escritos, sino transcritos a partir de las grabaciones de audio y vídeo de las charlas improvisadas que ha dado a una audiencia internacional. Como él mismo dice: «Recuerda: todo lo que digo no es solo para ti... hablo también a las generaciones del futuro». El londinense *The Sunday Times* ha descrito a Osho como uno de los «mil creadores del siglo XX», y el escritor estadounidense Tom Robbins como «el hombre más peligroso desde Jesucristo». El *Sunday Mid-Day* (India) ha seleccionado a Osho como una de las diez personas (junto a Gandhi, Nehru y Buda) que ha cambiado el destino de la India.

Acerca de su trabajo, Osho ha dicho que está ayudando a crear las condiciones para el nacimiento de un nuevo tipo de ser humano. A menudo ha caracterizado a este ser humano como Zorba el Buda: capaz de disfrutar de los placeres terrenales, como Zorba el griego, y de la silenciosa serenidad de Gautama Buda. En todos los aspectos de la obra de Osho, como un hilo conductor, aparece una visión que conjuga la intemporal sabiduría oriental y el potencial, la tecnología y la ciencia occidentales.

Osho también es conocido por su revolucionaria contribución a la ciencia de la transformación interna, con un enfoque de la meditación que reconoce el ritmo acelerado de la vida contemporánea. Sus singulares «meditaciones activas» están destinadas a liberar el estrés acumulado en el cuerpo y la mente, y facilitar una experiencia de tranquilidad y relajación libre de pensamientos en la vida diaria. Está disponible en español una obra autobiográfica del autor, titulada: *Autobiografía de un místico espiritualmente incorrecto*, Editorial Kairós, Booket.

## RESORT DE MEDITACIÓN OSHO INTERNATIONAL

EL RESORT DE MEDITACIÓN es un maravilloso lugar para pasar las vacaciones y un lugar en el que las personas pueden tener una experiencia directa y personal con una nueva forma de vivir, con una actitud más atenta, relajada y divertida. Situado a unos ciento sesenta kilómetros al sudeste de Bombay, en Pune, India, el centro ofrece diversos programas a los miles de personas que acuden a él todos los años procedentes de más de cien países.

Desarrollada en principio como lugar de retiro para los marajás y la adinerada colonia británica, Pune es en la actualidad una ciudad moderna y próspera que alberga numerosas universidades e industrias de alta tecnología. El Resort de Meditación se extiende sobre una superficie de más de dieciséis hectáreas, en una zona poblada de árboles, conocida como Koregaon Park. Ofrece alojamiento para un número limitado de visitantes en una nueva casa de huéspedes, y en las cercanías existen numerosos hoteles y apartamentos privados para estancias desde varios días hasta varios meses.

Todos los programas del centro se basan en la visión de Osho de un ser humano cualitativamente nuevo, capaz de participar con creatividad en la vida cotidiana y de relajarse con el silencio y la meditación. La mayoría de los programas se desarrollan en instalaciones modernas, con aire acondicionado, y entre ellos se cuentan sesiones individuales, cursos y talleres, que abarcan desde las artes creativas hasta los tratamientos holísticos, pasando por la transformación y terapia personales, las ciencias esotéricas, el enfoque zen de los deportes y otras actividades recreativas, problemas de relación y transiciones vitales importantes para hombres y mujeres. Durante todo el año se ofrecen sesiones individuales y talleres de grupo, junto con un programa diario de meditaciones. Los cafés y restaurantes al aire libre del Resort de Meditación sirven cocina tradicional hindú y platos internacionales, todos ellos confeccionados con vegetales ecológicos cultivados en la granja de la comuna.

El complejo tiene su propio suministro de agua filtrada.

www.osho.com/resort